나만의 실내 정원

초록으로 물들다, 나만의 실내 정원

지은이 오하나
펴낸이 임상진
펴낸곳 (주)넥서스

초판 1쇄 발행 2015년 3월 30일
초판 4쇄 발행 2017년 1월 10일

2판 1쇄 발행 2017년 4월 20일
2판 3쇄 발행 2019년 2월 25일

3판 1쇄 발행 2020년 6월 25일
3판 6쇄 발행 2024년 5월 20일

출판신고 1992년 4월 3일 제311-2002-2호
주소 10880 경기도 파주시 지목로 5
전화 (02)330-5500 팩스 (02)330-5555
ISBN 979-11-6165-776-9 13520

저자와 출판사의 허락 없이 내용의 일부를
인용하거나 발췌하는 것을 금합니다.

가격은 뒤표지에 있습니다.
잘못 만들어진 책은 구입처에서 바꾸어 드립니다.

www.nexusbook.com

초록으로
물들다

나만의
실내 정원

오하나 지음

넥서스BOOKS

Prologue
생애 첫 가드닝을 시작합니다

'우리 집은 공간이 좁아서 식물을 키울 수 없어요.'
'우리 집은 햇볕이 잘 들어오지 않아서 식물을 키울 수 없어요.'
'제가 식물을 키우면 금방 시들어 버려요.'

많은 사람이 블로그를 통해 다양한 문의를 해 온다. 그들은 식물을 키우고는 싶지만 다양한 이유로 키울 수 없다고 말하며 여러 식물을 키우는 내가 부럽다고 했다. 하지만 사실 조금만 신경 쓰면 좁거나 햇볕이 부족한 공간에서도 식물을 키울 수 있다. 공간이 좁지만 햇볕이 잘 들어온다면 매우 작은 화분에도 키울 수 있는 다육 식물을, 햇볕이 잘 들어오지 않는다면 반그늘에서도 잘 자라는 관엽 식물 등을 키우면 된다. 식물을 키울 때마다 자꾸 시드는 것은 식물을 키울 때 신경 써야 하는 몇 가지의 규칙을 지키지 않았기 때문이다. 이제 걱정은 그만! 이 책에는 위와 같은 고민을 하는 사람을 위해 공간을 활용하는 방법과 공간별로 키우기 적절한 식물 등을 정리했다. 또한 책에 소개되어 있지 않은 식물도 응용하여 키울 수 있도록 정리해 놓았다. 원예 도구로 활용할 수 있는 재활용품 등도 소개하여 저렴하게 식물을 키울 수 있도록 했으니 참고하기 바란다.

나도 햇볕이 오전에만 들어온다는 동향 베란다의 아파트로 이사를 가게 되었을 때 햇볕을 좋아하는 허브, 채소들을 어떻게 키워야 하나 싶어 막막했다. 보통 베란다에 대해 소개된 책이나 관련 잡지를 보면 '동향 베란다는 햇볕을 좋아하는 식물을 키우기 어렵다.'라고 나와 있었기 때문이다. 하지만 초봄과 가을~겨울에 햇볕의 양이 확 줄어들어서 그렇지, 알고 보면 늦봄~여름 동안 오전에 햇볕이 4~5시간 정도 들어오기 때문에 식물 배치에 신경을 쓴다면 어떤 식물이든 키울 수 있다는 것을 알게 되었다. 햇볕을 더 좋아하는 식물은 창문 가까이에 붙여 배치한 후에 창문을 활짝 열어 주었고, 선반이 있는 뒤쪽에는 반양지, 반그늘에서도 잘 자라는 식물을 배치했다. 씨앗을 파종한 동안에는 부족한 햇볕을 보충하기 위해 스탠드 조명, PG 램프를 쬐어 주었다. 지금은 동향 베란다에서 관엽 식물, 화초 등은 물론, 햇볕을 좋아하는 채소, 허브 등도 키우고 있으니 불가능이란 없다는 말을 실감한다. 나의 블로그에 소개된 식물들의 모습을 보고 좋은 환경에서, 시간이 남아 식물을 키우고 있다고 오해하는 사람도 있었다. 회사에 다니지 않고 그저 글 쓰는 것이 직업인 줄 아는 사람도 제법 있었다. 실상은 동향에서, 회사를 다니며 식물들을 키우다 보니 출근 전에 관리를 해 주느라 얼마나 분주한지 모른다.

처음에는 한 번 책을 써 봤으니 회사를 다니며 글을 쓰는 것이 어렵지 않을 것이라고 생각했다. 하지만 없는 시간을 쪼개어 사진을 찍고 글을 쓴다는 것이 쉽지만은 않았다. 아마 결혼을 한 후여서 신경을 써야 하는 부분이 더 많아졌다는 것과 회사의 위치가 멀어졌다는 사실도 원인이 되었을 것이다. 한동안 회사를 그만둘까, 책을 포기할까 고민하기도 했다. 하지만 꼭 책을 완성해 내겠다는 의지가 있었기에 잘 마무리할 수 있었다. 아마 나 혼자였다면 이 책은 절대 완성할 수 없었을 것이다. 항상 응원해 준 남편(블루워터), 부모님과 시부모님, 블로그 이웃님들과 친구들이 있었기에 가능했다. 그리고 제 시기에 책을 완성할 수 있는 기적을 주신 하나님께도 감사 드린다.

지금이야 곁에 남편이 있어 예전 같은 외로움을 느끼지 않지만 홀로 서울에서 타지 생활을 했을 때는 외로움을 많이 느꼈다. 그 외로움을 덜어 준 것이 바로 식물이다. 나와 같은 외로움을 느끼고 있다면 식물을 키우며 외로움을 날려 버리기 바란다. 또한 식물을 키우고 싶은 마음은 간절한데 자신이 없다고 해서 포기하지 말고 이 책과 함께 식물을 키우는 즐거움을 깨달아 가기를 소망한다.

Contents

004　Prologue_
　　　생애 첫 가드닝을 시작합니다
382　한눈에 보는 12달 가드닝 캘린더
386　찾아보기

PART 1
식물 키우기의 기본 알기

01 | 식물 미리 알기
014　식물 종류별 특징 알기
018　식물 줄기의 특징 알기
019　공간에 어울리는 식물 고르기

02 | 식물을 키우기 위한 준비물
024　모종과 원예 용품 구입하기
028　원예 용품 준비하기
032　재활용품 화분 만들기

03 | 소품 및 기타 활용하기
038　가드닝 소품 활용하기
039　가습에 효과적인 수경 재배하기
040　여러 화분 모아 심기(합식)
041　토피어리 활용하기

04 | 식물을 키우는 8가지 노하우
042　튼튼한 모종을 고르는 방법
044　흙의 종류와 분갈이하기
048　식물을 잘 키우기 위한 포인트, 물 주기
052　식물의 상태에 따른 대처법
061　식물에게 주는 영양제, 비료
064　식물의 식구 늘리기
074　꽃 감상 후 씨앗 채종하기
076　계절별 식물 관리법

PART 2
주방, 화장실, 현관에서 식물 키우기

082
순식간에 키워 먹는 새싹채소

086
고양이가 좋아하는 캣그라스

090
잎과 줄기까지 먹을 수 있는 고구마 순

094
샐러드에 알맞은 베이비채소

098
버리는 부분으로 쉽게 키우는 대파

102
쫄깃한 식감이 일품인 느타리버섯

106
대나무를 빼닮은 개운죽

110
잎이 시원스러운 테이블야자

114
하늘하늘 가녀린 모습의 스파티필름

118
귀여운 매력을 발산하는 싱고니움

122
주방의 단짝 스킨답서스

126
흰토끼발이라는 별명이 잘 어울리는 후마타 고사리

130
모조 식물을 연상케 하는 더피

PART 3
침실, 공부방, 서재에서 식물 키우기

136
숯부작을 해도 좋은 풍란

140
겨울의 정열적인 열매 자금우

144
별 모양 잎이 매력적인 아이비

148
실내에서도 잘 자라는 페페로미아

152
전자파를 잡아 주는 산세베리아

156
우리나라 대표 수출 선인장 비모란 선인장

160
게발을 빼닮은 게발선인장

PART 4
거실, 사무실에서 식물 키우기

166
늘어져 자라는 줄기가 매력적인 **호야**

170
하트가 폭포처럼 늘어지는 **러브체인**

174
잎 끝에 클론을 만들어 번식하는 **천손초**

178
고무나무답지 않은 외모의 소유자 **푸밀라**

182
개업 선물로 인기 있는 **금전수**

186
하늘의 별을 떠올리게 하는 **피토니아**

190
우리나라의 자생식물 **마삭줄**

194
흙 위에 가득 깔린 귀여운 잎 **타라**

198
예쁜 만큼 조금 깐깐한 **트리안**

202
펄을 바른 듯 화려한 잎 **렉스베고니아**

206
흙 없이 공중에서 자라는 **틸란드시아**

210
토토로의 우산 잎처럼 생긴 **알로카시아**

214
실내 화초의 여왕 **아프리칸 바이올렛**

218
겨울에도 꽃을 가득 피우는 **시클라멘**

222
하늘로 뻗은 강인한 이파리 **유카**

226
커피의 원료가 되는 **커피나무**

PART 5
베란다, 창가에서 식용 식물 키우기

232
가을에는 꼭 심는 **쪽파**

236
귀여운 빨간 무 **래디시**

240
모기를 쫓는 것으로 유명한 **로즈제라늄**

244
수시로 꽃을 피우는 **페라고늄**

248
이탈리아 요리에 많이 쓰이는 **바질**

252
서양 고기 요리에 필수인 **세이지**

256
번식력이 뛰어난 **민트**

262
레몬향이 솔솔 나는 **레몬밤**

266
꽃이 오래가는 **오레가노**

270
가장 먼저 키우고 싶은 허브 **로즈마리**

274
보라색 향기가 떠오르는 **라벤더**

278
잎에서 단맛이 나는 **스테비아**

282
꽃도 보고 꽃비빔밥도 만들어 먹는 **한련화**

288
가을에 가장 흔히 보이는 꽃 **국화**

292
장미 모양의 꽃이 사랑스러운 **장미 베고니아**

296
여름철 탄 피부에 바르는 **알로에**

300
연꽃을 닮은 **연화바위솔**

PART 6
베란다, 창가에서 관상용 식물 키우기

308
예쁜 꽃의 다육 식물 **칼랑코에**

312
날카로운 가시가 눈에 띄는 **꽃기린**

316
제주도 돌담에서도 잘 자라는 **용월**

320
아침이면 새 꽃을 피우는 **카멜레온 포체리카**

324
향긋한 초록색 장미 **장미허브**

328
촛불을 닮은 이파리 **캔들플랜트**

332
꽃 색이 일곱 번 변하는 **란타나**

336
만지면 잎을 오므리는 **미모사**

340
하트 모양 잎과 귀여운 꽃 **사랑초**

350
포도 알이 대롱대롱 **무스카리**

354
강렬한 향기의 귀품 있는 꽃 **히아신스**

358
봄의 기운이 가득한 **수선화**

362
엄지공주가 살고 있을 것 같은 **튤립**

366
보라색 미니 종이 가득한 **캄파눌라**

370
꽃잎의 하얀색 링이 매력적인 **시네라리아**

374
물 위에 동전 같은 잎이 가득한 **워터코인**

378
벌레 잡는 통이 대롱대롱 달린 **네펜데스**

PART 1

식물 키우기의 기본 알기

식물 미리 알기

식물을 키우기 위한 준비물

소품 및 기타 활용하기

식물을 키우는 8가지 노하우

01 식물 미리 알기

식물 종류별 특징 알기

식물의 성격을 하나하나 파악하려면 종류가 너무 많아 혼란스러울 것이다. 그럴 경우 비슷한 종류별로 구분하여 기억해 보자. 비슷한 종류는 고향, 즉 원산지의 기후가 비슷하여 성격이 닮은 경우가 많기 때문에 장점과 특징을 기억해 두면 관리하기가 훨씬 수월하다. 물론 비슷한 식물 종류라고 해도 조금씩 차이가 있다. 이때는 관엽 식물이 많이 속해 있는 '천남성과' 식물들이 비슷한 성격을 가진 것처럼 같은 '과'끼리 비슷하기 때문에 식물의 '과'를 함께 알아 두면 도움이 된다. 또한 허브이면서 화초로도 알려진 '한련화'처럼 한 가지에만 포함이 되는 것이 아닌 여러 분류에 포함되는 경우도 있으니 참고하자. 이 책에는 주로 알려진 분류 위주로 표기하였다.

깜찍함의 대가, 다육 식물

식물을 올릴 공간이 부족하고, 물을 챙겨 주기 힘들다는 사람들에게 한 달에 한 번 정도 물을 주고, 작은 사이즈의 화분에서도 잘 자라 공간을 적게 차지하는 다육 식물을 추천한다. 다육 식물은 비가 잘 내리지 않는 건조한 곳에서도 살아남기 위해 통통한 잎에 수분을 가득 품고 있다. 선인장 종류도 이에 포함된다. 음이온 방출은 물론 밤에 이산화탄소를 흡수하고 산소를 방출하는 공기 정화 식물이기 때문에 공부방, 침실, 아이방 등에 두면 좋다. 햇볕을 좋아하는 다육 식물을 반그늘 실내에서 키우면 잘 자랄 수 없기 때문에 평소에는 베란다, 창가, 야외 공간 등에 두었다가 밤에만 실내로 옮길 것을 추천한다. 만약 낮에도 실내에서 다육 식물을 키우고 싶다면 게발선인장, 산세베리아 등과 같이 반그늘에서도 잘 버티는 종류를 키우도록 하자.

화려한 잎이 일품인 관엽 식물

햇볕이 잘 들지 않는 실내를 원망하며 식물을 들이지 않았다면 그늘진 곳에서 견디는 능력인 '내음성'이 강해 반그늘 실내에서도 키울 수 있는 관엽 식물을 키워 보자. 다양한 사이즈가 있기 때문에 큰 사이즈의 화분은 거실 한쪽을, 작은 사이즈의 화분으로 테이블, 선반 위 등을 장식하면 적당하다. 관

다육 식물　　허브　관엽 식물

엽 식물은 꽃이 볼품없지만 대신 잎이 화려하여 이를 관상하는 식물을 말한다. 따라서 식물로 실내를 장식하고 싶다면 꽃이 금방 시드는 화초보다는 관엽 식물을 선택하는 것이 좋다. 유독 물질, 미세먼지 등을 없애 주는 공기 청정기 대용은 물론, 수분을 방출하는 가습기 대용으로도 좋다. 식물을 처음 키운다면 관엽 식물을 먼저 키워 볼 것을 추천한다. 대부분의 관엽 식물은 열대 우림이 원산지여서 높은 온도와 공중 습도를 좋아하기 때문에 잎 주변에 분무를 해 주는 것이 좋다. 춥고 건조한 겨울에는 주의가 필요하다.

몸에 좋은 향이 솔솔 풍기는 허브

내가 가장 좋아하는 식물은 바로 '허브'이다. 다양한 요리, 특히 이탈리아 요리에 유용하고, 몸에 좋은 성분이 가득한 허브차로도 활용할 수 있다. 잎에서 힐링이 되는 향기가 풍겨 나오는 것도 상당히 매력적이다. 또한 따로 파는 허브 잎은 비싸게 구입해야 하는데 직접 키우면 매해 새 모종을 구입할 필요 없이 반복 수확이 가능하여 비용이 절감된다. 물론 허브에도 단점은 있다. 대부분 햇볕과 통풍이 좋은 지중해 지역이 원산지여서 야외에서는 어렵지 않게 키울 수 있지만 실내에서는 어렵게 느껴질 수 있다. 따라서 베란다, 창가, 야외 공간 등에 배치하고, 창문을 활짝 열어 바람이 들어오게 하여 키우는 것이 좋다. 민트, 로즈마리, 라벤더 등의 허브는 쉽게 구할 수 있지만 흔하지 않은 일부 허브는 인터넷 쇼핑몰이나 허브 농장 등에서 구입해야 한다.

★다양한 허브를 구입할 수 있는 허브 농장
허브다섯메 : 서울특별시 송파구 방이동 436-8(www.herbi.co.kr)

화려한 꽃이 피는 화초

봄이 되면 그 어떤 식물보다 꽃이 화려한 화초에 관심이 가게 된다. 대부분 햇볕을 좋아하여 베란다, 창가, 야외 공간 등에서 키워야 하지만 화려한 색감을 자랑하여 마치 집 안에 봄을 들여놓은 것 같은 기분을 선사해 준다. 일부 화초의 꽃은 식용이 가능하여 요리에 활용할 수 있고, 강한 향기로 방향제

화초 　채소 　식충 식물

역할을 해 주는 화초도 있다. 일년생 화초, 다년생 화초, 구근 화초 등 다양한 편인데 꽃만 잠시 감상할 생각이고 오랫동안 화초를 관리할 자신이 없다면 '일년생 화초'를, 매해 관리하며 직접 꽃을 피우고 싶다면 '다년생 화초'를, 공간이 부족하지만 되도록 매해 키우고 싶다면 흙에서 구근을 캐내어 보관했다가 가을 혹은 봄에 다시 심는 '구근 화초'를 키우는 것을 추천한다. 화초는 원산지에 따라 더위나 추위에 약할 수가 있어 키우려는 화초의 성격을 파악하는 것이 중요하다.

수확하는 기쁨이 가득한 채소

식사거리로 항상 고민하는 주부라면 채소에 관심이 많을 것이다. 햇볕을 많이 필요로 하여 베란다, 창가에서는 야외에서 키우는 것보다 느리게 자라지만 시중에서 판매되는 채소보다 더 연한 맛을 느낄 수 있으며 샐러드로 적당하다. 채소를 구입하는 비용을 조금이라도 줄이고 싶은 사람, 요리에 관심이 많은 사람, 유기농 채소를 길러 안심하고 먹고 싶은 사람이라면 채소를 키울 것을 추천한다. 채소를 키울 때 가장 주의해야 하는 것은 바로 병충해이다. 여름 전에 미리 예방 차원에서 천연 살충제를 뿌리거나 날씨가 쌀쌀하여 병충해가 덜 생기는 가을부터 키우는 것이 좋다.

벌레를 잡아먹는 식충 식물

끈끈이 주걱, 네펜데스(벌레잡이 통풀), 벌레잡이 제비꽃 등의 식충 식물은 인테리어를 위한 식물도, 먹을 수 있는 식물도 아니다. 하지만 벌레를 잡아먹어 척박한 환경에서의 부족한 영양분을 보충하는 신기한 능력 때문에 키우는 사람이 많다. 호기심 많은 아이들을 비롯하여 집 안의 날벌레들을 퇴치하고 싶은 사람, 독특한 식물을 좋아하는 사람이라면 식충 식물의 매력에 빠지지 않을 수 없을 것이다. 식충 식물의 독특한 부분은 이뿐만이 아니다. 다른 식물들은 주로 흙이 마른 후에 물을 주지만 식충 식물의 원산지는 대부분 습하고 척박한 늪지대, 습지 등이기 때문에 피트모스에 심어 촉촉하게 관리해야 한다. 이때 햇볕을 좋아하는 종류가 많아 피트모스 흙이 금방 마를 수 있으므로 화분 받침 등에 물을 부어 밑에서 계속 물이 공급되게 하는 '저면관수'를 활용하면 관리가 훨씬 수월하다.

★NASA(미항공우주국)에서 선정한 공기 정화 식물 BEST 50

1. 아레카 야자
2. 관음죽
3. 대나무 야자
4. 인도 고무나무
5. 드라세나 데레멘시스
6. 아이비(헤데라)
7. 피닉스 야자
8. 피쿠스 아리
9. 보스턴 고사리
10. 스파티필름
11. 행운목
12. 스킨답서스
13. 네프로레피스 오블리테라타(고사리류)
14. 포트맘(소국화)
15. 거베라
16. 드라세나 와네키
17. 드라세나 마지나타
18. 필로덴트론 에루베스센스
19. 싱고니움
20. 디펜바키아 콤펙타
21. 테이블야자
22. 벤자민 고무나무
23. 홍콩야자
24. 베고니아
25. 필로덴트론 세륨
26. 필로덴트론 옥시카디움
27. 산세베리아
28. 마리안느
29. 필로덴트론 도메스티컴
30. 아라우카리아
31. 호마르메나 바르시
32. 마란타
33. 왜성바나나
34. 게발선인장
35. 그레이프 아이비
36. 맥문동
37. 서양란(덴드로비움)
38. 접란
39. 아글라오네마
40. 안스리움
41. 크로톤
42. 포인세티아
43. 아잘레아
44. 칼라테아 마코야나
45. 알로에베라
46. 시클라멘
47. 아나나스
48. 튤립
49. 호접란(팔레놉시스)
50. 칼랑코에

식물 줄기의 특징 알기

식물의 줄기는 종류별로 다르게 자라기 때문에 서로 다르게 배치할 수 있다.

직립성

줄기가 꼿꼿이 서서 자라는 성질을 말한다. 위로 뻗어 자라는 인도고무나무, 율마 등의 나무 종류를 비롯한 대부분의 식물이 직립성에 속한다. 가지치기를 어떻게 하느냐에 따라 다양한 모양, 즉 수형을 가질 수 있고 식물의 크기에 따라 다양하게 배치할 수 있다. 큰 화분은 거실, 베란다 등의 한쪽 구석에 배치하면 포인트가 되고, 작은 화분은 책상, 선반 위에 올려놓으면 상큼한 느낌을 준다. 위로 자라기 때문에 모아 심을 때 뒤쪽에 심는 것이 좋다.

덩굴성

아이비, 호야, 푸밀라 등과 같이 줄기가 늘어지며 자라거나 지지대 등을 감고 올라가는 성질을 말한다. 특히 늘어져 자라는 식물은 매달아 키우거나 선반 위에 올려놓아 아래로 늘어지도록 키우면 제법 근사하다. 덩굴성 줄기가 한쪽 벽을 타고 올라갈 수 있도록 못질을 하거나 걸이 선반을 달아 놓으면 자연스럽게 벽을 장식할 수 있다. 모아 심을 때에는 앞쪽이나 옆쪽에 심는 것이 좋다.

포복성

타라, 피토니아 등과 같이 줄기가 길게 위로 뻗는 것이 아닌 바닥을 기듯이 낮게 자라는 성질을 말한다. 잔디처럼 흙 위에 깔리듯이 풍성하게 퍼지기 때문에 넓은 화분에 심는 것이 좋고, 줄기가 화분을 가득 메웠을 경우 화분 밖으로 줄기가 빠져나가 자라면서 덩굴 식물과 비슷한 느낌을 주기도 한다. 칸이 나뉘어 있는 선반에 식물을 배치하고 싶은데 칸 사이의 간격이 좁아 키가 큰 식물이 들어가지 않는 경우 이 포복성 식물을 배치하면 좋고, 다른 식물과 모아 심을 때 앞쪽에 심어서 흙을 가리는 용도로 사용해도 좋다.

공간에 어울리는 식물 고르기

베란다라고 하여 전체적으로 햇볕이 잘 들어오는 것은 아니다. 베란다의 방향과 계절 등에 따라 햇볕이 들어오는 시간대와 양이 다르기 때문이다. 따라서 공간을 효율적으로 활용하기 위해 햇볕이 잘 들어오는 부분에는 햇볕을 좋아하는 허브, 채소, 다육 식물 등의 식물을 배치하고, 약간 그늘이 생긴 부분에는 햇볕이 덜 들어와도 잘 자라는 관엽 식물 등을 배치했다. 실내 공간도 마찬가지이다. 햇볕이 잘 들어오지 않는 공간에는 그늘에서도 잘 버티는 식물을 배치한다.

★
햇볕이 거의 하루 종일 들어온다면 '양지', 일정 시간대에만 들어오거나 햇볕이 약하게 들어온다면 '반양지', 햇볕이 직접 닿지는 않지만 밝은 편이라면 '반그늘'이라고 보면 된다. 식물은 양지, 반양지, 반그늘(반음지)까지는 선호하지만 창문이 없어 어두운 그늘(음지)은 선호하지 않는다. 그늘에서 키울 경우 물을 자주 주지 말고 형광등, 스탠드 조명, LED 식물 조명 등을 오래 켜 놓으면 도움이 된다.

주방, 화장실, 현관

가장 습하면서 반그늘 혹은 음지가 되는 공간이다. 화장실과 주방의 경우 작은 창문이 달려 있다면 햇볕이 어느 정도 들어온다. 식물이 잘 자라는 공간은 아니지만 그늘진 곳에서 잘 견디는 내음성 강한 식물, 습한 공간을 좋아하는 식물을 키우기에 좋다. 여기에 요리를 할 때 발생하는 일산화탄소 제거 등의 공기 정화 효능이 있고, 냄새까지 잡아 준다면 금상첨화이다. 나는 주로 걸이 선반과 테이블 위에 수경 재배 식물, 새싹채소, 관엽 식물 등을 키우고 있다. 작은 창문이 달린 주방에서는 창틀 위에 베이비채소 등을 올려놓으면 요리할 때 바로 수확할 수 있다.

침실, 공부방, 서재

창문의 유무와 크기에 따라 다르지만 거실보다 그늘진 반그늘 혹은 반양지 공간이다. 창문이 없다면 식물이 선호하지 않는 음지가 되기도 한다. 공간이 넓지는 않기 때문에 보통 선반, 협탁, 책상 위 등에 작은 사이즈의 식물을 올려놓고 키운다. 배치하기에 적당한 식물에는 반그늘에서도 잘 자라고 공기 정화, 가습 능력 등이 뛰어난 관엽 식물과 음이온을 방출하여 전자파를 잡아 주고 밤에 산소를 배출하는 다육 식물이 있다. 하지만 대부분의 다육 식물은 햇볕을 매우 좋아하기 때문에 침실, 공부방, 서재 등에 배치하고 싶다면 산세베리아, 게발선인장 등과 같이 내음성이 강한 다육 식물을 놓거나 낮에 햇볕이 잘 드는 곳에서 키우다가 밤에만 잠시 옮기도록 하자.

거실, 사무실

둘 다 공간이 넓어서 한쪽 구석에 큰 관엽 식물 화분을 배치하면 인테리어 효과는 물론 공기 정화와 가습 효과까지 얻을 수 있다. 테이블, 선반 등에 작은 화분을 올려놓으면 싱그러운 느낌을 한층 살려준다. 여기에 새집증후군의 원인 물질을 제거하는 능력까지 있으면 더욱 좋다. 보통 거실에는 베란다로 통하는 커다란 유리문이 있어 베란다보다는 아니지만 어느 정도 햇볕의 영향권에 있기 때문에 계절에 따라 반그늘 또는 반양지가 된다. 사무실은 창문의 크기가 어느 정도이냐에 따라 환경이 달라지는데, 대량의 조명을 오래 켜 놓기 때문에 햇볕이 부족한 다른 공간보다 유리할 수 있다.

옥상, 야외 화단, 노출 베란다

옥상, 야외(노지) 공간, 노출 베란다, 베란다 난간에 설치한 걸이대 등의 야외 공간은 강한 '직사광선(직광)'일수록 좋은 식물을 웃자람 없이 튼튼하게 키우기에 적당하다. 물론 야외 공간도 단점은 있다. 기후나 온도 변화 등에 그대로 노출되어 장마, 한여름 무더위, 태풍 등에 피해를 받을 수 있기 때문이다. 이러한 피해를 줄이기 위해 기후가 좋지 않은 날은 베란다로 옮기고, 너무 더운 날은 차광막을 다는 것이 좋다. 또한 병충해 피해가 실내보다 심한 편이기 때문에 미리 친환경 살충제를 뿌리면 피해를 줄일 수 있다. 강한 직광에 잎이 타기 쉬운 일부 관엽 식물을 야외 공간에서 키울 생각이라면 그늘이 있는 공간에 두는 것이 좋다.

베란다(발코니), 창가

실내에서 가장 햇볕이 많이 들어오는 공간이다. 대부분의 식물을 키울 수 있고, 특히 햇볕이 중요한 식물에 적합하다. 단, 창문 방향과 계절에 따라 햇볕이 들어오는 양이 달라져 양지가 되기도 하고, 반양지 혹은 반그늘이 되기도 하기 때문에 어느 계절에 햇볕이 잘 들어오는지 체크하여 가드닝 계획을 세우자. 화분대, 선반 등을 배치하면 공간을 활용할 수 있고, 위쪽으로 들어오는 햇볕을 식물이 받게 할 수 있어 효율적이다.

★선반 활용 팁

1. 나무 신발장
신발을 정리하는 용도의 나무 신발장인데 가격이 저렴하여 많이 활용한다. 현재 사용 중인 나무 신발장은 길쭉한 2단짜리인데 더 작은 사이즈와 3단짜리, 다른 색상도 구입할 수 있다. 인터넷상에서 나무 신발장을 검색하면 쉽게 찾을 수 있다.

2. 이케아 선반
공간은 한정적인데 키우고 싶은 식물이 많을 경우 여러 단으로 되어 있는 선반이 있으면 정리 정돈이 될 뿐 아니라 공간을 최대한 활용할 수 있다. 또한 바닥에 그대로 화분을 놓을 경우 그림자에 햇볕이 가려지기도 하는데 선반을 이용하면 높이를 높여 햇볕을 받기가 수월해진다. 화분용으로 적당한 선반은 층 사이의 간격이 넓어서 화분을 놓았을 때 걸리지 않는다. 이케아 선반 외에 4~5단 메탈 선반을 화분 선반으로 활용할 수 있다.

3. 금속 캐비닛과 걸이 선반
곰팡이가 생기기 쉬운 베란다의 경우 나무 선반을 배치하기가 꺼려진다. 그래서 안에 지저분해 보이는 원예 용품을 넣어 가리고, 위에는 화분을 올려 공간을 확보하기 위해 문이 달려 있는 '금속 캐비닛'을 구입하였다. 금속 캐비닛 뒤쪽과 바로 옆 벽에는 걸이 선반이 걸려 있는데 작은 화분을 올려놓는 용도로 활용하고 있다.

4. 이케아 테이블과 스툴
베란다에서 커피와 차를 마시며 카페 분위기를 내고 싶어 테이블과 스툴을 구매했다. 사이즈가 크지 않아 좁은 베란다에 적당했고, 가격도 저렴했다. 하지만 식물이 많아지자 현재는 화분을 올려놓는 용도로 사용하고 있다.

5. 천장 건조대
좁은 베란다에 빨래 건조대를 세워 놓으면 식물을 많이 키울 수 없어 천장의 빨래 건조대를 활용하게 되었다. 여기에 빨래만 너는 것이 아니라 가벼운 걸이화분도 매달아 놓아 공간을 활용하고 있다.

★베란다 & 창문 위치별 식물 키우기

몇몇 가드닝 관련 책, 잡지, 인터넷 정보를 보면 '정남향, 동남향'이 식물을 키우는 데 유리하다고 적혀 있다. 하지만 그것은 맞는 말이면서 잘못된 말이기도 하다. 흔히 정남향, 동남향이 동향, 서향에 비해 햇볕이 많이 들어온다고 알려져 있지만 이것은 1년의 햇볕 양을 통계했을 때의 이야기이고, 실제로는 계절에 따라 햇볕 양이 확 달라지기 때문이다. 또한 창문 밖에 건물, 큰 나무, 처마 등이 있거나 저층이라면 그림자가 드리워져 아무리 햇볕 좋은 남향이어도 햇볕 양이 더 적어질 수 있다. 베란다 공간 중에서도 햇볕이 더 들어오는 부분, 덜 들어오는 부분이 있기 때문에 잘 체크하여 식물을 배치하도록 하자.

| 정남향 | 정남향은 흔히 겨울에 해가 하루 종일 깊게 들어와 따뜻하고, 여름에 햇볕이 들어오지 않거나 창문 코앞까지만 들어와 시원하여 사람이 살기 좋은 방향이라고 말한다. 따라서 더위에 약한 식물 종류에는 유리할 수 있으나 여름에 식물이 받을 햇볕은 부족하기 쉽다. 정남향에서의 포인트는 가을~초봄까지 햇볕이 충분히 들어오는 양지라는 것을 100% 활용하는 것이다.
가을 파종을 적극 시도하고, 봄에 화초와 채소 씨앗을 심을 생각이라면 2~3월쯤으로 파종을 서두르는 것이 좋다. 여름 햇볕이 중요한 허브와 야생화의 경우 베란다 난간에 걸이대를 설치해 활용하고, 그럴 수 없다면 창문을 활짝 열어 창문 쪽에 바짝 붙여 키우도록 하자. |

| 동남향 & 서남향 | 동남향, 서남향은 정남향보다 햇볕 양이 적지만 동향, 서향보다는 햇볕 양이 많다고 알려져 있다. 만약 동·서쪽으로 더 치우친 동남향, 서남향이라면 여름에 햇볕이 더 들어오는 대신 가을부터 햇볕 양이 줄어들기 때문에 봄에 씨앗을 심는 것이 좋다. 굳이 가을에 채소, 허브 등을 키우고 싶다면 늦여름쯤에 조금 더 서둘러 씨앗을 심거나 모종을 구입하는 것이 좋고, 새싹이 올라왔을 때 스탠드 조명, PG 램프, LED 식물 조명 등의 조명을 쬐어 주면 도움이 될 것이다. 이런 방향의 베란다나 창가는 여름에 쑥쑥 자라고, 겨울에 휴면하는 야생화, 허브 등에 유리할 수 있다.
그와 반대로 남동향, 남서향이라고도 불리는 남쪽으로 더 치우친 동남향, 서남향은 가을부터 햇볕 양이 늘어나기 때문에 가을에 파종하는 채소와 화초 등에 유리하다. 정남향보다는 가을~겨울의 햇볕 양이 적지만 여름 햇볕 양이 조금 더 많아 사계절 무난하게 식물을 키울 수 있다. |

| 동향 & 서향 | 동향은 오전에만 햇볕이 들어오고, 서향은 반대로 오후에만 들어와 '반양지'가 된다. 햇볕을 좋아하는 식물을 키우기에는 부족하여 반그늘, 반양지에서도 잘 자라는 식물을 골라 키우는 것이 가장 쉬운 방법이고, 여름 햇볕 양이 가을~겨울보다 많아 정남향보다는 여름 햇볕이 중요한 식물에 조금 더 유리할 수 있다. 대신 겨울에는 햇볕이 부족하기 때문에 성장을 시킨다기보다는 웃자람을 줄이고 무사히 월동시키는 것에 신경 쓰자.
굳이 채소, 허브, 화초 등을 키우고 싶다면 봄에 씨앗을 심거나 모종을 구입하여 키우되 가을에도 씨앗을 심고 싶을 경우 조금이라도 햇볕이 더 오래 머무는 늦여름쯤에 파종하면 훨씬 수월하다.
창문을 활짝 열어서 창문 가까이에 바짝 붙여 키우면 햇볕을 더 강하게 받을 수 있고, 씨앗을 파종할 때 조명을 쬐어 주면 웃자라는 것을 줄일 수 있다. |

02 식물을 키우기 위한 준비물

모종과 원예 용품 구입하기

꽃집(화원)

가장 흔하게 모종을 구입할 수 있는 곳이다. 동네마다 있기 때문에 갑자기 식물을 구입하고 싶어지면 멀리 갈 필요 없이 꽃집에서 모종을 구입하면 된다. 눈으로 직접 상태를 확인할 수 있고, 꽃다발도 구입할 수 있다. 단, 규모에 따라 차이는 있겠지만 꽃집에서 다양한 모종과 원예 자재를 구입하기가 쉽지 않은데 빈 화분, 배양토 등의 분갈이에 꼭 필요한 것은 판매하기 때문에 멀리 나갈 수 없을 때 유용하다. 어떤 꽃집은 예쁜 화분에 분갈이를 한 상태로 판매하기도 하고, 분갈이를 서비스로 해 주기도 하니 편하다. 요즘에는 카페 형태의 꽃집도 있기 때문에 차를 마시면서 어떤 예쁜 모종을 구입할까 고민해 보는 것도 좋다.

꽃시장(화훼시장)

나는 주로 꽃시장에서 모종을 구입한다. 많은 꽃집에서 도매하러 오기 때문에 모종 종류가 다양하면서 가격이 저렴한 편이고, 직접 상태를 확인할 수 있다는 장점이 있다. 또한 꽃시장 내에 원예 자재 판매 매장이 딸려 있는 경우가 많아 대부분이 꽃시장에서 해결된다. 꽃시장은 아쉽게도 꽃집처럼 흔하지 않은데 나는 주로 서울에 있는 3호선 양재역 혹은 신분당선 양재시민의숲역 부근의 '양재꽃시장'과 종로5가역 부근의 '종로꽃시장'을 애용한다. 종로꽃시장은 근처에 종묘상 거리가 있어 함께 들르기에 편리하다.

종묘상

채소 키우기에 관심이 많다면 종묘상에 들러 보자. 꽃시장에서도 채소 모종을 구입할 수 있지만 종묘상은 그야말로 채소 위주의 제품을 다루는 곳이다. 상토, 채소 모종과 씨앗, 원예 자재, 농약, 비료 등은 물론, 대량 농사를 위한 대용량 자재들도 판매하고 있다. 종묘상이 흔하지는 않기 때문에 종로5가처럼 종묘상이 있는 동네를 가야만 하는데 요즘에는 대형 종묘상에서 인터넷 쇼핑몰을 운영하고 있어 직접 매장에 가지 않더라도 쉽게 구입할 수 있다.

종묘상 사이트
국제원예종묘 : www.treeinfo.com
다농 : www.danong.co.kr
아시아종묘 : www.asiaseed.kr
아람원예종묘 : www.aramseed.co.kr
영농사 : www.0nong4.com
한국원예종묘 : www.seedling.kr

대형 마트

이마트, 코스트코 등의 대형마트에는 모종, 원예 자재 등을 판매하는 원예 코너가 있다. 꽃시장, 종묘상에 비해 다양하지는 않지만 다른 곳에서 볼 수 없는 마트만의 파종 세트, 원예 자재 등을 판매하기도 하여 초보자가 처음 시도할 때 유리할 수 있다. 나는 코스트코에서 튤립 구근을 저렴하게 구입한 적이 있는데 마트에서 구근을 판다는 것을 상상치 못했기에 꽤 놀랐다.

인터넷 사이트

꽃시장이 있는 지역은 한정적이고, 꽃집에는 특이한 모종을 잘 판매하지 않는다. 하지만 요즘은 인터넷 쇼핑몰이 활발해지면서 컴퓨터 앞에 앉아 각종 모종, 씨앗, 원예 자재 등을 구입할 수 있다. 나는 인터넷 쇼핑몰을 통해 오프라인보다 다양하게 씨앗과 흙 등을 선택하여 구입하고 있는데, 특히 30L, 50L 등의 대용량 흙을 구입할 때 택배로 배송해 주는 인터넷 쇼핑몰이 매장보다 편리했다. 관엽 식물, 화초 등의 흔한 식물 모종과 흙, 원예 자재 등은 11번가, G마켓, 인터파크, 옥션 등의 오픈마켓에서도 검색으로 쉽게 구입할 수 있다.

★관련 사이트

굿가든 : www.goodgarden.co.kr 씨앗, 구근, 원예 자재
꽃씨몰 : www.flowerseed-mall.com 희귀 식물 모종, 씨앗, 구근, 원예 자재
농부네농장 : nongbu42.co.kr 각종 모종, 원예 자재
모종시장 : www.모종시장.com 채소, 허브, 화초 모종
모종팜 : www.mojongfarm.com 채소, 허브 모종, 파종 세트
세경지렁이농장 : www.skworm.co.kr 지렁이 분변토, 지렁이, 가드닝 세트
시즌플라워 : seasonfl.com 각종 모종, 씨앗
심폴 : www.simpol.co.kr 각종 모종, 원예 자재
씨앗몰 : www.ssimall.com 씨앗, 구근, 원예 자재
씨앗팜 : www.seed-farm.com 희귀 식물 씨앗
야미가든 : www.yummygarden.co.kr 가드닝 세트, 가드닝 소품
에덴바이오그린 : eden-biogreen.co.kr 지렁이 분변토, 흙, 새싹채소 씨앗
엑스플랜트 : www.xplant.co.kr 각종 모종, 원예 자재
인허브 : inherb.com 각종 허브 모종
조인폴리아 : www.joinfolia.co.kr 틸란드시아, 반다
태광식물원 : www.yjflower.co.kr 구근 구입
플러브 : www.flove.co.kr 각종 모종
화분은 요기 : www.yo-gi.co.kr 각종 화분
cz마트 : www.czmart.co.kr 각종 씨앗, 모종, 원예 자재

다이소

인터넷을 통해 원예 자재, 씨앗 등을 구입할 때 제품보다 배송비가 더 나오는 경우가 있다. 여러 개를 같이 구입하면 배송비를 아낄 수 있지만 그렇지 않을 때에는 다이소를 이용하는 것이 좋다. 대형마트처럼 꽤 흔한 편이면서 원예 코너가 따로 있어 기본 원예 자재들을 구입할 수 있다. 각종 채소, 허브, 화초 등의 씨앗과 소량의 모종, 파종 세트 등도 판매되기 때문에 적은 양의 식물을 키울 때 적당하다.

다이소 쇼핑몰 www.daisomall.co.kr

★다이소에서 발견한 보물

다이소 씨앗
의외로 다양한 허브, 채소, 화초 등의 씨앗을 판매하고 있는데 가격도 저렴해서 처음 시도하는 사람에게 적당하다.

리틀가든, 가든백
씨앗을 처음 심어 보는 사람들을 위해 피트펠렛과 씨앗을 패키지로 묶은 리틀가든, 작은 스탠드형 지퍼백 안에 흙이 담겨 있는 가든백 제품 등이 판매되고 있다.

나무 받침
화분 밑에 깔아 주면 흙이 떨어지는 것을 조금은 막아 주고, 인테리어 효과도 준다. 바퀴가 달려 있는 나무 받침도 판매되고 있다.

나무 상자, 나무 트레이
다이소에서 크고 작은 사이즈의 나무 상자와 나무 트레이, 나무 쟁반 등을 여러 개 구입하여 화분 받침으로 활용할 수 있다. 단, 바니시 처리가 되어 있지 않은 경우 물이 닿으면 나무가 상할 수 있어 바니시를 바르고 사용하는 것이 좋다. 색이 마음에 들지 않는다면 페인트칠도 해 보라.

의자 소품
가드닝 인테리어 소품으로도 활용할 수 있는 미니 의자 소품이다. 인형, 작은 화분 등을 올리기에 적당하다.

화분
다이소의 화분들은 저렴하면서 다양하여 큰 비용을 들이지 않고 분갈이를 하고 싶은 사람에게 적당하다. 그중에서도 대나무 화분은 예쁘고 저렴한데 워낙 품절이 잦아 다시 구입하기가 쉽지 않았다. 대나무 화분 외에도 다양한 사이즈의 도자기 화분, 플라스틱 화분, 플라스틱 화분 받침 등이 판매되고 있다.

직사각 천바구니
바닥에 방수 처리가 되어 있는 천바구니이다. 원래는 소품을 보관하기 위한 용도이지만 화분 트레이 대용으로 활용하고 있다. 예쁘지 않은 화분 겉면을 가리는 용도는 물론 바닥에 구멍을 뚫어 화분 대용으로 사용해도 좋다.

함석 바스켓
바닥에 송곳이나 못으로 구멍을 뚫어 식물을 심으면 빈티지한 느낌의 화분이 된다. 말린 꽃, 솔방울 등을 담아 인테리어 소품으로 활용해도 좋다.

흑판피크
칠판 네임픽이 인터넷 쇼핑몰 상에서도 판매되고 있지만 다이소에서도 저렴한 가격에 판매되고 있다. 분필로 식물의 이름을 써서 화분에 꽂는다.

원예 용품 준비하기

기본 원예 도구 준비하기

식물을 키우기 위해서는 기본적인 원예 도구들이 필요하다. 대부분 부담되지 않는 수준에서 구입할 수 있다.

가위 — 식물의 줄기, 시든 잎과 꽃 등을 자를 때 사용한다. 원예용 가위는 오래 사용하면 녹이 스는 경우가 많아 예비로 일반 가위도 구비해 둔다.

삽 — 흙을 화분에 담거나 파낼 때 사용한다.

바닥 망 — 화분 바닥의 구멍을 통해 흙이 빠져나가는 것을 막는다. 바닥 망 위에 마사토를 깔면 더욱 좋다.

분무기, 물조리개 — 분무기는 잎 주변에 물을 뿌려 공중 습도를 올릴 때, 흙이 적은 육묘 트레이 등에 물을 공급할 때 유용하다. 흙에 물을 줄 때 유용한 물조리개는 물이 여러 갈래로 나오는 종류와 주전자처럼 한 줄기로 나오는 종류가 있으니 사용하기 편한 것을 고른다.

전자 온도계 — 온도가 너무 높은 날은 시원한 곳으로 옮기고, 온도가 너무 낮은 날은 따뜻한 곳으로 옮기기 위해 필요하다. 보통 습도와 시간을 알려 주는 기능도 포함되어 있다.

장갑 — 장갑을 끼면 분갈이를 할 때 손에 흙이 묻는 것을 방지할 수 있다.

화분 — 모종을 심기 위해 꼭 필요하다. 재질에 따라 토분(테라코타 화분, 토기 화분), 도자기 화분, 마블 화분, 플라스틱 화분, 나무 화분, 옹기 화분, 시멘트 화분 등이 있는데, 그중 토분이 통풍이 잘되고 물 마름이 빨라 식물을 키우기에 가장 적합하다. 플라스틱 화분은 가볍고 가격이 싸서 매달아 키울 때, 큰 사이즈의 화분이 필요할 때 유용하다.

계량스푼, 물약병, 계량컵 — 희석 비율이 중요한 액체 비료, 살충제 등을 계량할 때 사용한다.

송곳 — 화분 대용으로 활용할 플라스틱 통, 비닐백, 스탠드형 지퍼백 등의 바닥에 구멍을 뚫기 위해 사용한다.

재활용품 활용하기

아무리 비싸지 않다고 해도 가드닝 도구를 하나하나 구입하려면 부담스럽다. 재활용품을 가드닝 도구로 활용하는 방법도 있다.

고추장통, 습기 제거통
고추장통, 쌈장통, 습기 제거통 등의 바닥에 송곳으로 구멍을 여러 개 뚫어 화분으로 활용한다. 다육 식물, 작은 관엽 식물을 심기에 적당하다.

깡통
음료 캔, 분유통 깡통, 과자 깡통 등의 바닥에 망치와 못 혹은 드릴을 이용하여 물 구멍을 여러 개 뚫은 후 화분으로 사용한다. 녹이 스는 것이 걱정된다면 바니시(혹은 니스) 등을 발라 주거나 다육 식물처럼 물을 적게 먹는 식물을 심도록 하자.

비닐백, 지퍼백, 쌀포대, 흙포대
송곳으로 바닥에 구멍을 여러 개 뚫어 화분으로 사용한다. 기왕이면 바닥을 세울 수 있는 두꺼운 스탠드형 비닐백, 지퍼백 등이 화분으로 더 유용하고, 흙이 많이 필요한 식물을 키울 때에는 쌀포대, 흙포대를 활용하면 좋다.

신발
농업 관련 박람회 등에서 은근히 많이 볼 수 있는 아이템이다. 장화나 운동화, 고무신 등의 바닥에 구멍을 뚫어 화분으로 사용한다.

일회용 플라스틱 통
일회용 반찬통, 플라스틱 컵, 요플레통 등을 모종판, 꺾꽂이용 화분, 흙을 퍼 담는 삽 대용 등으로 사용한다.

테이크아웃 컵
바닥에 구멍을 뚫어 화분으로 쓰거나 흙을 퍼 담는 삽 대용으로 사용한다. 겉면에 종이 홀더를 끼운 상태로 사용하면 모양이 예뻐지고 투명한 겉면도 가릴 수 있다.

페트병,
플라스틱
우유통

음료 페트병, 플라스틱 우유통, 섬유 유연제통 등을 물조리개 대용으로 활용하거나 바닥에 구멍을 뚫어 화분으로 활용한다. 종이 우유곽도 화분으로 쓸 수 있지만 여러 번의 재사용은 힘들다. 나는 페트병을 여러 개 보관해 뒀다가 살충제와 액비를 희석할 때, 식물에 물을 줄 때 사용한다. 겉면이 불투명한 재질은 삼각형으로 잘라 네임픽으로 활용한다.

아이스크림
막대

식물의 이름을 적어 네임픽으로 쓰거나 뭉친 흙을 풀 때 사용한다. 아이스크림 막대를 모으기 힘들 경우, 인터넷 사이트에서 교구용으로 50~100개 정도 들어 있는 것을 구입한다.

플라스틱 수저

식물의 이름을 적어 네임픽으로 사용하거나 뭉친 흙을 풀 때, 섬세하게 흙을 담을 때 삽 대용으로 사용한다.

양파 망,
배추 망,
샤워 망 등

바닥 망 대신 화분 바닥에 깔아 흙이 화분 구멍으로 빠져나가는 것을 막는다. 구근을 보관할 때 사용해도 좋다.

스티로폼 박스

사이즈가 큰 편이기 때문에 바닥에 구멍을 뚫어 채소, 허브 등을 심으면 좋다. 사이즈가 작은 식물을 심을 경우에는 컵라면 용기를 사용하는 것도 괜찮다. 만약 스티로폼 재질인 것이 걱정된다면 안에 비닐을 간다. 겨울에는 화분을 스티로폼 박스 안에 넣으면 찬바람을 막는 데 도움이 된다.

재활용품 화분 만들기

재활용품을 화분으로 활용하려니 예쁘지 않은 것이 아쉽다면 직접 예쁘게 꾸며 보자.

스텐실 분유통 화분

재료 분유통, 젯소, 페인트(혹은 아크릴 물감), 페인트 붓, 스텐실, 마스킹 테이프(혹은 매직 테이프), 페브릭 테이프, 라인 테이프

1 젯소 칠하기-준비한 분유통 위에 페인트가 잘 발리도록 도와주는 젯소를 1~3회 칠해 준다. 분유통 겉면을 사포로 문지른 후에 칠하면 더욱 잘 발린다.
2 페인트 칠하기-젯소가 다 마르면 원하는 색깔의 페인트를 2~3회 칠한다. 드라이기로 말리면 빠른 작업이 가능하다.
3 스텐실 찍기-스텐실을 마스킹 테이프로 분유통 위에 고정시킨 후 스텐실 붓으로 다른 컬러의 페인트를 칠한다. 스텐실은 파인 것을 구입해도 되지만 OHP 필름 등을 이용하여 직접 칼로 파도 된다.
4 바니시 바르기-페인트가 완전히 마르면 테이프를 떼어 낸다. 페인트를 보호하기 위해 바니시를 발라 완전히 말린 후 페브릭 테이프와 라인 테이프로 가장자리를 장식한다.

참고
망치와 못 혹은 드릴을 이용하면 분유통 바닥의 구멍을 뚫을 수 있다. 페인트칠을 할 때는 바닥에 신문지 등을 깔고 작업한다. 분유통에 녹이 스는 것이 걱정될 수 있지만 다행히 식물에는 해가 되지 않는다.

쌈장통 화분

재료 쌈장통(혹은 고추장통, 된장통), 빈티지 라벨 스티커(출력한 것도 좋음), 마끈, 글루건, 바니시, 송곳

1 스티커 제거하기-쌈장통 겉면의 스티커를 깨끗이 제거한다. 잘 제거되지 않을 경우 남은 잔여물 위에 오일을 문지른다.
2 라벨 붙이기-쌈장통 그대로의 색도 괜찮은 것 같아 페인트칠을 생략하고 앞부분에 포인트로 빈티지 라벨 스티커를 붙였다. 라벨지에 프린팅을 하여 준비해도 되고 판매 중인 것을 구입하여 붙여도 된다.
3 노끈 붙이기-쌈장통의 윗부분을 깔끔하게 만들기 위해 노끈을 꼬아서 글루건으로 붙여 준다.
4 바니시 바르기-빈티지 라벨 스티커를 보호하기 위해 바니시를 바르고, 바닥에 송곳으로 구멍을 뚫는다. 안에 식물을 심으면 귀여운 쌈장통 화분이 완성된다.

참고

플라스틱 쌈장통, 된장통, 고추장통 등에 페인트를 칠할 경우 겉면이 미끄러워 바로 칠하기 힘들다. 꼭 젯소를 먼저 잘 바른 후에 페인트칠을 해야 깔끔하게 칠할 수 있다. 젯소를 바르기 전에 겉면을 사포로 문질러 주면 작업이 더욱 수월해진다.

유산지 글씨 분유통 화분

재료 분유통, 젯소, 페인트(혹은 아크릴 물감), 페인트 붓, 유산지, 바니시, 딱풀, 칠판 페인트

1 젯소&페인트 칠하기-분유통 겉면에 젯소를 1~3회 칠한다. 그 위에 다시 페인트를 2~3회 칠한다. 페인트는 글씨를 붙였을 때 매치가 잘될 색을 고른다.
2 유산지 오리기-유산지의 글씨만 따로 잘라 내어 크기가 잘 맞는지 맞춰 본다. 유산지는 광이 없는 것이 좋고, 글씨가 적혀 있는 냅킨을 이용해도 된다.
3 바니시 바르기-적당한 사이즈의 유산지 글씨를 딱풀로 분유통 위에 붙이고 바니시를 발라 말린다. 바니시는 유산지를 보호하면서 고정해 준다.
4 칠판 페인트 칠하기-분유통 뒷면에는 칠판 페인트를 붓으로 자연스럽게 칠하여 분필로 이름을 적어 넣는다.

참고

반투명 유산지를 활용할 경우 안에 먼지가 많이 묻어 있으면 그대로 보일 수 있으니 깨끗하게 닦아 낸 후에 활용한다. 2~3겹으로 된 냅킨을 활용할 경우에는 글씨가 있는 부분만 1겹 떼어 내어 사용한다. 바닥에 구멍을 뚫지 않고 소품함으로 활용해도 된다.

아이스크림 막대 화분

재료   페트병, 아이스크림 막대, 젯소, 페인트(혹은 아크릴 물감), 빈티지 라벨 스티커, 라인 테이프, 글루건(혹은 목공용 풀)

1 페트병 자르기-화분으로 사용할 페트병을 적당한 사이즈로 잘라 준비한다.
2 막대 붙이기-페트병에 글루건으로 아이스크림 막대를 완전히 채워 붙인다.
3 젯소&페인트 칠하기-아이스크림 막대 겉면에 젯소를 1~2회, 페인트를 2~3회 덧칠한다. 페인트칠을 하지 않아도 되지만 칠하면 더욱 깔끔해진다.
4 스티커 붙이기-앞부분에 포인트로 빈티지 라벨 스티커를 출력해 붙인다. 전체적으로 바니시를 발라 말린 후 포인트를 주기 위해 라벨 스티커 주변에 라인 스티커를 붙인다.

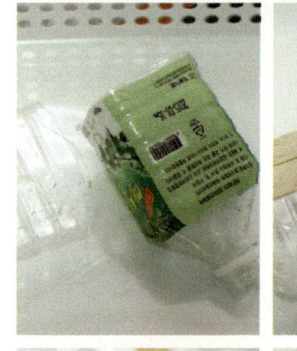

참고
페트병의 길이는 아이스크림 막대 길이에 거의 가깝게 자르는 것이 좋다. 페트병의 길이에 비해 아이스크림 막대가 길면 틈새로 물이 새어 나갈 수 있기 때문이다. 바닥의 구멍은 송곳으로 쉽게 뚫는다.

마끈으로 리폼한 화분

재료 투박한 화분 혹은 플라스틱 재활용품, 마끈, 글루건, 포인트 라벨

1 마끈 붙이기-테이크아웃 컵처럼 크기가 작은 재활용품은 마끈을 한 줄로 돌려 가며 글루건으로 붙이기만 해도 쉽게 리폼이 가능하다.
2 마끈 꼬기-큰 사이즈의 재활용품이나 화분을 사용할 경우, 마끈을 한 줄로 붙이기에는 힘들다. 마끈을 3~5줄 이상 꼬아서 여러 개 준비한다.
3 마끈 붙이기-꼬아서 준비한 마끈으로 밋밋한 플라스틱 화분 겉면에 글루건으로 꽉 채워 붙인다. 꼬아 놓은 마끈으로 양옆에 손잡이도 만들어 붙이고 앞쪽에 천으로 된 포인트 라벨을 붙여도 된다.
4 마끈 땋아 붙이기-위쪽의 튀어나온 부분은 마끈을 땋아 붙여 주면 바구니 느낌이 난다.

참고
마끈을 어떻게 꼬느냐, 몇 겹으로 꼬느냐에 따라 다른 느낌이 난다. 원하는 느낌으로 마끈을 꼬거나 땋아서 완성시켜 보자. 화분이 아닌 소품 정리함, 트레이로 사용해도 좋다.

나무젓가락 트레이

재료 나무젓가락, 젯소, 페인트(혹은 아크릴 물감), 페인트 붓, 냅킨, 마끈, 목공용 본드(혹은 글루건), 딱풀

1 나무젓가락 붙이기-두 개씩 붙어 있는 나무젓가락을 목공용 본드로 10쌍 이어 붙여 바닥을 만든다. 윗부분과 아랫부분의 두께가 다르므로 붙일 때 위아래가 일정해지도록 엇갈리게 붙인다.
2 울타리 붙이기-더 넓은 바닥을 원한다면 나무젓가락을 더 이어 붙인다. 바닥 위 가장자리에 나무젓가락을 얹어 붙여 울타리 식으로 만드는데, 길이가 맞지 않는 부분은 잘라서 붙인다.
3 젯소&페인트 칠하기-본드가 완전히 마르면 젯소를 1~2회, 그 위에 다시 페인트를 2~3회 정도 칠해서 말린다.
4 냅킨 오리기-원하는 그림이 그려져 있는 냅킨을 골라 그림을 오려 낸다. 냅킨의 바탕색이 페인트 색과 흡사한 것을 골라야 더 자연스럽다.
5 냅킨 한 겹 떼어 내기-여러 겹의 냅킨은 그림이 그려져 있는 윗부분의 한 겹만 남기고 떼어 낸다.
6 마끈 손잡이 만들기-마끈을 적당한 길이로 3~4개 정도 잘라 꼰 후, 나무젓가락 울타리 부분의 양쪽에 손잡이 모양이 되도록 붙인다. 생략해도 괜찮다.
7 바니시 바르기-잘라 놓은 냅킨 그림 뒷면에 딱풀을 발라 나무젓가락 바닥 위에 조심스레 붙이고 전체적으로 바니시를 발라 말린다. 바니시는 냅킨을 고정시키는 역할도 한다.

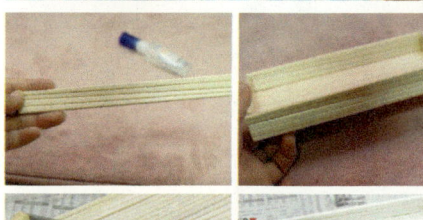

03 소품 및 기타 활용하기

가드닝 소품 활용하기

식물을 키울 때 밋밋한 화분만으로 멋없게 키우고 있다면 아기자기한 가드닝 소품을 활용해 보자. 화분 주변을 돋보이게 하면서 인테리어에도 도움이 된다. 구입 비용이 부담될 수 있지만 의외로 많은 비용을 들이지 않고도 가드닝 소품을 활용할 수 있다.

가든픽
화분의 흙에 꽂을 수 있게 바늘 같이 뾰족한 것이 달려 있는 화분 장식이다. 식물의 이름을 적을 수 있는 가든픽(네임픽)도 있어 장식은 물론 식물의 이름을 기억할 때 유용하다. 따로 구입하기가 부담된다면 나무 짜투리나 우드락 등으로 만들어도 된다.

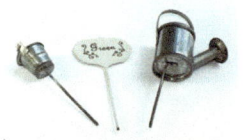

미니 가든 소품
아주 작은 양동이, 물조리개 등의 모양을 하고 있는 미니 가든 소품이다. 가격이 꽤 저렴하면서 화분 주변을 장식할 수 있어 유용하다.

바구니와 트레이
일반 바구니, 안에 방수 처리된 천바구니, 화분 트레이 등에 화분을 여러 개 모아 넣어 보자. 깔끔하게 정리될 뿐 아니라 못난 화분의 겉면을 가려 준다.

솔방울
산에 갔을 때 솔방울을 가득 주워 와 화분 주변을 장식해 보자. 실내가 건조한 경우 솔방울을 물에 적셔 놓으면 가습에 도움이 된다. 솔방울의 색이 마음에 들지 않다면 락카 스프레이, 페인트, 물감 등을 이용하여 겉면에 색을 입힌다.

유리병
유리병 안에 말린 꽃, 작은 소품, 나무 막대기, 가든픽 등을 넣어 보자. 조금 긴 유리병은 생화를 꽂아도 좋다. 인테리어 효과는 물론, 정리 정돈에도 도움이 될 것이다.

말린 나뭇잎

선물과 함께 끼워져 있던 측백나무 잎을 바짝 말리고, 가장자리에 마끈을 감아 소품으로 만들어 보았다. 유리병에 넣거나 벽에 매달아 놓아도 좋다.

가습에 효과적인 수경 재배하기

식물을 흙에 키우면 오래 키울 수 있지만 화분 바닥의 구멍을 통해 흙과 물이 자꾸 떨어지는 것이 마음에 걸린다면 훨씬 깔끔하게 키울 수 있는 수경 재배를 즐겨 보자. 물에 키우기 때문에 가습 효과도 있다.

줄기 자르기

식물의 줄기를 잘라 수경 재배를 즐겨 보자. 꺾꽂이가 잘 되기로 알려진 허브, 관엽 식물 등의 줄기를 잘라 물에 꽂으면 뿌리를 내린다. 물에서 뿌리는 자라는데 잎이 잘 자라지 않는 것이 마음에 걸린다면 액체 비료를 넣어 주거나 흙에 옮겨 심는다.

일부 채소와 구근 식물 이용하기

무, 당근, 파 등의 채소를 손질하고 나면 잎이 자라는 윗부분 혹은 뿌리 부분이 남게 된다. 그런 부분을 물에 살짝 담가 두면 잎이 자라며 그 외 양파, 히아신스 등과 같은 구근 식물도 수경 재배가 가능하다. 구근이 물에 닿으면 썩을 수 있으니 뿌리만 닿게 하여 키운다.

모종 이용하기

스킨답서스, 푸밀라 등 물에서도 자랄 수 있는 일부 관엽 식물은 모종으로 수경 재배를 즐길 수 있다. 뿌리의 흙을 깨끗이 씻어 내 유리볼 혹은 투명컵 등에 담은 후에 장식돌, 하이드로볼 등과 함께 물을 채운다. 잎이 쑥쑥 자라길 바란다면 수경 재배용 액체 비료를 넣고, 수경 재배에 유용한 젤리소일(하이드로컬처소일)을 활용해도 좋다.

여러 화분 모아 심기 (합식)

크기가 작은 모종의 화분은 공간을 적게 차지하고 가격이 싸며 귀엽다는 장점이 있다. 하지만 넓게 비어 있는 공간을 돋보이게 할 때에는 큰 화분이 더 유용하다. 그렇다고 그 공간 때문에 크고 비싼 식물을 구입하기가 부담스럽다면 작은 식물들을 큰 화분에 모아 심어 보자. 굳이 큰 화분에 모아 심기가 번거롭다면 바구니, 나무 트레이 등에 모아 넣는 것도 좋은 방법이다.

같은 컬러, 비슷한 종류
신혼여행으로 갔던 일본의 유후인에서 화초를 모아 심은 화분을 2개 이상씩 가게 앞에 배치한 것을 인상 깊게 보았다. 같은 색의 꽃만 모아 놓으면 자칫 밋밋해 보이지 않을까 싶었는데 슬쩍 보이는 초록색 잎이 단점이 될 수 있는 부분을 보완해 주어 풍성하고 강렬해 보였다. 색깔을 매치하기 어렵다면 고민할 것 없이 같은 컬러, 비슷한 종류끼리 모아 보자. 가장 쉽게 매치할 수 있을 것이다.

다른 컬러, 다른 종류
다양한 다른 종류끼리 모아 심을 경우 아무렇게나 심으면 자칫 지저분해 보일 수 있어 어떻게 매치할지 구상을 짜야 한다. 우선 낮게 자라는 식물, 크게 자라는 식물, 덩굴성의 식물을 구분해서 준비해 보자. 크게 자라는 식물은 뒤쪽에, 낮게 자라는 식물과 덩굴 식물은 앞쪽과 옆쪽에 배치하는 것이 좋다. 그렇게 해야 키가 큰 식물에 의해 햇볕이 가리지 않을 수 있다. 또한 너무 성격이 다른 식물끼리 모아 심지 않아야 한다. 만약 물을 별로 먹지 않는 다육 식물과 물을 좋아하는 편인 관엽 식물을 같이 심어 놓으면 자연스럽게 한쪽 식물이 시들게 될 것이다.

모스 토피어리

토피어리 활용하기

토피어리는 관광지에서 볼 수 있는 동물 모양 등의 조형물에 식물을 감거나 심어 놓은 것을 말한다. 또한 우산 모양 등으로 독특하게 가지치기 한 로즈마리, 율마 등의 나무를 토피어리 혹은 토피어리 수형이라고 부르기도 한다. 일반적으로 꽃집 등에서 판매하는 토피어리는 수태를 이용하여 동물 모양을 만들고 그 안에 식물을 심어 만든 '모스 토피어리(Moss Topiary)'인데 요즘에는 인터넷 사이트 등에서 재료를 쉽게 구할 수 있고, 문화 강좌 등을 통해 배울 수도 있다. 토피어리에는 푸밀라, 아이비, 풍란, 테이블야자 등 어디에서든 잘 자라고 생명력이 강한 식물을 심는 것이 좋다. 토피어리를 구입했다면 강한 직광을 피한 통풍이 잘되는 곳에서 키우되, 수태가 말랐을 때나 식물의 잎이 살짝 처졌을 때 수태가 촉촉해지도록 물을 듬뿍 준다. 추후에 영양분 보충을 위해 1~2개월에 한 번씩 액체 비료를 주면 더욱 좋다.

TIP. 일상에서 간편하게 허브 활용하기

로즈마리, 바질 등의 생허브 잎을 유리병에 넣고 포도씨유, 올리브유 등의 오일을 채워 3~7일 정도 숙성시켜 안의 허브를 빼면 '허브오일'이, 식초를 채워 3주 정도 숙성하면 헤어 린스, 요리용 등으로 활용할 수 있는 '허브식초'가 된다. 린스로 활용할 때는 물을 가득 채운 세숫대야에 조금만 섞어 사용한다. 또 천일염과 말린 허브 잎을 프라이팬에 기름을 두르지 않고 약한 불에 볶아 믹서기나 절구통으로 갈면 '허브소금'이 된다. 허브를 우려 낸 허브차와 설탕을 1:1 비율로 약한 불에 졸이면 '허브 시럽'이 되는데, 물에 타서 음료로 마시기에 좋다.

04 식물을 키우는 8가지 노하우

튼튼한 모종을 고르는 방법

식물을 잘 키우기 위한 지름길은 튼튼한 모종을 골라 구입하는 것이다. 처음부터 비실비실하고 병까지 걸려 있는 식물은 건강하게 자라기 힘들고, 심할 경우 다른 식물에 병충해를 옮기는 매개체가 될 수 있다. 만약 시간이 없어 인터넷을 통해 구입할 예정이라면 허브, 화초 등은 되도록 봄과 가을에 구입하고, 채소 모종은 제철인 4~5월쯤에 구입하는 것이 좋다. 가을 채소 모종의 경우 병충해와 웃자람이 생기기 쉬운 여름 동안 키워져 상태가 나쁜 모종이 배송될 가능성이 높기 때문에 종묘상, 꽃시장 등에서 직접 보고 구입하자. 또한 여름과 겨울에 인터넷을 통해 병충해가 잘 생기는 식물, 온도에 민감한 식물을 구입하면 상태가 좋지 않은 식물이 올 수도 있다. 요즘은 하우스 재배를 많이 하기 때문에 개화 적기보다 1~2달 정도 일찍 모종이 나오는 편이다.

모종 구입하기

직접 모종을 고르기 위해 꽃시장 혹은 화원에 갔다면 우선 전체적인 상태를 살펴보자. 건강해 보이는 모종을 골랐다면 화분을 뒤집어 뿌리가 밖으로 빠져나왔나 체크한다. 뿌리가 밖으로 빠져나왔다는 것은 흙에 뿌리가 잘 박혀 있다는 뜻이다. 그렇지 않은 모종이지만 튼튼해 보인다면 모종의 줄기를 잡아 살짝 들어 올렸을 때 뿌리가 튼튼히 박혀 있는지 확인한다. 잎이 누렇게 혹은 갈색으로 변해 있지 않은 것, 병충해 자국이 없는 것, 줄기의 마디와 마디 사이가 길지 않고 짧은 모종을 고르는 것이 좋다. 줄기가 비정상적으로 길고, 실제보다 잎이 작거나 커진 모종은 햇볕이 부족하여 웃자란 것일 수 있다. 꽃을 감상하는 화초를 고를 때에는 꽃을 피우기 시작한 모종을 골라야 더 오래 꽃을 감상할 수 있다. 단, 햇볕이 부족한 곳에서는 꽃이 제대로 피지 않는 경우도 있으니 반드시 키울 환경을 미리 체크한다. 햇볕이 부족한 곳에서는 활짝 핀 꽃이 유리할 수 있다.

건강한 모종	상한 모종

모종 체크하기

요즘에는 겉면에 투명한 비닐로 예쁘게 포장해 놓은 모종이 제법 있다. 이러한 모종은 겉보기에 튼튼해 보이지만 비닐을 풀었을 때 안쪽이 상해 있는 경우가 종종 있다. 따라서 구입 시 반드시 안쪽도 보아야 한다. 식물 상태만 보고 흙의 상태는 체크하지 않는 경우가 많은데, 흙이 까맣게 보일 정도로 심하게 젖어 있다면 판매자가 물을 과하게 주어 '과습 상태'로 관리했을 가능성이 높다. 여기에 뿌리파리가 알까지 낳았다면 최악의 상태가 될 것이다. 전에 선물 받은 모종의 흙이 계속 마르지 않아 모종을 엎어 보니 흙 안에 벌레들이 잔뜩 기어 다녀서 얼마나 놀랐는지 모른다.

흙의 종류와 분갈이하기

분갈이하기

식물을 계속 같은 화분에 키우면 더 이상 성장할 수 없기 때문에 반드시 분갈이를 해 주어야 한다. 만약 환경에 문제가 없는데도 더 자라지 않고, 상태가 좋지 않거나 화분 밑으로 뿌리가 빠져나갔다면 분갈이를 하는 것이 좋다. 보통 1~3년에 한 번, 봄, 가을에 하는 것이 좋은데 식물이 힘들어 하는 여름, 겨울에는 후유증이 생길 수도 있다. 식물은 물 빠짐(배수성)을 요구하는 정도가 각각 다른데, 이를 조절하는 것이 바로 마사토이다. 건조함에 강하면 마사토의 비율을 높이고, 물을 좋아하면 마사토의 비율을 줄이거나 섞지 않는다. 과습에 약한 식물의 경우 기존 화분보다 지나치게 큰 화분에 옮겨 심으면 흙이 물을 많이 보유하여 과습이 되기 쉬워지므로 순차적으로 사이즈를 키워 나간다.

1. 깔망&마사토 깔기 - 모종을 옮겨 심을 화분에 흙이 빠져나가지 않도록 바닥 망을 깔고, 그 위에 씻어 낸 마사토를 깐다. 화분 사이즈는 기존 화분보다 1.5배 이상 큰 사이즈가 좋다.
2. 흙 넣고 마사토 섞기 - 그 위에 30~40% 정도의 마사토를 섞은 흙을 3분의 1 이상 채운다. 더 잘 자라길 바란다면 밑거름도 섞는다. 마사토의 양은 식물에 따라 다르고, 다육 식물의 경우 50~70% 섞기도 한다.
3. 화분에서 빼내기 - 옮겨 심을 모종을 뒤집어 탁탁 쳐서 빼내고, 아래쪽의 뿌리가 오래되었을 경우에는 소독된 가위로 일부 정리한다. 기존 흙은 많이 털어 내지 않는다.
4. 모종 심고 물 주기 - 옮길 화분에 모종을 넣고, 뿌리 높이에 맞춰 흙을 마저 채워 물을 흠뻑 준다. 화분의 윗부분을 20% 정도 남겨야 물을 줄 때 흙이 쏟아지지 않는다.

참고
분갈이를 할 때 기존의 흙을 마구 털어 버리거나 뿌리를 많이 잘라 내면 새 흙에 적응하지 못하고 시들 수가 있다. 분갈이 후의 식물은 평소보다 민감하기 때문에 물을 충분히 주고 2~3일 이상 그늘진 곳에 두었다가 서서히 햇볕 아래로 옮긴다. 그렇게 해도 잎이 처진다면 수분을 유지하도록 투명한 비닐을 며칠 씌워 주면 도움이 될 것이다. 화분 크기가 자꾸 커지는 것이 부담이 된다면 줄기와 뿌리를 같이 잘라 주는 것이 좋다. 줄기와 뿌리는 밀접한 상관관계를 가지고 있기 때문에 줄기가 많이 자라 있는데 뿌리만 짧게 자르면 균형이 맞지 않아 후유증이 생길 수 있다.

다양한 흙 사용하기

밖에서 퍼 온 흙을 사용했더니 이름 모를 잡초만 돋았다는 경험담은 흔하다. 개인적으로는 산이나 밭의 흙을 퍼 오거나 사용했던 흙을 재활용하는 것을 추천하지 않는다. 잡초 씨앗, 병충해 등이 들어갔을 수 있고, 흙 자체가 산성화 또는 오염이 되었을 수가 있기 때문이다. 만약 흙을 재활용하려면 목초액 혹은 뜨거운 물을 붓거나 햇볕에 말려 소독시키고, 유기 거름 혹은 석회로 흙을 개량시켜야 한다. 분갈이를 위해 판매되는 다양한 흙은 반드시 용도에 맞게 구입하여 사용하자. 대부분의 식물은 보통 약산성~중성 토양에서 잘 자란다.

1 상토, 배양토 : 상토는 씨앗을 심어 모종을 만들기에 유리한 밝은 갈색의 흙이고, 배양토는 분갈이에 적당하도록 다양한 흙을 섞어 만든 주로 검은색 계통의 흙으로 이들은 보통 중성에 가까운 산도를 띤다. 상토의 경우 식물 분갈이, 채소 재배 등에 유리하도록 만든 것과 퇴비의 비율을 높여 거름처럼 사용하기도 하는 것도 있으니 용도에 맞게 쓴다. 요즘에는 상토를 배양토 대신 많이 사용하는 추세이다.

2 마사토 : 황색 돌멩이처럼 생겼으며 주로 상토, 배양토 등에 섞거나 화분 바닥의 배수층으로 깔아 물 빠짐을 좋게 한다. 마사토에는 황색 가루가 묻어 있기 때문에 물에 씻어 사용하는 것이 좋은데 이것이 번거롭다면 씻겨 나온 것으로 구입한다.

3 펄라이트 : 상토, 배양토 등에 섞여 있어 물 빠짐을 도와주는, 마사토보다 작고 가벼운 하얀색 돌멩이다. 마사토와 비슷한 역할을 하는데 둘 다 무균이기 때문에 수경 재배, 꺾꽂이 등에 사용된다.

4 피트모스 : 습지, 늪 등에 식물체 등이 부식되어 쌓인 것으로 강한 산성을 띠고 보습력이 좋다. 블루베리, 식충 식물 등은 이러한 피트모스에 심는 것이 좋고, 씨앗 파종용도 있다.

5 질석 : 암석을 잘게 부숴 가열한 것으로 버미큘라이트라고도 부른다. 매우 가볍고 보수성, 통기성이 좋으면서 무균이라서 파종, 꺾꽂이, 수경 재배 등에 사용한다.

6 하이드로볼 : 진흙을 높은 고열에 구워 만든 동그란 돌멩이 모양의 무균 토양이다. 하이드로볼을 물에 넣으면 산소 기포가 나오는 것을 확인할 수 있을 정도로 공극이 커서 산소 공급이 중요한 수경 재배에 많이 활용된다. 화분 바닥에 깔아 배수층으로 사용하거나 난을 심을 때, 흙 위에 까는 용도 등으로도 사용한다.

7 난석 : 보수력, 배수력, 통기성이 좋은 큰 돌멩이 형태이다. 주로 난을 심을 때 단독으로 사용하거나 마사토보다 큰 편이기 때문에 화분 바닥의 배수층으로 사용한다.

8 바크 : 일명 나무 껍질이다. 화분 바닥의 배수층, 흙 위에 까는 용도, 난을 심을 때, 동물 사육용 등으로 사용한다.

식물을 잘 키우기 위한 포인트, 물 주기

물 주는 시기

아무리 몸에 좋은 것이라도 과하면 좋지 않다. 식물에 거름과 물을 줄 때도 마찬가지이다. 얼마 전 꽃시장에서 며칠에 한 번 물을 주면 되느냐는 손님의 질문에 판매자가 7일에서 10일에 한 번 주면 된다고 대답하는 것을 보았다. 그 모종을 구입한 사람은 과연 제대로 키우고 있을까? 사계절 내내 똑같이 물을 준다면, 여름에 물이 금방 증발되면서 물 부족으로 말라 죽기 쉽고, 습한 장마철과 햇볕이 부족한 겨울에는 물이 잘 마르지 않아 과습으로 물러 버릴 수 있다. 우리 집의 경우 한여름 동안에는 물을 매일 주어야 했고, 겨울에는 일주일 이상 주지 않기도 했다. 또한 큰 화분일 경우에는 흙이 많이 들어 있어 오래 버틸 수 있지만 작은 화분은 흙이 적어 물이 부족하면 금방 마를 수 있고, 그늘진 곳보다 햇볕이 잘 드는 곳이 더 빨리 마른다. 그렇다면 어떻게 물을 주어야 할까?

1. 겉흙이 말랐을 때 - 위쪽의 흙색이 기존보다 연한 색으로 변하고, 바삭거리는 느낌이 든다. 일반적인 식물은 이때 물을 준다.
2. 속흙 확인하기 - 로즈마리, 라벤더 등과 같이 건조함에 강하고 과습에 약한 식물은 손가락이나 나무젓가락, 아이스크림 막대 등을 흙에 찔러 넣어 확인한다.
3. 속흙이 말랐을 때 - 손가락 등을 흙에 찔러 넣었을 때 묻어 나온 흙이 금방 떨어져 나간다면 속흙이 마른 것이다.
4. 속흙이 젖었을 때 - 묻어 나온 흙이 축축해서 바로 떨어져 나가지 않고 묻어 나온다면 속흙이 젖은 상태이다.

참고
여전히 어렵게 느껴진다면 과한 것보다는 부족한 것이 대처하기에 훨씬 수월하니 차라리 물을 부족하게 주면서 관리한다. 물을 주지 않은 상태에서 잎이 살짝 처졌다면 얼른 물을 준다. 서서히 원래 잎 상태로 돌아가는 모습을 볼 수 있을 것이다. 단, 물을 과하게 주어도 잎이 처질 수 있어 며칠간 물을 주지 않은 상태에서 확인해야 하고, 오래 방치하면 물을 주어도 원상태로 돌아가지 못할 수도 있으니 주의한다. 키우는 방법을 모르는 식물도 이와 같은 방법으로 물을 준다.

물 주는 방법

적당한 시기에 물을 주었는데도 잘 자라지 않는다면 분무기로 흙 위에만 뿌린 것은 아닌지 생각해 보자. 분무기로 물을 뿌리는 방식은 흙 위쪽에만 물이 공급되고 아래쪽에는 공급이 되지 않을 가능성이 높다. 따라서 위쪽의 뿌리는 과습이 될 수 있고, 아래쪽 뿌리는 물 부족으로 말라 버릴 수 있다. 식물에 물을 줄 때는 흙 속 뿌리까지 물이 공급될 정도로 흠뻑 주는데 이렇게 하면 화분 속 산소 교체 효과도 생긴다. 또, 낮에는 지온이 올라가기 때문에 이른 오전이나 초저녁에 물을 주되, 추운 겨울에는 그 반대로 낮에 주는 것이 냉해를 예방하는 데 도움이 된다. 너무 따뜻하지도, 너무 차갑지도 않은 봄~가을의 수돗물 온도 정도라면 식물에 적당하다.

1 물 붓기-식물에 물을 줄 때는 대충 분무기로 뿌려 주는 것이 아닌 흙에 물을 부어 주어야 한다.
2 젖은 상태 확인하기-흙에 물을 주면 기존 흙색보다 진해진다.
3 물 빠짐 확인하기-물을 줄 때는 화분 밑의 화분 받침으로 물이 빠져나갈 정도로 흠뻑 부어 준다.
4 잎에 분무하기-관엽 식물처럼 높은 공중 습도를 좋아하는 식물에는 분무기로 잎 주변에 가볍게 뿌린다는 느낌으로 분무한다. 단, 잎에 물이 닿는 것을 싫어하는 식물에는 주의한다.

참고
건조함에 강한 다육 식물과 습한 것을 좋아하는 식충 식물 등은 위의 방법과는 다르게 물을 주어야 한다. 모든 식물이 그런 것은 아니지만 잎이 두툼하면 잎이 얇은 식물보다 물을 덜 필요로 하는 편으로, 통통한 잎의 다육 식물은 한 달에 한 번 꼴로 물을 주어도 말라 죽지 않는다. 식충 식물은 이와 반대로 흙이 마르기 전에 물을 주되, 화분 받침 등에 물을 채워 화분 구멍을 통해 흙에 물이 공급되도록 하는 '저면관수'로 주면 좋다. 장기간 집을 비워 식물에 물을 줄 수 없을 때도 이 저면관수를 활용하면 걱정을 덜 수 있다. 화분이 많을 경우 넓은 대야, 큰 비닐봉지, 욕조, 스티로폼 박스 등을 화분 밑에 깔고 저면관수를 하면 유용하다.

식물의 상태에 따른 대처법

우리 집 식물이 왜 아픈 걸까?

사람이 매일 건강할 수 없듯 식물도 한 번씩 아프곤 한다. 이에 어느 날 갑자기 시들어 버릴까 봐 걱정이 될 수 있지만 다행히 평소와 달라진 모습으로 신호를 보낸다. 어떤 현상이 아프다는 신호인지 잘 기억해 두었다가 대처한다면 원래의 모습으로 되돌릴 수 있을 것이다.

<u>줄기가 비정상적으로 길게 자랐을 경우</u>

실내에서 식물을 키우다 보면 정상 모종에 비해 잎과 줄기가 얇고, 줄기의 길이가 비정상적으로 길어진 모습을 종종 보게 된다. 또 허브, 채소 등의 식물은 잎의 크기가 작아지고, 일부 관엽 식물은 잎이 넓어져 보기 흉해지기도 한다. 이러한 현상을 '웃자람' 혹은 '웃자랐다'라고 한다. 식물이 웃자라는 원인은 바로 햇볕 부족인데 어둡다 보니 땅속에 있다고 착각하여 그곳에서 벗어나려고 자꾸만 길어지는 것이고, 일부 관엽 식물의 잎이 넓어지는 것은 햇볕을 받을 수 있는 부위를 늘리기 위한 것이다. 이를 막기 위해 햇볕을 좋아하는 식물은 베란다, 창가, 야외 공간 등에 배치하고, 물을 자주 주면 웃자람이 더 심해지므로 최대한 줄이는 것이 좋다. 또한 고온보다는 저온에서 성장이 더뎌지며 덜 웃자라는 편이다. 만약 발아한 새싹이 웃자랐다면 떡잎 아래쪽에 흙을 얹어 새싹을 지탱시키고, 스탠드 조명, PG 램프, LED 식물 조명 등을 쬐어 부족한 햇볕을 대체한다. 어느 정도 자란 모종이 웃자랐다면 가지치기 후에 햇볕이 잘 드는 자리로 옮긴다.

잎이 누렇게 혹은 갈색으로 변했을 경우

식물을 키우다 보면 갑자기 잎이 누렇게 혹은 갈색으로 변하는 '갈변 현상'이 생기곤 한다. 잘못된 물 관리로 인한 과습 혹은 물 부족, 계절에 따른 냉해 혹은 무더위, 햇볕 부족, 갑작스러운 환경 변화, 분갈이 필요, 병충해 발생 등이 원인이다. 일부 식물은 겨울에 월동을 위해 자연스럽게 아랫 잎이 갈변하며 떨어지기도 한다. 그럴 경우 우선 흙의 상태를 체크하자. 흙이 심하게 젖어 있다면 통풍과 햇볕이 좋은 자리에 두어 말리고, 흙이 말라 있다면 바로 물을 준다. 물 관리에 문제가 없다면 햇볕이 부족한 환경은 아닌지, 온도가 높거나 낮은 것은 아닌지, 화분이 작지는 않은지 확인한다. 잎 가장자리 혹은 잎 일부만 말라 있다면 공중 습도 부족 또는 칼슘 부족이 원인일 수 있는데 이 경우 '식초칼슘액비'를 만들거나 칼슘 액비를 구입해 뿌려 주면 된다. 환경 문제가 아닐 경우 잎 전체를 꼼꼼히 살펴 병충해가 보이면 바로 퇴치한다. 이미 누렇게 혹은 갈색으로 변한 잎은 그냥 두면 위생적으로 좋지 않고 통풍에 방해되므로 깔끔하게 제거한다.

줄기가 갈색으로 변했을 경우
보통 식물에 물을 과하게 주면 과습으로 줄기가 갈색으로 변하며 물러지고, 잎 또한 누렇게 혹은 갈색으로 변하는 경우가 많다. 하지만 식물에 문제가 생긴 것이 아닌, 줄기가 '목질화'가 되면서 갈색으로 변하는 경우도 있다. 이는 식물의 줄기가 튼튼하게 나무화가 되어 가는 자연스러운 현상이다. 줄기가 갈색으로 변했다면 우선 줄기를 만져 보자. 물렁거림 없이 단단하고, 심지어 껍질 같은 것이 만져진다면 목질화가 된 것이다. 그 반대로 물렁거린다면 과습으로 줄기가 물렀을 가능성이 높은데, 한 번 무르면 다시 돌리기 쉽지 않으니 물을 과하게 주지 않는다. 목질화는 나무 종류에만 생기는 것이 아니라 허브, 일부 화초, 다육 식물, 관엽 식물 등에도 생기는 현상이다.

새싹이 잘 자라지 않을 경우
씨앗을 심을 때 보통 새싹이 잘 올라오지 않을 때를 대비하여 여유 있게 뿌린다. 이때 화분 공간에 비해 새싹이 많이 올라와 버리면 새싹들끼리 서로 경쟁을 하여 제대로 자랄 수 없다. 한마디로 새싹과 새싹 간의 간격을 넓히기 위해 일부 새싹을 뽑아내거나 더 넓은 공간으로 옮겨 심어야 한다는 것이다. 나는 상태가 좋지 않은 새싹, 유난히 성장이 느린 새싹, 웃자란 새싹 위주로 뽑아 내 다른 튼튼한 새싹이 잘 자라도록 해 주는 편인데 이를 '솎아 내기'라고 한다. 솎아 내기는 새싹 상태일 때뿐 아니라 본잎이 어느 정도 커져 간격이 좁아졌을 때도 시도하면 좋다.

건강한 식물 유지하기

식물이 잘 자라고 병충해의 피해를 줄이기 위해서는 적당한 크기의 화분, 적당한 양의 물, 햇볕, 온도, 통풍, 공중 습도 등을 맞춰 주는 것이 중요하다. 식물들이 선호하는 환경이 각각 다른 이유는 식물들의 고향, 즉 원산지가 다르기 때문이다. 이를 체크하면 선호하는 환경을 맞추기 수월하지만 적당한 햇볕과 통풍은 맞추기가 상당히 힘들다. 물론 내음성이 강한 관엽 식물 등을 키우면 햇볕 문제는 쉽게 해결되겠지만 다양한 종류의 식물들을 포기할 수는 없지 않은가. 이를 보완하기 위해 햇볕과 바람이 잘 들어오도록 창문을 자주 열고, 창문이 더럽거나 시트지 등이 붙어 있으면 햇볕 양이 줄어들기 때문에 아무것도 붙이지 말고 깨끗하게 유지한다. 식물을 너무 빽빽하게 배치하면 통풍을 방해하고, 병충해가 서로 옮겨 붙을 수 있기 때문에 간격을 두어 배치한다. 또한 아래에 소개할 가지치기를 하면 햇볕과 통풍에 조금 더 유리해진다.

통풍을 위한 가지치기

잎과 줄기가 빽빽하게 붙어 있으면 바람과 햇볕이 안쪽까지 들어가기 힘들다. 이를 방치하면 각종 병충해가 생기거나 안쪽이 연약해지기 쉬우니 줄기를 어느 정도 잘라 준다. 병충해가 많이 생겼을 때에도 가지치기를 하면 병충해의 먹이 부위를 줄여 퇴치하는 데 도움이 된다. 단, 과감한 가지치기를 한 후에는 잎 수가 줄어든 상태이기 때문에 평소처럼 물을 주면 과습에 약한 식물의 경우 힘들어 할 수 있다. 그래서 며칠 정도 경과를 지켜본 후에 물을 준다.

1. 가지치기-안쪽이 잘 보이지 않을 정도로 잎과 줄기가 빽빽하다면 원예용 가위로 줄기를 전체적으로 잘라 주는 것이 좋다.
2. 줄기 짧게 자르기-병충해 피해가 심할 경우 먹이 부위를 줄이기 위해 전체적으로 짧게 가지치기해 준다.
3. 자란 줄기 확인하기-한 달 정도 지나자 처음과 비슷할 정도로 풍성해졌다.

수형을 위한 가지치기

가지치기는 통풍과 햇볕이 잘 들게 하기 위한 것만이 아닌 예쁜 모양새, 즉 수형을 위해서도 한다. 삐죽삐죽 튀어나온 부분을 깔끔하게 잘라 수형을 다듬는다.

1 줄기 자르기-원하는 수형을 만들고 싶다면 꺾꽂이에서부터 시작하는 것이 좋다. 꺾꽂이했던 줄기가 원하는 길이만큼 길어지면 윗부분을 가위로 잘라 낸다.
2 아래쪽 잎 떼어 내기-위쪽의 잎 일부를 남기고 아래쪽의 잎을 떼어 낸다. 떼어 낸 부분이 목질화가 될 부분이다.
3 다시 자르기-자른 부분 근처의 잎 위로 새로운 줄기가 2개 자라났다. 어느 정도 자라면 또 잘라서 새로운 줄기가 자라나도록 한다.
4 자른 줄기 꺾꽂이하기-계속 자르다 보면 줄기가 전체적으로 풍성해지는데, 이를 응용하여 토피어리 수형을 만들 수 있다. 잘라 낸 줄기는 물이나 흙에 꺾꽂이하면 새 모종이 된다.

식물을 아프게 하는 병충해 알기

병충해가 발생하면 초기에는 잘 모르다가 순식간에 다른 식물에까지 번져 나간다. 식물의 잎을 자주 체크하고, 병충해가 생겼다면 빠르게 조치를 취해야 식물을 건강하게 키울 수 있다. 병충해가 이미 많이 퍼진 후에는 살충제를 뿌리고 다른 식물에 옮겨 가지 않도록 따로 격리시킨다. 비실거리는 식물에 더 잘 생기므로 식물이 잘 자라는 환경을 만들고, 위생적인 환경을 위해 시든 잎과 꽃, 흙에 떨어진 잎은 바로 정리한다.

응애

잎 뒤에 빨간색 점 같은 벌레가 붙어 있거나 미세한 거미줄이 보인다면 작은 붉은색 계통의 거미인 응애를 의심한다. 고온건조하고 통풍이 부족한 곳에서 잎에 하얀색 점으로 된 자국을 만들며 즙을 빨아 먹는데, 한 번 퍼지면 없애기 힘들기 때문에 통풍에 신경 써야 한다. 응애는 전원생활, 응삼이, 난황유, 제충국, 원예용 비눗물 등의 친환경 살충제와 비오킬, 파발마, 페로팔 등의 화학 살충제를 골고루 뿌려 퇴치할 수 있다. 약에 대한 내성이 강하므로 여러 가지 살충제를 번갈아 가며 사용한다.

진딧물

검은색, 연두색, 빨간색 등의 벌레가 줄기나 잎에 잔뜩 붙어 즙을 빨고 있다면 진딧물을 의심한다. 잎이나 꽃에 얼룩덜룩한 무늬가 생기는 모자이크병(바이러스)의 매개체가 되기 때문에 발견하면 반드시 없애야 한다. 모자이크병이 발생하면 식물을 뽑아 내야 할 수도 있다. 초기에는 휴지를 이용하여 꾹꾹 눌러 없애면 되지만 너무 많이 불어났을 경우에는 약간 걸쭉할 정도로 물에 희석한 물엿, 제충국, 원예용 비눗물, 전원생활, 노버그, 진달래, 비오킬 등을 골고루 뿌린다. 또한 진딧물과 공생 관계인 개미를 퇴치하고, 천적인 무당벌레를 유인하면 퇴치에 도움이 된다.

굴파리

채소나 일부 허브 잎 위에 하얀색 선을 그려 놓은 듯한 무늬가 생겼다면 굴파리를 의심한다. 굴파리의 애벌레가 잎을 먹으며 지나간 자리가 하얀 자국으로 남은 것이다. 잎 속에 들어가 있기 때문에 살충제를 뿌려도 퇴치가 쉽지 않은 편인데 하얀색 선 끝 부분을 꾹꾹 눌러 굴파리 애벌레를 죽이거나 하얀색 선이 생긴 잎을 따 버리면 없앨 수 있다. 예방을 위해 모기장처럼 생긴 한랭사를 설치할 수도 있다.

탄저병

탄저병은 진딧물, 응애 등의 해충이 해를 입히는 것이 아닌 관엽 식물, 다육 식물, 채소 등의 잎이나 열매에 갈색 반점이 퍼져나가는 병을 말한다. 주로 고온다습한 환경에 잘 생기는데 방치하면 식물을 살릴 수 없게 될 수 있어 발견 즉시 병에 걸린 부위를 제거하고, 다른 식물에 퍼지지 않도록 격리하는 것이 좋다. 심할 경우 식초 희석액(약 130배 이상 희석)과 난황유 혹은 디치수화제, 타로닐수화제 등의 살균제를 뿌려 없앤다.

총채벌레

잎 위에 갉아 먹은 듯한 하얀 자국이 있고, 그 위에 검은 점이 다닥다닥 붙어 있으며 주변에 아주 작은 날벌레가 날아다니면 총채벌레를 의심한다. 총채벌레의 애벌레는 식물의 즙을 빨아먹으며 해를 입힌다. 퇴치를 위해 끈끈이 트랩을 설치하고, 전원생활, 노버그, 난황유, 제충국, 원예용 비눗물 등의 친환경 살충제나 비오킬, 파발마, 코니도 등의 화학 살충제를 식물 전체에 뿌린다. 총채벌레와 흡사하게 생긴 '뿌리파리'는 습한 흙 속에 알을 낳아 뿌리에 해를 입히는데 화분흙이 잘 마르지 않고, 식물의 성장이 더디다면 이를 의심한다. 햇볕 좋은 곳에서 화분흙을 말려 흙 속의 뿌리파리 애벌레가 말라죽도록 하고, 성체를 잡기 위해 주변에 끈끈이 트랩을 설치한다. 심하면 빅카드, 비오킬 등의 살충제를 흙과 식물 전체에 뿌린다.

나방 & 나비 애벌레

주로 배추, 무 등의 채소와 잎이 여린 일부 허브 등에 생기고, 실내보다는 야외에 주로 생긴다. 한 번 생기면 순식간에 잎을 먹어 치우기 때문에 예방을 위해 한랭사를 치거나 발견 즉시 손으로 잡아 없애고, 심할 경우 난황유, 제충국 등을 뿌린다.

깍지벌레

눈에 보일 정도의 콩벌레를 닮은 해충이 관엽 식물, 다육 식물 등에 붙어 있다면 깍지벌레일 가능성이 높은데 그중 하얀색에 털 같은 것이 보인다면 솜깍지벌레일 가능성이 높다. 햇볕이 부족하고 습한 곳에 잘 생기기 때문에 흙을 습하지 않게 관리하고, 너무 그늘진 곳에 두지 않도록 한다. 깍지벌레가 적을 때는 손으로 잡아 없앨 수 있지만 많이 생겼다면 톡칵이, 난황유 등의 친환경 살충제나 비오킬, 코니도 등의 화학 살충제를 뿌린다.

흰가루병
(백분병)

식물의 잎에 하얀 가루 같은 것이 생겼고, 잎이나 줄기가 조금씩 시들어 간다면 곰팡이 종의 변종에 의해 생기는 흰가루병을 의심한다. 밤낮 온도차가 심한 곳, 통풍이 부족한 곳에서 잘 생기기 때문에 창문을 자주 열고, 가지치기를 한다. 심할 경우 팡주거, 난황유 등의 친환경 살균제나 훼나리 유제, 사프롤 유제 등의 화학 살균제를 골고루 뿌린다. 곰팡이병에 걸렸을 때도 마찬가지로 통풍에 신경을 쓰고, 살균제를 뿌려 없앤다.

온실가루이

잎 주변에 하얀색 날개가 달린 것들이 날아다닌다면 통풍이 잘되지 않는 따뜻한 실내에 잘 생기는 온실가루이를 의심한다. 온실가루이의 애벌레와 성충이 식물의 즙을 빨아먹고, 바이러스를 퍼트리기도 하기 때문에 통풍을 위해 가지치기하고, 난황유, 제충국, 원예용 비눗물, 끈끈이 트랩, 비오킬 등을 사용하여 퇴치한다.

식용 식물에 생긴 병충해, 천연으로 해결하기

초기에 생긴 해충이야 손으로 잡아 없애거나 잎 전체를 물로 샤워시키면 어느 정도 없앨 수 있지만 심해졌을 경우 해충에 살충제를 뿌리고, 탄저병, 흰가루병 등의 병균에는 살균제를 뿌려야 없앨 수 있다. 하지만 식용하는 허브, 채소 등의 식물에는 화학 살충제를 뿌리기가 영 찝찝하다. 시중에 판매하는 친환경 살충제를 구입하거나 집에서 직접 만들어 뿌린다면 찝찝함을 없앨 수 있다. 살충제를 사용할 때는 반드시 권장 희석 비율에 맞게 희석해 사용해야 식물에 해를 끼치지 않는다. 또한 자주 사용해도 좋지 않으니 1~3주 정도로 간격을 두고 뿌린다.

난황유

식용유를 계란 노른자로 유화시켜 만든 친환경 살충제이다. 진딧물, 응애 등의 해충 퇴치는 물론 흰가루병, 탄저병 등의 병해에도 효과가 있다. 많은 양의 난황유가 필요하지 않을 경우, 10g 정도의 마요네즈를 2L의 물에 희석하여 잘 섞으면 완성된다. 만약 난황유를 뿌려도 효과가 미미하다면 카놀라유 10g, 주방 세제 5g 정도를 추가로 섞어 뿌려 보자. 여기에 간마늘이나 독초즙 등을 약간 넣으면 효과가 올라간다.

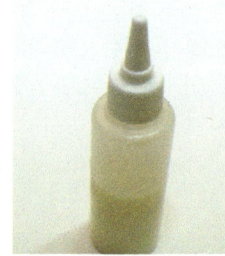

원예용
액체 비누

외국 번역 원예 서적을 읽다 보면 '원예용 액체 비누를 이용하여 퇴치한다.'라는 문구가 나온다. 우리나라에는 원예용 액체 비누가 생소한데 일반 비눗물과 흡사한 것이라 생각하면 된다. 이것을 해충이 뒤집어쓰면 숨 구멍이 막혀 죽게 된다. 이를 대신하여 일반 비눗물, 액체 비누, 주방 세제 등을 100~500배 이상 물에 희석하여 사용해도 되지만 화학 계면활성제를 사용한 경우가 많아 식용 식물에 사용할 생각이라면 천연 재료의 제품이 낫다.

제충국

제충국은 살충제의 이름이 아닌, 제충국이라는 이름을 가진 국화과 화초이다. 제충국에는 응애, 총채벌레, 진딧물 등의 해충에 닿으면 신경을 마비시키는 '피렌트린'이라는 성분이 있는데 특히 꽃에 많이 함유되어 있다. 사람과 온혈동물에는 큰 해가 없다고 알려지면서 제충국을 이용한 친환경 살충제가 시중에 많이 나오고 있다.

끈끈이 트랩

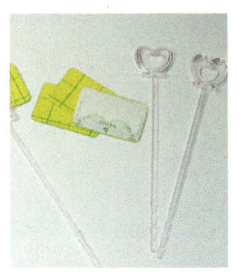

식물의 주변에 끈끈이를 발라 만든 끈끈이 트랩을 설치하면 식물에 다가가던 해충이 끈끈이에 붙게 되는 방식의 친환경 농자재이다. 특히 총채벌레, 온실가루이, 뿌리파리 등의 날벌레 해충들이 식물에 다가가는 것을 막는 데 도움이 된다.

숯

숯이 제습 효과와 냄새 제거, 공기 정화 및 정수, 항균 기능을 가지고 있다는 이야기는 많이 들어 보았을 것이다. 그래서 수경 재배 시 정수를 위해 숯을 조금 넣기도 한다. 숯이 섞여 있는 배양토가 판매되고 있을 정도로 식물에도 좋은 역할을 하는데 화분에 얹거나 섞어 주면 세균과 해충의 번식을 예방할 뿐 아니라 토양개량제 역할도 한다. 요즘에는 왕겨를 태워 만든 왕겨숯을 흙에 섞어 많이 활용하고 있다.

목초액

숯을 태워 만드는 중에 나오는 연기를 액화시켜 채취한 것이다. 그래서인지 목초액에서 타는 듯한 냄새가 강하게 풍겼다. 숯이 식물에 좋은 역할을 하듯이 목초액을 500~1,000배 정도의 비율로 물에 희석하여 화초에 꾸준히 뿌려 주면 병충해 예방에 도움이 되고, 토양 개량 효과도 준다. 너무 진하게 희석한 목초액은 식물에 해가 될 수 있으니 꼭 권장 희석 비율로 주도록 하자. 그 외에 무좀, 습진, 아토피 등의 피부병 예방, 살균, 각종 벌레 퇴치 등에도 좋은 효과를 보인다.

참고

그 외에 마늘즙 희석액, 우유 희석액 등도 해충에 효과가 있다. 여기에서 따로 소개하지 않은 이유는 효과가 미미한 경우가 많았고, 우유 희석액처럼 희석 비율이 잘못되거나 추후에 닦아 내지 않았을 때 식물에 해가 되기도 하기 때문이다. 천연 살충제를 직접 만들어 사용할 때에는 반드시 어느 정도 지식을 가지고 사용하는 것이 중요하다.

식물에게 주는 영양제, 비료

화분 안에서는 식물에 전해질 영양분이 한정되어 있어 식물이 더 잘 자라게 하기 위해서는 영양제, 즉 비료를 주어야 한다. 하지만 사람이 과식하면 배탈이 나듯 식물 또한 비료를 많이 받게 되면 비정상적으로 자라거나 시들 수 있다. 제초제가 바로 그 비슷한 원리로 만들어진 것으로, 표기되어 있는 권장 용량과 사용 횟수를 체크하여 식물이 성장하기 좋은 봄과 가을 위주로 주는 것이 좋다. 만약 다양한 종류의 비료가 있어 고르기 어렵다면 무기질 비료(화학 비료)와 유기질 비료(천연 비료)로 구분하여 기억하자. 무기질 비료는 주로 잎을 성장시키는 질소(N), 꽃과 열매 등에 영향을 끼치는 인산(P), 뿌리와 구근 등에 영향을 끼치는 칼륨(K) 등 식물에 필요한 요소를 사람이 인위적으로 넣은 것이고, 유기질 비료는 계분, 깻묵, 어분 등 자연에서 얻은 동·식물질로 된 비료를 말한다. 빠르기로는 무기질 비료가 빠르게 효과를 보이지만 토양을 산성화 및 오염시킬 가능성이 높고, 유기질 비료는 느리지만 오래 지속되고 토양을 개선시키는 편이다. 따라서 식용 식물을 키우거나 사용했던 흙을 재활용할 예정이라면 유기질 비료를 사용하는 것이 좋겠다.

고체 비료(고비)

동글동글한 알갱이 타입 혹은 덩어리 타입의 고체로 된 비료는 분갈이에 사용할 흙에 섞는 밑거름(기비)으로 사용하거나 화분 흙 위에 얹어서 웃거름(추비)으로 사용한다. 유기질 비료는 주로 진갈색, 검은색 계열이 많고, 무기질 비료는 노란색, 하얀색 계열이 많은 편이다. 일부 화학 고체 비료는 빠른 효과를 나타내기도 하지만 대부분은 느리면서 오래 지속되는 완효성 비료이다. 따라서 자주 주기보다는 비료의 효과가 떨어지는 시기를 체크하여 용법에 맞게 주는 것이 좋다. 흙 형태의 밑거름용 천연 퇴비는 숙성되지 않은 퇴비를 사용할 경우 유해 가스와 열, 세균 등이 발생하여 식물에 해가 되고, 악취가 날 가능성이 높기 때문에 되도록 완전 숙성된 완숙 퇴비를 구입하여 사용하자. 퇴비를 흙에 섞을 때는 과한 양을 섞지 말고, 뿌리에 직접 닿지 않게 섞는 것이 후유증을 막는 지름길이다.

액체 비료(액비)

액체로 된 비료를 말한다. 유기질도 있기는 하지만 대부분 무기질 액체 비료이다. 고체 비료에 비해 빠른 효과를 보이지만 오래 지속되는 것은 아니기 때문에 1~3주에 한 번 정도로 더 사용해야 한다. 주로 식물에 추가 영양을 공급하기 위한 웃거름(추비)으로 사용하는데, 용기에 적혀 있는 희석 비율대로 물에 희석하여 물 대신 준다. 쭈쭈바라고도 불리는 튜브식 용기에 액체 비료가 들어 있어 흙에 꽂아 주면 조금씩 흘러나오는 '앰플형 액체 비료'도 있지만 구멍을 크게 내면 순식간에 흙에 영양분이 쏟아져 나올 수 있어 주의해야 한다.

지렁이 분변토(토룡토)

내가 주로 식용 식물에 사용하고 있는 비료는 지렁이 똥으로 만든 '지렁이 분변토'이다. 지렁이가 사는 흙에 영양분이 풍부하다는 이야기는 많이 들어보았을 것이다. 화단이나 텃밭은 땅이 넓으니 다른 퇴비가 유리하겠지만 고약한 냄새가 나면 곤란한 베란다나 실내에서는 냄새가 잘 나지 않는 지렁이 분변토가 잘 맞았다. 단, 너무 많이 섞으면 영양분 과잉이 될 수 있고 흙의 물 빠짐이 나빠질 수 있어 되도록 대부분의 식물에 30% 이하, 거름이 많이 필요한 열매채소 등에는 50% 이하로 섞는다. 지렁이에 대한 혐오감이 없는 분이라면 직접 지렁이를 키워 보는 것도 좋다. 지렁이 분변토를 얻을 뿐 아니라 음식물 쓰레기를 지렁이 먹이로 손쉽게 처리할 수 있으니 1석 2조의 이득을 얻게 될 것이다.

집에서 만드는 천연 비료

식물에 영양분을 주고 싶지만 식물이 몇 개 없어 따로 비료 구입이 부담된다면 집에서 흔히 구할 수 있는 재료로 천연 비료를 만들어 보자.

계란 껍질, 게 껍질, 조개껍질

계란 껍질, 게 껍질, 조개껍질은 식물에 칼슘을 보충하는 효과가 있고, 그중 게 껍질은 키토산이 들어 있어 효과가 더 좋다. 단, 흙 위에 그냥 얹기만 해서는 큰 효과가 없다. 깨끗이 씻어 하얀 점막은 제거하고, 절구통이나 믹서기로 갈아서 흙에 섞거나 얹어 사용한다. 또한 '식초칼슘액비(난각칼슘액비)'로 활용할 수도 있는데 용기에 계란 껍질 등을 넣고, 그 2배 이상의 양으로 식초를 부어 1~2주 정도 숙성시킨 후, 식초만 걸러 내 사용한다. 식물에 사용할 때는 500~1,000배 정도 물에 희석해 뿌리면 되는데 칼슘이 공급됨은 물론, 식초의 살균 효과가 병충해 예방에 도움이 된다. 식초와 계란 껍질 등을 반응시키면 기포와 이산화탄소 가스가 발생하면서 용기가 터질 수 있기 때문에 뚜껑을 조금씩 열어 가스를 내보낸다.

쌀뜨물

쌀뜨물을 화단이나 텃밭에 뿌려 거름으로 사용하는 경우가 꽤 많다. 하지만 그냥 뿌리면 발효가 되면서 열과 벌레가 생길 수 있기 때문에 2L 정도의 쌀뜨물에 설탕 한 스푼 정도 넣어 1~2주 발효시킨 후에 사용하는 것이 좋다. 뚜껑을 열었을 때 막걸리 비슷한 냄새가 난다면 잘 발효된 것이다. 발효시킨 쌀뜨물은 식물에만 사용할 것이 아니라 설거지, 빨래, 냄새 제거 등에도 사용해 보자. 여기에 유용한 미생물이 들어 있다고 알려진 EM 원액으로 쌀뜨물을 발효시키면 효과가 더욱 올라간다. 페트병에 EM원액 15ml, 쌀뜨물 1.4L, 설탕 혹은 당밀 15g, 천일염 약간을 넣고 1~2주 동안 그늘진 곳에서 숙성시키면 '쌀뜨물 EM 발효액'이 완성된다. 이를 500~1,000배 정도의 물에 희석하여 화분 흙에 부어 주는데 식물 전체에도 골고루 뿌려 주면 병충해 예방에 조금은 도움이 된다.

원두커피 찌꺼기, 티백 찌꺼기

음식물을 오랫동안 발효시키면 식물에 좋은 거름이 되듯이 사람에 좋은 원두커피, 녹차, 허브차, 한약, 홍삼 등에서 나온 찌꺼기 또한 거름이 될 수 있다. 그중에서 원두커피 찌꺼기는 이를 활용한 거름이 나올 정도로 식물에 좋다고 널리 알려졌다. 이러한 찌꺼기들은 화분의 흙에 섞거나 젖은 상태로 흙 위에 얹으면 곰팡이가 생길 수 있으니 흙에 섞지 말고 바짝 말려 얹는 것이 좋다. 그래도 곰팡이가 생긴다면 우려 낸 물을 연하게 희석하여 식물에 준다. 또한 '쌀뜨물 EM 발효액'을 찌꺼기에 조금 넣은 후에 그늘진 곳에서 잘 발효시키면 좋은 거름이 된다.

식물의 식구 늘리기

구입한 모종이 비싸고 구하기 힘들어 번식을 시키고 싶다는 생각을 해 보았을 것이다. 식물을 번식을 시키는 방법은 의외로 다양하고, 생각보다 어렵지 않다. 보통 번식이 유리한 시기는 식물이 성장하기 좋은 봄과 가을이고, 여름과 겨울은 온도와 성장 환경이 맞지 않아 실패할 확률이 높다.

파종(씨앗 심기)

파종은 씨앗(종자)을 심어 새싹부터 키워 내는 가장 기본적인 번식법이다. 새싹이 올라왔을 때 큰 기쁨을 느낄 수 있음은 물론 화초, 채소, 허브 등을 대량으로 키울 경우 모종 구입보다 훨씬 비용을 줄일 수 있다. 주로 채소, 일년생 화초 등의 발아율이 높은 식물을 번식시킬 때 유리하며 허브, 일부 화초 등의 씨앗은 발아율이 떨어진다. 그런 종류는 직접 화단에 심는 '직파'를 하기보다 파종 전용 흙을 채운 육묘 트레이 등에 씨앗을 심어 모종을 키워 내는 '육묘'를 하는 것이 좋다. 파종 시 씨앗 일부를 남겼다가 새싹이 나오지 않았을 때 다시 심는 것이 좋고 씨앗봉투, 미니 지퍼백 등에 담아 신문지에 싼 후 냉장고에 보관해야 씨앗 수명을 늘릴 수 있다. 육묘 후에 바로 큰 화분이나 밭에 옮기지 않고, 작은 포트에 임시로 옮겨 심는 '가식'을 하기도 하는데 공간이 부족할 때 유용하다.

1 씨앗 크기별로 심기

1 점 뿌림
호박, 오이 등의 큰 씨앗은 물에 1~2일 정도 담가 불린 후에 손가락이나 나무젓가락 등으로 흙에 구멍을 뚫어 심는다. 씨앗이 클수록 어두운 곳에서 발아하는 '암발아종자'인 경우가 많아 깊게 심은 후에 흙을 덮는 것이 좋다. 씨앗 크기가 작더라도 수량이 적다면 점 뿌림으로 심는다.

2 줄 뿌림
잎채소처럼 발아율이 좋고 씨앗 크기가 작은 편이라면 손가락이나 나무젓가락으로 흙 위에 선을 그은 후에 그 위에 씨앗을 뿌려 흙을 덮는다. 새싹이 많이 올라오면 추후에 솎아 낸다. 줄 뿌림에 사용되는 씨앗은 암발아, 광발아되는 종류도 있지만, 이와 상관없이 발아되는 씨앗이 대부분이다.

3 흩어 뿌림
먼지만큼 미세한 씨앗은 빛을 받아야 발아하는 '광발아종자'가 많기 때문에 흙 위에 흩어 뿌린 후에 흙을 덮지 않는다. 굳이 살짝 흙을 덮고 싶다면 씨앗과 흙을 조금 섞어 흩어 뿌린다.

2 육묘 트레이

대량의 씨앗을 저렴한 비용으로 심고 싶다면 여러 개의 칸이 나뉘어 있는 육묘 트레이(모종판, 모종 트레이)를 활용해 보자. 씨앗 파종은 물론, 꺾꽂이에도 활용할 수 있다. 나는 육묘 트레이 중에 '연결포트'라고 불리는 것을 사용하고 있는데 물렁하고 반투명 재질이어서 뿌리가 어느 정도 뻗었는지 확인하고, 뿌리가 상하지 않게 분리할 때 편했다. 발아율이 떨어지는 종류의 씨앗은 영양분이 적은 파종용(육묘용) 상토, 피트모스, 질석 등에 심는 것이 유리하다.

1 흙 채우기
종묘상이나 인터넷에서 구입한 육묘 트레이에 상토를 채운다. 여러 칸으로 나뉘어 있고, 바닥에 작은 구멍이 뚫려 있어 다양한 종류의 씨앗을 심기 적당하다.

2 흙 구멍 뚫기
손가락이나 나무젓가락 등으로 상토를 살짝 파서 구멍을 낸다.

3 씨앗 심기
칸 하나당 2~4개 정도의 씨앗을 넣고 흙을 덮는다. 상토가 말라 버리면 싹이 트지 않기도 하므로 주의한다.

4 새싹 확인하기
상토가 마르지 않도록 물을 주다 보면 예쁜 새싹이 올라온다. 이때부터 햇볕 아래로 바로 옮기고, 흙이 마르면 물을 준다.

3 피트펠렛, 피트포트

피트펠렛과 피트포트는 어느 정도 자란 새싹을 따로 분리할 필요 없이 큰 화분에 바로 심을 수 있어 뿌리가 민감한 식물에 유리하다. 그대로 심기 찜찜할 경우 겉면 부분을 조심해서 떼어 내면 된다. 피트펠렛과 피트포트는 꺾꽂이할 때도 활용할 수 있다.

1 피트펠렛 준비하기
피트펠렛은 파종용 피트모스를 무균 상태로 압축하여 흙을 따로 준비할 필요 없이 파종하기 좋게 만든 것이다. 처음에는 납작한 상태이다.

2 씨앗 심기
피트펠렛을 물에 담가 두면 조금씩 부풀어 올라 씨앗을 심을 수 있게 된다. 가운데 구멍에 씨앗을 넣고 흙을 덮는다.

3 새싹 확인하기
피트펠렛에 심은 씨앗에서 새싹이 올라왔다. 피트펠렛에 새싹이 발아되지 않아 나중에 재사용하고 싶다면 전자레인지에 넣고 돌려 건조시킨다.

4 피트포트 이용하기
피트모스를 화분 모양으로 만들어 큰 씨앗을 심거나 임시로 옮겨 심기 좋게 만들어진 피트포트도 있다.

4 재활용 용기

소량의 씨앗을 심을 예정이고, 돈을 들이지 않고 싶다면 빈 요플레통, 테이크아웃 컵, 일회용 반찬통 등의 재활용 용기를 활용해 보자. 바닥에 구멍을 뚫을 때 송곳으로 잘 뚫리지 않을 경우, 젓가락을 불에 달궈 뚫으면 쉽게 뚫린다. 씨앗 파종뿐 아니라 꺾꽂이할 때도 유용하게 활용할 수 있다.

1 바닥 구멍 뚫기
재활용 플라스틱 용기에 송곳 등을 이용하여 바닥에 물 구멍을 여러 개 뚫는다.

2 흙 채우기
파종용 상토를 채우고 손가락이나 나무젓가락으로 흙에 구멍을 뚫어 씨앗을 심고, 다시 흙을 덮는다.

3 갈색 포트 재활용하기
구입한 모종이 심어져 있던 갈색 포트를 재활용하여 씨앗을 심어도 된다. 바닥의 구멍이 크기 때문에 양파 망, 샤워 망 등을 깔아 주면 좋다.

4 계란 껍질에 파종하기
계란 껍질 안의 새싹은 인테리어 소품으로 활용해도 될 정도로 사랑스럽다. 안쪽의 흰 점막은 제거해야 곰팡이가 생기지 않는다. 바닥의 구멍은 젓가락으로 살살 뚫는다.

TIP. 새싹이 나올 때까지 수분 유지하기

솜 파종 : 사이즈가 너무 작지 않고, 발아율이 떨어지는 씨앗은 화장솜, 키친타월 등에 물을 적셔 그 위에 씨앗을 얹으면 수분을 쉽게 빨아들여 빨리 뿌리가 나온다. 뿌리가 조금 나오면 바로 흙에 심는다.

저면관수 : 씨앗을 심은 흙을 촉촉하게 유지하기 힘들 경우 육묘 트레이, 포트 등의 밑에 쟁반이나 화분 받침을 깔고, 거기에 물을 약간 채워 '저면관수'로 물이 공급되게 하면 좋다. 단, 새싹이 올라온 후에도 계속 저면관수를 하면 물이 과하게 공급될 수 있으니 적당히 조절한다.

투명 비닐과 스탠드 : 씨앗을 심은 후 위에 투명한 비닐을 씌우면 수분을 유지시키고, 온도를 올려 주는 데 도움이 된다. 거기에 PG 램프, 일반 스탠드 조명 등을 쬐어 주면 온도를 올려 주는 것은 물론, 부족한 햇볕을 보충해 준다. 열이 적은 LED 식물 조명은 온도를 올려 주는 용도보다는 부족한 햇볕을 대체하는 데 활용한다.

구근 심기

구근(알뿌리)이란 땅속 줄기나 뿌리 등에 양분을 저장하기 위해 둥글게 부풀어 있는 부분을 말하는데 구근 주변에 새끼구인 자구가 달리며 번식한다. 여름 혹은 겨울에는 잎이 시들면서 휴면을 하는데 휴면 동안 물을 주지 말고, 흙에 묻힌 채 보관하거나 따로 캐어내 그늘지고 통풍 좋은 곳에 보관한다. 가을에 심는 '추식 구근'은 겨울에 45일 이상 10℃ 이하의 저온을 유지하는 '저온 처리'를 해야 웃자라지 않고 봄에 꽃을 피우기 때문에 베란다, 복도와 같은 쌀쌀한 곳에 두어야 한다. 그런 공간이 없다면 어쩔 수 없이 냉장고 채소 칸에서 저온 처리 후에 심는다. 튤립, 히아신스 등의 추식 구근은 여름에 휴면한 후에 10~12월쯤에 심고 다알리아, 글라디올러스 등의 춘식 구근은 겨울 휴면 후 봄에 심는다.

1 튤립 구근 준비하기-초가을쯤 구입한 튤립 구근이다. 겉면에 얇은 갈색 껍질이 씌워져 있고 안쪽은 하얀색을 띠고 있다.
2 껍질 벗기기-튤립은 곰팡이가 잘 생기는 편이기 때문에 껍질을 벗겨 통풍이 잘되게 했다. 껍질을 벗기면 구근이 쉽게 건조해지니 빠른 시일에 심는다.
3 소독하기-베노밀 살균제 혹은 락스를 500~1,000배 정도의 물에 희석하여 구근을 1시간 넘게 담가 소독한다. 빼낸 후에는 깨끗한 물에 헹구고, 반그늘에서 물기를 바짝 말려 흙에 심는다.
4 신문지 싸기-바로 심지 않거나 캐낸 구근을 보관할 경우 신문지에 싸거나 양파 망에 넣어 그늘지고 통풍이 좋은 곳에 보관한다.

꺾꽂이와 휘묻이

씨앗 발아율이 떨어지는 식물을 번식시킬 때는 주로 '꺾꽂이(삽목)'를 한다. 영양분이 적고 무균이며 배수성, 보수성이 좋은 흙이나 물에 줄기를 꽂으면 줄기 끝에서 뿌리가 나오는 번식법이다. 물에 꽂는 방식(물꽂이)은 흙에 꽂는 방식(흙꽂이)보다 뿌리가 빨리 나오고, 수분 유지에 유리하지만 흙으로 옮기다가 후유증이 생길 수 있다는 단점이 있다. 흙꽂이 방식은 뿌리가 나왔을 때 후유증이 적고 빨리 자리를 잡는다는 장점이 있지만 다육 식물을 제외하고는 뿌리가 날 때까지 수분 유지가 잘되지 않으면 줄기가 말라 버린다. 그렇다고 너무 습하게 관리하면 줄기가 썩거나 뿌리파리가 생길 수 있으니 10cm 이하의 포트 등에 심어 겉흙이 마를 즈음 물을 준다. 만약 흙에 심은 후 계속 비실거리면 투명한 비닐을 씌워 수분을 유지시키도록 하자. 연결포트, 테이크아웃 컵 등과 같이 투명 혹은 반투명 재질에 심으면 뿌리내림을 확인할 수 있어 편리하다. 줄기를 자르지 않고 살짝 휘어 흙에 묻어도 뿌리가 나오는데 이러한 번식법을 '휘묻이(취목)'라고 한다. 휘묻이는 특히 웃자란 줄기에 활용하기 좋다.

꺾꽂이

1 줄기 자르기-꺾꽂이에 사용할 줄기를 소독한 가위로 5~10cm 길이 정도 자른다. 수확을 하거나 수형을 잡기 위해 정리한 줄기를 활용해도 좋다.
2 물에 꽂기-수분 유지를 위해 위쪽 잎 2~4장만 남기고 정리한 후 컵, 재활용 용기, 계란 껍질 등에 물을 채워 줄기를 꽂는다. 물은 2~3일에 한 번씩 갈아 주는 것이 좋다.
3 흙에 꽂기-줄기를 물에 1~2일 정도만 담갔다가 흙에 바로 꽂아 물을 주어도 되고, 물에서 뿌리가 어느 정도 자란 후 흙에 심어도 된다. 일주일 만에 뿌리가 나오는 식물이 있는 반면, 한 달이 걸리는 식물도 있다.
4 휘묻이 시키기-줄기를 따로 자르지 않고, 휘어서 철사 등으로 흙에 고정시키면 흙에 닿은 마디 부분에서 뿌리가 나온다. 흙에 닿은 줄기의 뿌리가 제법 자랐을 때 가위로 잘라 모체에서 분리한다.

잎꽂이

꺾꽂이의 일종인 잎꽂이(엽삽)는 다육 식물, 일부 관엽 식물 등의 잎을 잘라 심는 번식법이다. 다육 식물의 경우, 주로 잎꽂이로 번식한다고 알려져 있지만 줄기 꺾꽂이로도 번식이 가능하다. 이 책에서는 잎꽂이로 번식하는 식물만 따로 '잎꽂이'라고 표기하고, 많이 하는 줄기 꺾꽂이는 '꺾꽂이'라고 표기하였다.

1 잎 준비하기
줄기에서 잎을 떼어 내거나 저절로 떨어져 나간 잎을 모아 준비한다. 여기에서는 다육 식물인 용월의 잎을 준비하였다.

2 흙에 얹기
잎이 통통한 다육 식물의 경우 잎의 잘린 부분이 흙 쪽으로 가도록 비스듬하게 세워 흙 위에 얹고 반그늘에 둔다. 잎이 납작한 편인 식물의 경우에는 흙 속으로 들어가도록 꽂는다.

3 뿌리에 분무하기
다육 식물은 잎에 수분을 보유하고 있어 뿌리가 날 때까지 따로 물을 주지 않다가 뿌리가 나오면 뿌리 쪽에 가볍게 분무한다. 잎이 납작한 종류는 속흙이 말랐을 때 물을 주면 된다.

4 새싹 확인하기
귀여운 싹이 나오기 시작하면 햇볕이 잘 드는 곳으로 옮긴다. 잎꽂이를 할 때는 흙에 마사토를 40~70% 정도 섞어 주면 좋다.

포기 나누기

줄기가 길게 뻗는 것이 아니라 뿌리에서 새잎이 계속 올라오면서 옆으로 풍성하게 자라는 일부 허브, 관엽 식물 등의 경우, 꺾꽂이나 휘묻이로 번식시킬 수 없다. 허브의 경우야 씨앗으로 번식시킬 수 있지만 꽃을 보기 힘든 관엽 식물은 어떻게 번식시킬까? 뿌리에서 올라온 새순, 즉 새로운 포기를 여러 갈래로 분리한 후에 따로 화분에 옮겨 심어 번식시키는데, 이러한 번식법을 '포기 나누기(분주)'라고 한다. 다육 식물의 모체 옆에 새로 올라온 자구(새끼구)를 분리하여 옮겨 심는 것도 포기 나누기라고 할 수 있다.

1 모종 분리하기
포기 나누기를 할 모종을 포트에서 꺼내 분리한다.

2 포기 사이 가르기
흙을 살살 털면서 포기와 포기 사이를 조심스럽게 가른다. 잘 나뉘지 않을 경우에는 가위나 칼을 이용한다.

3 포기 나누기
여러 개로 나누어 포기를 분리한다. 각각 따로 화분에 옮겨 심으면 여러 모종으로 나뉘어 번식한다.

꽃 감상 후 씨앗 채종하기

사람을 비롯한 모든 동물은 후손을 번식시키기 위해 생명을 낳고 자식을 위한 희생과 사랑을 아끼지 않는다. 움직일 수 없는 식물 또한 마찬가지이다. 잎과 뿌리에 갈 영양분을 꽃망울로 보내 화려한 꽃을 피워 내고(개화), 강한 향기로 꽃가루를 암술에 옮겨 줄 벌, 나비 등을 유혹하여 후손이 되어 줄 '씨앗(종자)'을 만들어 낸다. 따라서 꽃을 피우는 동안 잎과 뿌리의 성장이 더뎌지기 때문에 허브, 채소처럼 잎, 뿌리 등을 수확할 예정이라면 꽃대를 잘라 낸다. 가지치기를 자주 하면 개화가 늦어지니 꽃을 빨리 감상하고 싶다면 자제하자.

식물에는 계절 상관없이 꽃을 피우는 식물이 있는 반면, 특정 계절에만 피우는 식물도 있는데 국화, 칼랑코에 등과 같이 낮의 길이가 짧아지는 가을쯤 꽃을 피우는 식물을 '단일 식물', 개나리, 시금치 등과 같이 낮의 길이가 길어지는 봄쯤에 피우는 식물을 '장일 식물'이라고 한다. 만약 그러한 식물의 꽃을 더 빨리 피우고 싶다면 단일 식물의 경우 낮의 길이가 짧아졌다고 착각하도록 매일 오후 5시~오전 8시쯤까지만 검정 비닐이나 천을 씌우고, 장일 식물은 그 반대로 조명을 쬐어 준다.

씨앗 채종하기

1 꽃봉오리 맺기 - 개화에 적당한 시기가 되면 줄기에서 꽃봉오리가 올라온다. 대부분 햇볕을 많이 받아야 예쁜 꽃을 활짝 피운다.
2 꽃 피우기(개화) - 꽃봉오리가 점점 벌어지면서 꽃을 활짝 피웠다. 식물마다 꽃이 오래가는 정도가 달라서 하루 만에 꽃이 시드는 식물이 있는 반면, 한 달 이상 피어 있는 식물도 있다.
3 시든 꽃 제거하기 - 씨앗을 원하지 않을 경우에는 꽃이 시들 때까지 감상하다가 시든 꽃을 잘라 낸다. 시든 꽃을 제거해야 새로운 꽃을 피우는 데 도움이 되고, 위생적으로 좋다.
4 붓질하여 수정하기 - 실내에서는 벌, 나비 등을 통한 자연 수정이 잘 되지 않기 때문에 씨앗이 맺게 하려면 붓, 면봉 등으로 꽃술의 꽃가루를 문질러 가운데의 암술에 묻히는 인공 수정을 한다.
5 씨앗 맺힘 확인하기 - 인공 수정에 성공하면 연두색의 껍질 혹은 꼬투리가 생긴다. 한련화와 같은 일부 씨앗은 황토색 등으로 색이 변하면 떼어 내 겉껍질이 단단해지도록 말려야 한다.
6 채종하기 - 대부분의 씨앗은 갈색, 검은색 계통 등으로 색이 변하면 손으로 떼어 내 채종할 수 있다. 씨앗이 많이 달리는 종류는 줄기 채 잘라 탁탁 털어 씨앗이 나오도록 한다.

계절별 식물 관리법

사계절이 뚜렷한 우리나라는 계절마다 식물을 관리하는 방법이 다를 수밖에 없다. 계절마다 온도와 햇볕이 들어오는 정도 등 환경에 차이가 나기 때문이다. 특히, 환경의 변화가 적은 실내가 아닌 어느 정도 영향을 받는 베란다, 그보다 더 변화가 큰 야외 화단, 옥상, 베란다 밖 걸이대는 계절 변화에 따라 식물 관리에 더욱 신경을 써야 한다.

봄

씨앗 파종, 모종 구입, 분갈이 등을 하기 좋은 사계절 중 가장 바쁜 시기이다. 여름~가을에 꽃을 피우는 '춘식 구근'을 심어야 하는 시기이고, 봄에 파종해야만 하는 일년생 식물의 씨앗을 심을 경우 봄을 놓치면 내년 봄까지 기다려야 할 수도 있다. 특히 봄에만 꽃을 피우는 화초가 많으니 꽃을 좋아한다면 꼭 꽃시장, 꽃집 등에 들러 살펴보자. 겨울 동안 말라 버린 잎과 줄기는 가위로 정리하고, 새 출발하는 기분으로 분갈이한다면 식물들이 쑥쑥 자랄 것이다. 참고로 3월에는 꽃샘추위가 있기 때문에 방심하여 일찍 밖으로 화분을 옮기면 식물이 냉해를 입을 수 있으니 주의한다. 물은 겨울보다 더 자주 주는데 흙이 말랐을 때 줘도 되고, 잎이 살짝 처졌을 때 줘도 된다.

장마철

여름

식물을 키우기에 가장 힘든 계절이다. 더위와 함께 병충해가 출몰함은 물론, 어둡고 축축한 장마철이 있기 때문이다. 미리 예방을 위해 살충제를 뿌려 놓고, 통풍이 잘되도록 창문을 자주 열고, 미리 가지치기를 해 두는 것이 좋다. 만약 창문으로 해충이 들어올 것이 걱정되면 방충망을 닫은 상태에서 열도록 한다.

햇볕이 꽤 차단되는 남향이라면 조금 낫겠지만 여름에 더운 동향, 서향은 잎이 쉽게 처지고 누렇게 뜨기도 하는데 상한 잎은 떼어 내고, 더위에 약한 식물은 최대한 시원한 위치로 옮긴다. 잎이 완전히 시든 구근 화초는 그늘지고 서늘한 곳에 보관하고, 장마철 즈음에는 병충해와 씨름해 오던 일년생 잎채소, 뿌리채소들을 슬슬 수확해 정리한다. 비료는 되도록 주지 않되, 여름에도 쑥쑥 성장해야 하는 채소, 허브 등에는 준다.

한여름에는 화분의 흙이 금방 마르기 때문에 습한 흙에 심었거나 그늘진 공간에 둔 것이 아닌 이상 자주 물을 주게 된다. 단, 장마철은 그늘지고 습하기 때문에 최대한 물을 줄이고, 야외 식물의 경우 오랫동안 비를 맞으면 과습이 될 수 있으니 실내로 들여놓는다.

가을

지긋지긋하던 여름의 병충해에서 서서히 벗어나는 시기이다. 더위로 고생하던 식물들이 다시 활기를 띠면서 서서히 겨울을 준비하는 시기이기도 하다. 가끔 잎이 붉게 혹은 노랗게 물드는 식물도 생기곤 하는데 단풍이 물드는 것처럼 자연스러운 현상이다. 우리 집 베란다는 가을부터 햇볕 양이 줄어들기 때문에 무엇을 더 들이기보다는 일부 일년생 식물들을 정리해 공간을 확보하고, 가지치기와 자리 재배치를 하여 겨울 월동을 대비한다.

동향, 서향과 반대로 가을부터 햇볕이 잘 드는 남향에 가까운 베란다라면 잎채소, 뿌리채소, 가을에 파종하는 '추파일년생' 화초 등을 파종하기 적당하다. 봄에 분갈이를 놓쳤거나 여름 동안 모종이 많이 성장하여 화분이 비좁아졌다면 가을에 분갈이를 하도록 하고, 봄에 꽃을 피우는 추식 구근은 화분에 심는다. 화분에 물을 줄 때는 봄에 물을 주던 것처럼 주거나 기온에 따라 조금 덜 주면 된다.

겨울

겨울이 되면 실내로 옮긴 식물이 많아지면서 베란다가 한산해지는데 그렇다고 해서 방심해서는 안 된다. 자칫 식물들이 냉해를 입어 잎이 데친 채소마냥 흐물흐물해지거나 갈변할 수 있으니 말이다. 단, 자연스레 일부 아랫 잎이 갈변하며 겨울을 보내는 식물도 있으니 놀라지 말자. 나무들이 수분 증발을 막기 위해 잎을 떨구어 월동하는 것과 같은 원리로, 미리 가지치기를 해 주면 도움이 된다. 만약 베란다가 많이 추울 경우 창문에 단열 시트 혹은 두꺼운 투명 비닐을 붙이고, 화분 선반에 김장 비닐, 비닐 포장지 등의 대형 비닐을 씌워 간이 비닐하우스를 만들면 좋다.

요즘에는 유리창에 스프레이하여 간편하게 단열하면서 햇볕을 가리지 않는 '스프레이 단열재'도 있으니 참고하라. 공중 습도가 중요한 관엽 식물의 경우 건조한 겨울이 힘들 수 있으니 빨래를 널거나 잎 주변에 물을 분무하면 좋다. 아무리 겨울에 햇볕이 잘 들어오는 남향이어도 봄, 가을보다는 성장이 더뎌지기 때문에 식물이 쉴 수 있도록 되도록 비료를 주지 말고, 새 모종을 들이거나 파종할 생각은 잠시 접어 두는 것이 좋다. 물론 단열이 잘되어 온도가 높은 베란다여서 식물이 성장한다면 약간의 비료를 주어도 괜찮다. 물 주는 횟수 또한 다른 계절보다 줄어 환경에 따라서는 1~2주일 이상 주지 않기도 한다.

TIP. 우리 집 온도 체크하기

더위 혹은 추위에 약한 식물을 키울 경우 온도를 체크하여 식물이 살기 힘든 온도에 가까워지면 바로 대처하기 위해 온도계가 꼭 필요하다. 나는 전자 온도계를 사용하고 있는데 온도뿐 아니라 습도도 체크할 수 있어 습도가 중요한 식물에 유용했다.

무더운 여름 : 더위에 약한 식물들은 그늘진 곳으로 옮기고, 그러한 식물이 많을 경우 여름용 커튼, 발 등을 한쪽 창문에 달아 햇볕을 조금 차광하면 좋다.

겨울에 0℃ 이하까지 버틸 수 있는 식물 : 허브, 야생화 등 뿌리로 월동하는 식물들이 해당하는데, 통풍이 중요한 종류가 많으므로 한낮에 가끔 창문을 열어준다. 대부분의 베란다나 창가는 영하로 잘 내려가지 않기 때문에 창문 부근에 배치해도 걱정 없이 겨울을 보낼 수 있다. 야외 월동이 가능한 식물을 밖에 둘 경우 작은 화분으로는 얼기 쉬우니 큰 화분 혹은 야외 화단에 심는다. 화분 위에 흙이나 낙엽 등을 얹어 주면 도움이 된다.

겨울에 5℃~10℃까지 버틸 수 있는 식물 : 대부분의 식물이 5~10℃ 정도까지 월동이 가능하다. 창문 쪽보다는 뒤쪽에 배치하면 찬바람의 영향을 적게 받아 훨씬 수월하게 월동할 수 있다. 보통 5~10℃ 이상의 온도를 유지하는 편이나 그 이하로 내려가는 베란다라면 식물들의 월동 온도를 체크하여 실내로 옮긴다.

겨울에 15℃까지 버틸 수 있는 식물 : 겨울에 햇볕이 잘 들고, 단열이 잘되어 있는 베란다가 아닌 한 월동 온도 15℃ 이상인 식물은 실내로 옮긴다. 굳이 베란다에 둬야 한다면 2~3중 투명 비닐을 씌우고 스티로폼 박스 안에 모종을 넣어 보온에 신경 쓴다.

PART 2

주방, 화장실, 현관에서 식물 키우기

주방이나 화장실, 현관 등 대체로 햇볕이 잘 들어오지 않는
공간에서 키울 만한 식물들을 소개한다.

음지 식물, 관리하기 쉬운 식물, 수경 재배 식물, 작은 식물

순식간에 키워 먹는
새싹채소

먹을 수 있는 식물을 키우고 싶은데 한 번도 키워 보지 않아 도전하기가 두렵다면? 누구나 쉽게 일주일이면 수확이 가능한 각종 채소의 새싹을 일컫는 새싹채소를 키워 보자. 다양한 종류의 새싹채소 씨앗을 다이소, 인터넷 사이트, 마트 등에서 쉽게 구할 수 있으므로 취향에 맞게 키울 수 있다. 단, 씨앗을 2~3년 이상 오래 보관하다 보면 아무리 냉장 보관을 해도 발아율이 확 떨어질 수 있기 때문에 되도록 빨리 심는 것이 좋다.

기르기 정보
난이도　●○○○○
번식　씨앗
물 주기　1~3일에 한 번 물을 간다.
생육 적온　약 15~25℃
햇볕 양　반양지, 반그늘
추천 공간　어디든 좋다.
특징 및 효능　다 자란 채소보다 영양소가 응집되어 있어 몸에 좋다.

TIP

1. 시중에서 판매되는 새싹 재배기로도 키울 수 있다. 흙에 키울 때는 물 구멍이 필요 없는 흙인 리치소일(Rich Soil)과 디오소일(D-O Soil)을 사용하면 편리하다. 구멍을 뚫기 번거로운 머그컵, 유리컵 등에 식물을 심을 때 매우 유용하다. 수확할 때 흙 위로 보이는 부분을 가위로 잘라야 흙을 털어 내는 수고를 덜 수 있다.

2. 실내 어디서든 키울 수 있지만 습도가 높고 요리를 자주 하는 공간인 주방에서 키우면 요리할 때 바로 사용할 수 있어 간편하다. 소독이 되지 않은 새싹채소 전용 씨앗으로 키운다.

3. 물에 키운 새싹채소는 뿌리까지 통째로 뽑아 수확해도 되며 새싹비빔밥, 샐러드, 샌드위치 등의 각종 요리에 활용해 보자. 다 자란 채소보다 영양소가 많이 응집되어 있는 편이고, 종류마다 효능이 조금씩 다르다.

4. 먹기 전까지 인테리어에 도움이 되게 키울 생각이라면 예쁜 머그컵, 투명한 테이크아웃 컵, 티포트 등에 새싹이 풍성하게 올라오도록 키운다. 흙에 키울 때는 햇반 용기, 테이크아웃 컵, 각종 플라스틱 용기 등의 재활용품을 활용한다.

1. 차 망이 있는 컵 준비하기
찻잎을 우려 마실 때 사용하는 차 망이 들어 있는 컵을 준비한다. 차 망이 들어 있는 티포트나 새싹 재배기도 상관없다. 차 망 위에 새싹채소 씨앗을 가득 얹는다.

2. 뿌리 확인하기
차 망의 씨앗에 물이 닿을 정도로 물을 채우고 2~3일 기다리면 뿌리가 나오기 시작한다. 뿌리가 차 망 아래로 빠져나가면 뿌리에 닿을 정도로만 물을 채운다.

3. 떡잎 확인하기
떡잎이 보이기 시작하면 일주일도 안 돼 풍성하게 자란다. 어느 정도 길이가 자랐다 싶으면 바로 수확한다. 성장 속도는 계절마다 조금씩 차이가 있는데 온도가 낮을수록 느리게 자란다.

4. 물 갈아 주기
차 망을 빼 보면 새싹의 뿌리가 차 망 밖으로 빠져나와 있는 것이 보인다. 물을 너무 오래 갈지 않으면 냄새가 날 수 있으니 1~3일에 한 번 정도 갈아 준다.

씨 뿌리는 방법

채반 이용하기
대량의 씨앗을 키울 경우 구멍이 송송 뚫린 이중 채반 세트를 이용하여 키우면 편하다. 차 망보다 구멍이 크기 때문에 씨앗의 크기가 작을 경우에는 그 위에 거즈 등을 깔아 준다.

솜에 씨앗 심기
화장솜, 키친타월 등에 씨앗을 올리고 하루에 4번 이상 분무기로 물을 뿌려 주는 방법으로도 새싹채소를 키울 수 있다. 단, 너무 깊은 용기에 심거나 씨앗을 빽빽하게 뿌리면 냄새가 날 수 있다.

흙에 씨앗 심기
재활용 용기의 바닥에 송곳으로 구멍을 뚫고 흙을 채워 새싹채소를 키우는 방법도 있다. 영양분이 적은 흙이나 한 번 사용했던 흙에 새싹채소 씨앗을 심어도 된다.

햇반 용기에 심기
많은 흙을 필요로 하지 않기 때문에 햇반 용기처럼 낮은 곳에 심어도 잘 자란다.

고양이가 좋아하는
캣그라스

캣그라스 하면 떠오르는 것이 바로 고양이이다. 이름 그대로 고양이가 좋아하는 풀이기 때문이다. 하지만 캣그라스라는 식물이 따로 있는 것이 아니라 보리, 밀, 귀리 등과 같이 고양이가 좋아하는 식물을 말한다. 따라서 굳이 캣그라스 씨앗을 따로 찾아 구입할 필요 없이 보리, 밀 등의 새싹채소 씨앗을 사서 키우면 된다. 단, 모든 고양이가 캣그라스를 좋아하는 것은 아니므로 비빔밥, 샐러드 등 식탁에 올릴 각종 요리에 곁들여 먹으면 좋다.

기르기 정보
난이도　●○○○○
번식　씨앗
물 주기　1~3일에 한 번 물 갈아 주기
생육 적온　약 20~30℃
햇볕 양　반양지, 반그늘
추천 공간　어디든 좋다.
특징 및 효능　고양이가 좋아할 뿐 아니라 사람도 먹을 수 있는 새싹채소이다.

TIP

1. 새싹채소와 같은 방법으로 키울 수 있다. 잎을 잘라도 다시 새잎이 올라와 재수확이 가능하지만 1~2회 수확하면 잎이 굳어져 맛이 떨어진다. 소독하지 않은 새싹 전용 씨앗으로 키운다.

2. 다른 새싹채소보다 오래 키울 수 있어 인테리어용으로도 적합하다. 실내 어디서든 키울 수 있지만 습도가 높고 요리를 자주 하는 공간인 주방에서 키우는 것이 가장 좋다.

3. 수확하여 비빔밥, 샐러드 등에 활용해 보자. 일종의 새싹채소이기 때문에 영양분이 높아 녹즙으로 마시기도 한다. 섬유질이 풍부하여 소화에 도움을 준다.

4. 식용이 아닌 인테리어용으로 오래 감상하고 싶다면 예쁜 화분이나 머그컵 등에 흙을 채워 심어 보자. 햇반 용기, 테이크아웃 컵, 각종 플라스틱 용기, 스탠드형 지퍼백 등의 재활용품을 활용하여 키워도 좋다.

1. 컵과 바닥 망 준비하기
빈 테이크아웃 컵과 화분 바닥 망을 준비한다. 바닥 망의 모서리를 테이크아웃 컵에 걸칠 수 있도록 자른 후에 얹는다.

2. 새싹 확인하기
캣그라스의 일종인 보리 새싹 씨앗을 바닥 망 위에 얹고, 씨앗에 닿을 정도로 물을 채운다. 2~3일이 지나면 뿌리와 함께 새싹이 조금 나오고, 일주일 정도 되면 먹을 수 있을 만큼 성장한다.

3. 물 양 조절하기
바닥 망 아래로 뿌리가 빠져나가 있는 것이 보이면 이때부터 뿌리만 물에 닿게 물 양을 조절한다. 2~3일에 한 번 물을 갈아 줄 때 젓가락으로 바닥 망을 들어 올리면 편하다.

4. 새싹 수확하기
물에 키운 캣그라스는 뿌리째 수확하여 먹어도 되지만 재수확을 하고 싶다면 가위로 잎만 잘라 낸다. 고양이용으로 키운 경우 테이크아웃 컵 안의 물을 뺀 후에 고양이에게 내밀어 보자.

흙에 심기 & 캐트닙 키우기

흙에 심기
흙에서 키우면 물에서 키운 것보다 잎이 더 튼튼하게 올라온다. 한 번 사용했던 흙을 재활용하여 심어도 좋다.

캐트닙 키우기
고양이가 좋아하는 식물에는 보리, 귀리, 밀 싹 등의 캣그라스뿐 아니라 캐트닙이라는 허브도 있다. 캐트닙은 다년생이기 때문에 한 번 심어 놓으면 오래 활용할 수 있다.

잎과 줄기까지 먹을 수 있는
고구마 순

나는 여름이 지나고 식물의 숫자가 확 줄어드는 늦가을이 되면 어차피 버려지게 될 당근, 무, 대파 등의 채소 밑동을 이용하여 수경 재배를 한다. 이러한 채소들의 뿌리, 줄기 등 통통한 부분은 영양 기관으로서 영양을 보유하고 있어 물만으로도 쑥쑥 자란다. 우연히 길에서 자라고 있던 고구마 줄기를 발견해서 얼른 줄기를 잘라와 바로 물에 꽂아 놓았다. 그러자 2~3일 만에 굵고 새하얀 뿌리가 가득 자라나 얼마나 신기했는지 모른다. 줄기가 아닌 남은 고구마를 통째로 물에 담가 놓으면 더욱 쉽게 키울 수 있고 관상용으로도 좋으니 집에서 도전해 보자.

식물 정보
- **학명** Ipomoea batatas
- **분류** 메꽃과 다년생, 채소
- **원산지** 한국, 중국, 인도네시아, 브라질
- **별칭** 감저, 단고구마
- **특징 및 효능** 인테리어 효과를 낼 수 있으며 잎과 줄기까지 식용할 수 있다.

기르기 정보
- **난이도** ●○○○○
- **번식** 구근 심기, 꺾꽂이
- **물 주기** 1~3일에 한 번 정도 물 갈아 주기
- **생육 적온** 20~30℃
- **햇볕 양** 반양지, 양지, 반그늘
- **추천 공간** 주방, 거실, 사무실, 침실, 공부방, 베란다 등

TIP

1. 물 안에 수경 재배에 많이 사용되는 하이드로볼을 넣어 주면 더욱 좋다. 추운 계절에는 자칫 잎이 누렇게 변할 수 있으니 따뜻한 곳으로 옮겨 놓는 것이 좋다. 고구마를 반으로 잘라 심어도 고구마 순이 올라오는 모습을 볼 수 있다.

2. 하트 모양의 잎과 덩굴처럼 늘어진 줄기가 멋스러워 주방 창가, 선반, 테이블 등에 올려놓으면 인테리어에 도움이 된다. 실내 어디서든 키울 수 있지만 습도가 높고 밝은 편인 주방 등에서 키우면 더욱 좋다.

3. 비타민, 미네랄, 식이섬유, 황산화 성분 등이 풍부한 잎은 국, 쌈, 샐러드, 무침 등으로 활용하고 섬유질, 칼슘, 칼륨 등이 풍부한 줄기는 고구마줄기볶음 등으로 활용하면 좋다.

4. 투명한 와인 잔, 유리컵, 유리병, 페트병, 테이크아웃 컵 등을 활용하여 수경 재배하면 뿌리가 자라는 모습이 그대로 보여 아이들 교육에 도움이 될 뿐 아니라 실내 습도 유지에도 효과적이다.

1. 재료 준비하기
수경 재배에 사용할 고구마와 유리잔 혹은 유리병을 준비한다. 갓 캐낸 고구마에서 싹이 더 잘 나온다. 싹이 조금 나와 있는 고구마를 이용하면 더욱 좋다.

2. 순과 뿌리 확인하기
유리잔에 물을 절반 정도 채워 며칠 기다리면 고구마 순과 함께 뿌리가 나온다. 1~3일에 한 번 정도 물을 갈아 줘야 물에서 냄새가 나지 않는다.

3. 펼쳐진 잎 확인하기
고구마 줄기가 여러 개 올라오고 접혀 있던 잎이 펼쳐지면서 풍성해진다.

4. 줄기 꺾꽂이하기
고구마 줄기를 잘라 흙이나 물에 꽂아 놓으면 뿌리가 나온다. 텃밭에서 키울 때도 주로 고구마 줄기를 꺾꽂이하여 모종을 만든다.

샐러드에 알맞은
베이비채소

나는 매해 3~4월 초, 8월에 대부분의 씨앗을 파종한다. 아쉽게도 동향 베란다의 특성상 가을~ 겨울 동안 햇볕 양이 확연히 줄어들어 가을에 파종을 해도 큼직한 어른 채소로 키우기가 힘들기 때문이다. 따라서 가을에는 샐러드용, 쌈용 채소 등을 어린잎 상태로 수확하는 베이비채소를 주로 키운다. 원하는 사이즈만큼 자라면 바로 수확할 수 있고, 잎의 크기가 작아서 샐러드에 곁들이기 좋다. 새싹채소를 일주일 만에 수확하는 것이 아쉽다면, 빠르면 2주일, 늦어도 1~2달이면 수확하는 베이비채소에 도전해 보자.

기르기 정보
난이도 ●○○○○
별칭 어린잎 채소
번식 씨앗
물 주기 겉흙이 마르면 듬뿍 준다.
생육 적온 15~25℃
햇볕 양 양지, 직광, 반양지
추천 공간 베란다, 창가, 주방 창가, 야외 공간 등
특징 및 효능 어린 본잎 상태의 덜 자란 채소를 수확해 먹는다.

TIP

1. 베이비채소 씨앗이 없다면 새싹채소용 씨앗 혹은 일반 채소용 씨앗을 사용해도 좋다. 단, 일반 채소용 씨앗은 씨앗을 소독하여 판매하기 때문에 반드시 떡잎을 제거하고 먹어야 한다. 또한 새싹채소용 씨앗의 경우 보통 떡잎까지만 키워 먹는 용도로 팔기 때문에 본잎까지 키워 보면 씨앗 봉투에 적혀 있는 종류가 아닌 다른 종류로 자라나는 경우가 많다. 만약 햇볕이 부족하여 베이비채소가 크게 웃자라면 본잎 1~2장에서 바로 수확하는 것이 좋다. 빨리 수확하기 때문에 병충해 피해가 적은 편이지만 만약 병충해가 생겼다면 바로 수확하거나 친환경 살충제를 뿌린다.

2. 햇볕이 들어오는 곳에서 키우는 것이 좋다. 특히 주방 창가에 올려놓고 키우면 요리할 때 베란다까지 갈 필요 없이 바로 수확할 수 있다.

3. 샐러드용, 쌈용으로 사용하는 식용 잎채소는 작게 키워서 베이비채소로 수확할 수 있다.

4. 크게 키우지 않기 때문에 테이크아웃 컵, 페트병, 플라스틱 우유통, 스탠드형 지퍼백 혹은 비닐백 등을 재활용해도 충분하다.

1. 씨앗 심기
아래를 세울 수 있는 스탠드형 지퍼백의 바닥에 송곳으로 구멍을 뚫고 채소용 상토를 채운 후에 씨앗을 심는다. 일주일도 안 되어 새싹이 바글바글 올라온다.

2. 흙 덮어 주기(복토)
새싹이 웃자랐다면 흙을 얹어 덮어 준다. 흙을 얹어 주면 새싹이 넘어지지 않고 지탱된다.

3. 새싹 솎아 주기
새싹이 너무 많이 올라오면 전체적으로 제대로 자랄 수 없기 때문에 지나치게 웃자란 새싹, 떡잎의 상태가 좋지 않은 새싹 위주로 솎는다. 솎아 낸 새싹은 요리에 활용한다.

4. 본잎 확인하기
2주일 정도 지나면 본잎이 떡잎보다 큼직하게 자란다. 빠르면 이때부터 수확해도 된다.

6. 수확하기
한 달 가까이 키우면 샐러드에 적당할 정도로 잎이 커진다. 흙 위로 나온 부분을 가위로 잘라 수확한다. 다 자란 채소만큼 키우고 싶다면 일부를 솎아 내고 더 넓은 곳으로 옮겨 심는다.

5. 2차 솎아 주기
본잎의 크기가 원하는 사이즈가 아니어서 더 키우고 싶다면 몇 개만 남기고 솎아 낸다. 솎아 낸 베이비채소는 요리에 활용한다.

버리는 부분으로 쉽게 키우는
대파

뿌리가 있는 대파 밑동을 잘라 심으면 대파가 쑥쑥 자란다는 친구의 말에 얼른 뿌리가 있는 대파의 밑동만 잘라 물이 든 페트병에 넣었다. 그렇게 10일이 지나자 수확할 만큼 자라나 얼마나 놀랐는지 모른다. 물로 키우는 방법은 간단하다는 장점이 있지만 수확을 몇 번 할 수 없기 때문에 다시 시도할 때는 더 오래 키울 수 있는 흙에 심어 주었다. 시중에서 판매하는 대파는 보통 아래쪽 부분이 하얀데, 이는 원래 그런 것이 아니라 햇볕이 닿지 않게 흙을 얹어 하얗고 연하게 만들어 준 것으로, 이러한 채소를 '연백채소'라고 한다. 화분에 키울 때야 상관없지만 텃밭에서 대파를 키울 때는 아래쪽을 하얗게 만들기 위해 계속 흙을 얹어 주는 것이 좋다.

식물 정보
학명 Allium fistulosum
분류 백합과 다년생, 채소
고향 중국
별칭 파, 굵은 파
특징 및 효능 우리나라의 각종 음식에 빠져서는 안 되는 식재료이다.

기르기 정보
난이도 ●○○○○
번식 씨앗, 밑동
물 주기 겉흙이 마르면 듬뿍 준다.
생육 적온 15~20℃
햇볕 양 양지, 직광, 반양지
추천 공간 주방 창가, 밝은 거실, 사무실, 베란다 등

> **TIP**
>
> **1.** 대파 밑동이 아닌 씨앗으로 시작할 수도 있지만 화분에서는 굵게 키워 내기가 쉽지 않다. 대파 밑동을 심어 오래 키우다 보면 점점 대파 잎이 가늘어지기 때문에 추후에 뿌리가 난 대파를 다시 구입하여 심는 것이 좋다. 대파 밑동을 수경 재배로도 키울 수 있는데, 뿌리만 물에 닿도록 해야 밑동이 무르거나 상한 냄새가 나지 않는다.
>
> **2.** 우리나라에서는 냉동 보관하며 사용할 정도로 각종 요리, 특히 국거리에 빠지지 않고 들어가는 필수 채소이다. 또한 감기 예방, 냄새 제거, 혈액 순환, 위장 강화 등의 효능을 지니고 있는 허브이기도 하다. 대파와 비슷한 느낌의 부추, 양파 또한 허브라고 볼 수 있다.
>
> **3.** 플라스틱 우유통, 페트병, 스티로폼 박스, 스탠드형 지퍼백 혹은 비닐백 등을 재활용하여 화분으로 사용하면 비용을 별로 들이지 않고 쉽게 키울 수 있다. 작은 사이즈보다 깊이가 조금 있는 재활용품이 유리하다.

1. 대파 밑동 준비하기
뿌리가 달린 대파의 윗부분은 평소처럼 요리에 활용하고, 아래쪽 밑동은 따로 잘라 내 준비한다.

2. 대파 밑동 심기
페트병, 플라스틱 우유통 등을 준비한 뒤에 송곳으로 바닥에 구멍을 뚫고 흙을 채워 대파 밑동을 심는다. 빈 화분을 활용해도 상관없다.

3. 새잎 확인하기
이틀 만에 새잎이 올라온 것이 보인다. 성장이 꽤 빠른 편이다.

4. 수확하기
일주일 정도면 사진의 모습처럼 자란다. 조금 더 자라면 흙 위로 나온 잎을 가위로 잘라 수확한다. 남겨 둔 아래쪽 부분을 흙에 그대로 두면 다시 잎이 자라난다.

쫄깃한 식감이 일품인
느타리버섯

고깃집에 가면 고기보다 먼저 집어먹게 되는 것이 있다. 바로 쫄깃쫄깃 씹히는 맛이 일품인 버섯이다. 이 버섯을 직접 키워 먹으면 얼마나 맛있을까 궁금하여 '느타리버섯 키우기 세트'로 키워 보았다. 그런데 사실 회사에 다니면서 버섯에 꾸준히 수분을 유지시키는 것이 쉽지 않았다. 버섯이 조금 올라왔을 때 봉지 입구를 활짝 열어 주어야 한다는 사실을 깜빡하고 신문지를 걷지 않는 바람에 조금 못난 느타리버섯으로 자라났다. 그래도 무사히 돋아나 정성만 한 것이 없다는 사실을 실감하게 되었다.

식물 정보
학명 Pleurotus ostreatus
분류 느타리과(균류), 버섯
원산지 아시아, 유럽, 북아메리카 등
별칭 느타리
특징 및 효능 각종 요리에 활용이 가능하다.

기르기 정보
난이도 ●●○○○
번식 균사
물 주기 수시로 주변에 분무하기
생육 적온 13~20℃
햇볕 양 반그늘
추천 공간 주방, 화장실, 현관, 공부방, 침실, 거실 등

TIP
1. 느타리버섯은 2~3차 재배도 가능하지만 1차 재배 이후에는 크기가 점점 작아진다. 버섯이 좋아하는 온도의 계절은 봄과 가을이다. 만약 여름과 겨울에도 느타리버섯을 키우고 싶다면 여름에는 시원한 공간에서 더위에 강한 '노란 느타리버섯'을 키우고, 겨울에는 실내에서 '까만 느타리버섯'을 키우는 것이 좋다. 스티로폼 박스 대신 플라스틱 리빙 박스를 사용해도 좋고, 바닥에 젖은 신문지 대신 물을 조금 넣어도 된다. 화장실에서 키울 경우, 따뜻한 열기가 버섯 배지에 닿지 않게 조심한다.
2. 아이와 함께 재배하면 버섯이 자라는 모습을 관찰하고 체험할 수 있어 아이들 교육에 도움이 된다. 2~3차 재배 후에 더 이상 버섯이 자라지 않게 된 배지는 잘 빻아서 거름으로 사용할 수 있다. 실내 어디서든 키울 수 있지만 습도가 높은 편인 주방, 화장실 등에서 키우는 것을 추천한다.
3. 수확한 느타리버섯을 각종 국, 찌개, 전골, 무침 등의 요리에 활용해 보자. 느타리버섯에는 칼륨, 미네랄, 섬유소, 비타민D 등이 많이 함유되어 있고, 피로 회복, 면역력 향상, 다이어트 등에 도움이 된다.

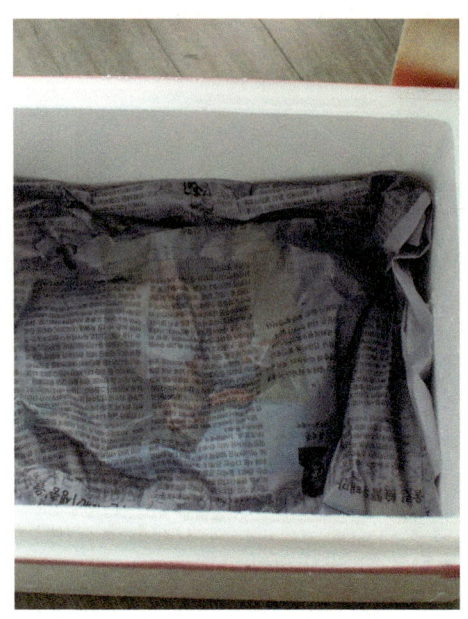

1. 바닥에 신문지 깔기

낮에 집을 비우는 경우에는 공중 습도 유지를 위해 촉촉하게 적신 신문지를 스티로폼 박스 바닥에 깐다. 버섯을 키우는 동안 바닥의 신문지가 마르지 않도록 적셔 준다.

2. 검정 봉지 조이기

느타리버섯 재배 세트의 뚜껑을 열어 보면 검정 봉지 안에 느타리버섯 배지가 들어 있다. 숨구멍만 나오도록 검정 봉지 윗부분을 조인 후에 스티로폼 박스 안에 넣는다.

3. 수시로 분무하기

검정 봉지 위로 버섯에 직접 물이 닿지 않게 30cm 정도 간격을 두어 수시로 분무를 하거나 신문지를 위에 덮은 후에 그 위로 분무하여 촉촉하게 유지시킨다.

4. 검정 봉지 활짝 열기

7~10일 정도 지나면 산호 모양으로 작은 버섯이 올라오기 시작한다. 이때부터 공기가 잘 통하도록 신문지를 걷고, 검정 봉지를 활짝 열어야 예쁜 모양으로 자란다.

5. 느타리버섯 성장 확인하기
처음에는 하얀색 위주로 보이다가 점점 까만색이 커진다. 온도와 습도가 잘 맞으면 순식간에 성장한다.

6. 수확하기
산호 모양이 생겨나고부터 3~5일 정도 지나면 느타리버섯이 검정 봉지 위로 길게 자라난다. 500원짜리 동전 크기만큼 자라면 누렇게 변하기 전에 서둘러 수확한다.

2차 재배와 노루궁뎅이버섯 키우기

2차 재배하기
2차 재배를 위해 검정 봉지 안에 분무기로 물을 충분히 뿌려 준다. 검정 봉지의 입구를 밀봉한 후에 냉장고에 하루 정도 보관했다가 꺼내 처음과 같은 방법으로 키운다.

노루궁뎅이버섯 키우기
노루궁뎅이버섯은 당뇨와 치매에 좋다고 알려지면서 더욱 유명해졌다. 이것도 키우기 세트를 구입하여 직접 키울 수 있다.

대나무를 빼닮은
개운죽

개운죽은 백합과임에도 불구하고 굵직한 초록색 줄기와 길쭉한 잎이 대나무와 빼닮아 있다. 사실 그동안 개운죽의 매력을 잘 몰랐다가 아는 동생의 신혼집에서 인테리어 장식으로 활용한 모습을 본 후에 본격적으로 관심을 갖게 되었다. 아무런 장식 없이 물만 채워 음료 유리병에 꽂아 놓았음에도 불구하고 전혀 허전해 보이지 않았고, 주변을 시원해 보이게 만들었다. 공간을 많이 차지하지 않아 선반, 테이블 위에 장식하기 좋고, 깔끔하게 키울 수 있어 많은 사랑을 받는 식물이다.

식물 정보
학명 Dracaena sanderiana cv. Virens
분류 백합과 다년생, 관엽 식물
원산지 아프리카
별칭 드라세나 산데리아나 비렌스, 행운의 대나무, 만년청
특징 및 효능 가습 및 공기 정화에 도움이 된다.

기르기 정보
난이도 ●○○○○
번식 포기 나누기, 꺾꽂이
물 주기 가끔 물을 채워 주기
생육 적온 20~25℃, 최저 10℃
햇볕 양 반양지, 반그늘
추천 공간 강한 직광만 피하면 어디든 좋다.

TIP
1. 보통 물에서 키우는 식물로 알고 있지만 사실 흙에서도 키울 수 있다. 줄기 혹은 줄기에 붙어 있는 새순(잎 부분)을 잘라 물이나 흙에 꽂으면 번식한다. 영양분이 부족하거나 너무 그늘진 곳에 두면 잎 색이 연해지기도 하는데, 그럴 경우 물에 액체 비료를 조금 넣고 밝은 공간으로 옮겨 주면 좋다. 햇볕이 너무 강한 곳에 놓아도 잎 색이 변할 수 있다.
2. 주로 수경 재배로 키우기 때문에 가습에 도움이 될 뿐 아니라 실내 공기 정화에 효과가 있는 관상용 관엽 식물이다. 실내 어디서든 키울 수 있지만 습도가 높은 주방, 밝은 화장실 등에서 키우는 것이 좋다.
3. 수경 재배를 할 때 투명한 유리잔에 색돌을 채워 개운죽을 꽂아 놓으면 아기자기함과 시원한 느낌이 더욱 돋보이고, 그냥 물만 채운 것보다 물의 깨끗함이 오래간다. 색돌 대신 젤리소일을 넣어도 잘 어울린다. 시중에서 투명한 용기에 색돌과 개운죽을 넣어 팔기 때문에 번거로울 경우 그런 제품으로 구입하면 된다. 어항 속에 넣어 어항을 장식하는 데 활용하기도 한다.

재활용품으로 삽 만들기

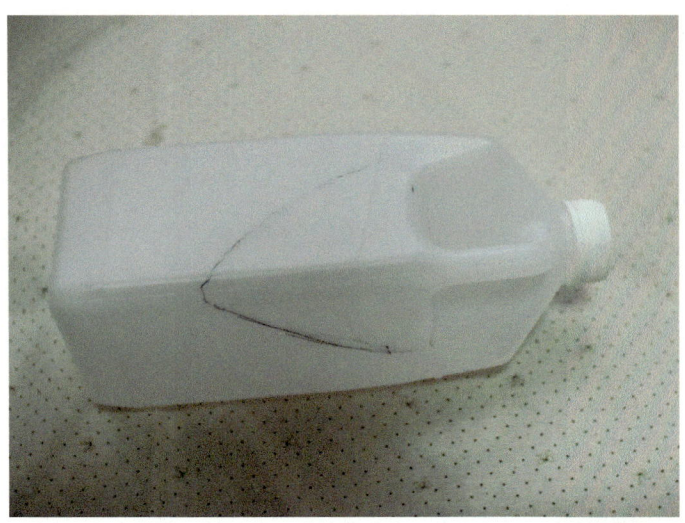

1. 우유통에 삽 모양 그리기
플라스틱 우유통을 준비하여 손잡이 부분 아래쪽에 네임펜으로 삽 모양을 그린다. 플라스틱 우유통의 손잡이 부분이 삽의 손잡이가 된다.

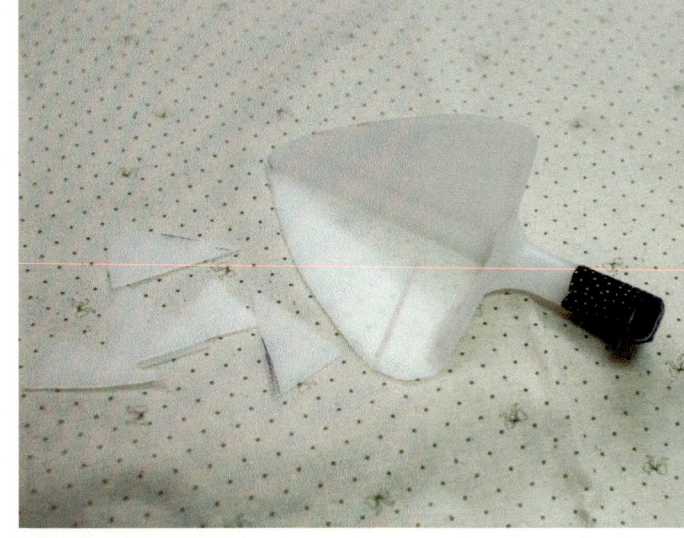

2. 우유통 삽 만들기
네임펜으로 그린 부분을 가위로 잘라 내면 간단하게 삽이 완성된다. 우유통을 자르고 남은 부분은 삼각형으로 잘라 네임픽으로 사용하면 좋다.

페트병 삽 만들기
플라스틱 우유통이 없을 경우 음료나 생수 페트병을 사선으로 자르면 흙을 퍼 담기에 용이한 삽이 완성된다.

행운목 기르기
수경 재배에 용이한 관엽 식물로는 개운죽과 같은 드라세나 종류 중 하나인 행운목이 있다. NASA가 선정한 공기 정화 식물 11위에 오를 정도로 공기 정화 능력이 뛰어나다.

잎이 시원스러운
테이블야자

테이블야자는 다른 식물과 모아 심을 때 많이 활용되고 식당, 사무실 등에서도 쉽게 볼 수 있는 매우 흔하고 키우기 쉬운 관엽 식물이다. 테이블야자는 NASA가 선정한 공기 정화 식물 중 1위에 꼽힐 정도로 공기 정화 능력이 뛰어난 아레카야자와 매우 비슷하게 생겼다. 물론 아레카야자보다는 낮지만 테이블야자도 21위에 선정되었을 정도로 공기 정화 능력이 뛰어난 편이다. 둘 다 같은 야자과이기 때문에 키우는 방법이 흡사하고, 하늘거리고 시원스러운 잎을 가졌다.

식물 정보
- **학명** Chamaedorea elegans
- **분류** 야자과 다년생, 관엽 식물
- **원산지** 남아메리카
- **별칭** 탁상야자, 엘레간야자
- **특징 및 효능** 가습, 공기 정화 능력을 가졌다.

기르기 정보
- **난이도** ●○○○○
- **번식** 포기 나누기, 씨앗
- **물 주기** 겉흙이 마르면 듬뿍 준다.
- **생육 적온** 18~25℃, 최저 10℃
- **햇볕 양** 반양지, 반그늘, 양지
- **추천 공간** 강한 직광만 피하면 어디든 좋다.

TIP

1. 원산지의 야생에서는 1~2m나 자라지만 화분에서는 테이블 위에 올릴 수 있을 정도로 작게 자란다. 흙뿐 아니라 물에서도 키울 수 있을 정도로 물에 강한 편이다. 흙에서 키울 때는 물을 자주 주기보다는 겉흙이 말랐을 때 주는 것이 좋다. 가끔 잎 주변에 가볍게 분무하여 공중 습도를 높여 주면 테이블야자가 좋아한다.

2. 포름알데히드 및 암모니아 제거, 냄새 제거 등의 뛰어난 공기 정화 능력을 가진 관상용 관엽 식물이다. 내음성이 강해 실내 어디서든 키울 수 있지만 습도가 높은 주방, 창문이 있는 밝은 화장실 등에 배치하면 더욱 잘 어울린다.

3. 수경 재배가 가능할 뿐 아니라 다른 식물과 모아 심기(합식)하거나 토피어리에 사용하기 좋은 식물이다. 꽃집에서 판매되는 모종들을 유심히 살펴보면 테이블야자와 다른 식물을 함께 '모아 심기'하여 판매하는 것을 종종 볼 수 있다.

수경 재배하기

1. 흙 씻어 내기
테이블 야자를 포트에서 분리하여 준비한다. 먼저 흙을 어느 정도 털어 내고 뿌리에 남은 흙은 물에 깨끗이 씻어 낸다.

2. 색돌 채우기
수경 재배할 유리잔을 준비하고 바닥에 색돌을 조금 깐다. 1개의 모종을 3등분으로 나누어 수경 재배하기 위해 3개의 유리잔을 준비한다.

3. 모종 넣기
테이블야자를 3개의 유리잔에 넣고 색돌을 마저 채운다. 뿌리가 있는 곳까지 유리잔에 물을 채워 키우면 된다.

하늘하늘 가녀린 모습의
스파티필름

스파티필름은 한때 방송을 통해 공기 정화에 뛰어나다고 알려지면서 많은 인기를 끌었던 식물이다. NASA가 선정한 공기 정화 식물 중 10위에 선정되었을 정도로 공기 정화 능력이 뛰어나니 어쩌면 당연한 것일지도 모르겠다. 스파티필름의 매력 포인트는 바로 가냘픈 여성을 떠올리게 하는 잎과 하얀 꽃잎이다. 그런데 알고 보면 하얀 꽃잎은 꽃잎인 척하는 불염포이고, 가운데의 도깨비방망이처럼 생긴 것이 진짜 꽃이다. 스파티필름처럼 화려한 불염포를 가진 관엽 식물에는 안스리움, 포인세티아 등이 있다.

식물 정보
학명   Spathiphyllum wallisii
분류   천남성과 다년생, 관엽 식물
원산지 열대 아메리카
별칭   스파트필름
특징 및 효능 뛰어난 공기 정화와 음이온 발생 능력을 가졌다.

기르기 정보
난이도 ●○○○○
번식   포기 나누기
물 주기 겉흙이 마르면 듬뿍 준다.
생육 적온 16~25℃, 최저 10℃
햇볕 양 반양지, 반그늘
추천 공간 강한 직광만 피하면 어디든 좋다.

TIP

1. 스파티필름의 꽃에서 날리는 꽃가루로 인해 알레르기 등의 문제가 생겼다면 혹은 꽃의 하얀색 불염포의 색이 변하거나 시들었다면 꽃대를 잘라 내자. 그늘진 곳에서는 꽃이 잘 피지 않기 때문에 밝은 곳에서 키우는 것이 좋다. 가끔 잎 주변에 가볍게 분무하여 공중 습도를 높여 주면 좋다.

2. 알코올, 벤젠, 포름알데히드 등을 제거하는 공기 정화 능력이 매우 뛰어날 뿐 아니라 잡내를 없애고, 음이온을 방출하여 전자파를 잡아 주는 관상용 관엽 식물이다. 또한 잎 끝에 물방울이 맺혀 가습에도 도움이 되는데 독성이 있으므로 먹지 않도록 주의한다. 내음성이 강해 실내 어디서든 키울 수 있지만 습도가 높은 주방, 창문이 있는 밝은 화장실 등에 배치하면 더욱 잘 어울리고, 수경 재배로도 키울 수 있다.

함석통 활용하기

1. 함석통 준비하기
당장 분갈이할 수는 없지만 갈색 포트가 예쁘지 않아 마음에 걸린다면 함석통을 활용해 보자. 다이소에서 저렴하게 다양한 함석통을 구입할 수 있다.

2. 페브릭 테이프 붙이기
함석통을 그냥 사용해도 되지만 윗부분에 페브릭 테이프를 붙여 주면 다른 느낌으로 변신한다.

3. 화분 넣기
스파티필름을 심어 놓은 갈색 포트 화분을 함석통에 넣어 주면 딱 맞게 들어간다.

안스리움
스파티필름과 비슷한 느낌의 관엽 식물로, NASA가 선정한 공기 정화 식물 중에서 40위에 선정되었다. 안스리움도 스파티필름과 비슷한 방법으로 관리하면 된다.

귀여운 매력을 발산하는
싱고니움

나는 싱고니움을 '초보자도 쉽게 키울 수 있는 순한 관엽 식물'이라고 표현하고 싶다. 병충해에 강한 편이고 수경 재배가 가능하며 그늘진 곳에서도 잘 자라기 때문이다. 하지만 재배 방법이 쉬움에도 실수로 싱고니움을 죽일 뻔하기도 했다. 눈에 띄지 않는 곳에 두어 깜빡하고 물을 주지 않아 잎이 점점 말라 갔다. 미안한 마음에 물을 준 후에 잘 보이는 곳으로 옮기고, 상한 잎을 정리해 주었더니 점점 새잎이 돋아나며 생기를 되찾았다. 아무리 재배하기 쉬운 식물이어도 깜박하거나 방심하면 안 된다는 사실을 잊지 말아야 한다.

식물 정보
학명 Syngonium podophyllum
분류 천남성과 다년생, 관엽 식물
원산지 열대 아메리카
별칭 싱고디움, 싱고늄
특징 및 효능 암모니아 제거 능력이 뛰어나다.

기르기 정보
난이도 ●○○○○
번식 포기 나누기, 꺾꽂이
물 주기 겉흙이 마르면 듬뿍 준다.
생육 적온 20~25℃, 최저 10℃
햇볕 양 반양지, 반그늘
추천 공간 강한 직광만 피하면 어디든 좋다.

TIP

1. 덩굴성 식물로, 흙 위로 잎이 낮고 풍성하게 자라는 편이다. 가끔 잎 주변에 가볍게 분무하여 공중 습도를 높여 주면 싱고니움이 좋아한다. 만약 누렇게 변한 잎이 생긴다면 바로 잘라 내도록 하자.

2. NASA가 선정한 공기 정화 식물 중 19위에 선정되었을 정도로 뛰어난 공기 정화 능력을 가졌다. 포름알데히드와 암모니아, 주방에서 발생되는 일산화탄소 등을 제거하고 가습에 도움이 된다. 실내 어디에서든 키울 수 있지만 습도가 높은 주방, 밝은 화장실 등에 가장 적합하다.

3. 싱고니움은 흙뿐 아니라 물로도 키우기 수월한 관엽 식물이다. 유리잔에 색돌, 하이드로볼, 젤리소일 등을 채워 수경 재배에 도전해 보자.

젤리소일 활용하기

1. 흙 씻어 내기
싱고니움 모종을 포트에서 분리하여 준비한다. 먼저 흙을 어느 정도 털어 내고 뿌리에 남은 흙은 물에 깨끗이 씻어 낸다.

2. 젤리소일 깔기
젤리소일을 올챙이 알처럼 탱탱하게 부풀어 오를 때까지 몇 시간 동안 물에 담가 둔다. 싱고니움을 키울 와인 잔에 불린 젤리소일을 조금 깐다.

3. 모종 넣기
깔아 놓은 젤리소일 위에 깨끗이 씻은 싱고니움 모종을 넣는다. 젤리소일은 물기를 머금고 있다가 뿌리에 수분을 공급해 주는 역할을 한다.

4. 젤리소일 마저 채우기
젤리소일을 마저 채운 후 그 위로 틈틈이 분무하여 수분을 보충한다. 수분을 보충하지 않고 방치하면 젤리소일의 사이즈가 점점 줄어들어 처음 사이즈로 돌아가 버릴 수 있다.

주방의 단짝
스킨답서스

스킨답서스는 화분 식물 중에 처음 접한 관엽 식물이다. 제주도에서 살던 어린 시절에는 주로 마당의 화단에서 식물을 키웠기 때문에 화분에 심어 놓은 실내의 스킨답서스가 이방인같이 느껴졌다. 그리고 그 당시에는 겨울에 추위를 타는 식물과 실내에서 키우는 것이 더 좋은 식물이 있다는 사실을 전혀 몰랐다. 현재 내가 키우고 있는 스킨답서스는 그늘진 주방의 걸이 선반에서 자라고 있다. 햇볕이 잘 들지 않는 공간이어서 잘 자라지 않으면 어쩌나 걱정했는데 처음 모종을 키웠을 때보다 2배 이상 풍성해진 것을 보면 뿌듯해진다.

식물 정보
학명 Scindapusus(= Epipremnum) aureus
분류 천남성과 다년생, 관엽 식물
원산지 솔로몬 제도
별칭 에피프렘넘, 신답서스, 스킨, 골든 포토스, 포토스
특징 및 효능 가습과 공기 정화 효과가 뛰어나다.

기르기 정보
난이도 ●○○○○
번식 꺾꽂이, 휘묻이
물 주기 겉흙이 마르면 듬뿍 준다.
생육 적온 16~30℃, 최저 10℃
햇볕 양 반양지, 반그늘
추천 공간 강한 직광만 피하면 어디든 좋다.

TIP
1. 햇볕이 부족한 공간에서도 잘 자라는 편이지만 너무 그늘진 곳에 두면 잎의 무늬가 없어질 수 있으므로 되도록이면 밝은 곳에서 키우는 것이 좋다. 가끔 잎 주변에 가볍게 분무하여 공중 습도를 높여 주면 스킨답서스가 좋아한다.
2. 주방에서 요리를 할 때 발생하는 일산화탄소를 제거하고, 음이온을 방출하여 전자파를 잡아 준다. NASA가 선정한 공기 정화 식물 중 12위를 차지할 정도로 뛰어난 공기 정화 능력을 지닌 관상용 관엽 식물이다. 실내 어디서든 잘 자라지만 습도가 높고 밝은 주방에 더욱 잘 어울린다.
3. 독성이 있으니 먹지 않도록 주의하자.
4. 줄기가 길게 늘어지는 특징이 있기 때문에 선반의 높은 층, 걸이 선반, 냉장고 위 등에 잘 어울리고, 걸이화분(행잉화분)에 심어 매달아 놓으면 줄기가 늘어져 더욱 예쁜 모습을 연출한다. 벽 한쪽에 못이나 후크 고리를 달아 늘어진 줄기가 벽을 타고 올라가도록 하면 벽을 예쁘게 장식해 준다. 수경 재배, 토피어리 등에도 사용된다.

번식시키기

1. 줄기의 뿌리 확인하기
스킨답서스의 줄기를 잘 살펴보면 뿌리가 나와 있는 것이 보인다.
이 뿌리가 땅에 닿으면 휘묻이가 된다.

2. 줄기 자르기
뿌리가 나 있는 줄기를 잘라 꺾꽂이해도 쉽게 번식이 가능하다.

3. 꺾꽂이하기
잘라 낸 줄기를 물이나 흙에 꽂아 주면 금세 새잎과 새 뿌리가 돋아난다. 스킨답서스는 수경 재배도 잘되는 편이다.

흰토끼발이라는 별명이 잘 어울리는
후마타 고사리

흙 위로 뻗어 나가는 후마타 고사리의 하얀 비늘줄기를 얼핏 보면 이것이 뿌리인지 줄기인지 헷갈리기도 하지만 뿌리는 흙 속에 따로 있다. 이 후마타 고사리의 모종을 비늘줄기가 화분 밖으로 빠져나가 화분을 감싸도록 키우고 싶어서 야자 껍질 걸이화분에 옮겨 심었다. 후마타 고사리는 성장 속도가 더딘 편이어서 한동안 애간장을 태웠는데 어느덧 비늘줄기가 많이 자라 화분 밖으로 빠져나가려고 해서 얼마나 놀랐는지 모른다. 잎은 보스턴 고사리와 더피에 비해 풍성하지 못하고 새잎이 돋아나는 속도도 조금 더디지만 하얀 비늘줄기가 매력적이다.

식물 정보
학명 Davallia (=Humata) griffithiana
분류 넉줄고사리과 다년생, 관엽 식물
원산지 동남아시아
별칭 상록넉줄고사리, 넉줄고사리, 후마타, 흰토끼발, 골쇄보
특징 및 효능 동물 꼬리처럼 생긴 하얀 줄기가 매력적인 고사리 종류이다.

기르기 정보
난이도 ●○○○○
번식 포기 나누기, 포자
물 주기 겉흙이 마르면 듬뿍 준다.
생육 적온 15~30℃, 최저 5℃
햇볕 양 반양지, 반그늘
추천 공간 밝은 주방, 거실, 사무실, 베란다와 창가 등. 강한 직광은 피한다.

> **TIP**
>
> 1. 그늘진 곳에서도 잘 자라는 편이지만 밝은 공간에서 키우면 더욱 잘 자란다. 햇볕이 너무 강한 곳에 두면 잎이 타 버릴 수 있으니 주의해야 한다. 공중 습도가 높은 것을 좋아해 자주 잎 주변에 가볍게 분무하여 공중 습도를 높여 준다.
> 2. 포름알데히드 제거 등의 공기 정화 능력을 가진 관상용 관엽 식물이다. 고사리 종류는 포자로 번식하는 대표적인 양치식물에 속한다. 실내 어디서든 잘 자라지만 습도가 높고 밝은 주방에 가장 잘 어울린다.
> 3. 골쇄보라고도 불리는 하얀 비늘줄기는 지혈, 치통, 골다공증, 설사 등에 탁월하며 약재로 활용하기도 한다. 단, 잘 모르는 상태에서 함부로 활용하는 것은 추천하지 않는다.
> 4. 하얀 비늘줄기 부분이 화분 밖으로 늘어진 모습이 멋있는 후마타 고사리는 걸이화분에 분갈이를 하면 가장 잘 어울린다. 후마타 고사리를 바위, 나무 등에 심어 석부작, 목부작 등으로 만들 수 있다.

걸이화분에 분갈이하기

2. 옮겨 심기
40% 이상 마사토를 섞은 흙을 넣어 후마타 고사리를 옮겨 심는다. 흙 위로 하얀 비늘줄기가 눈에 띄는데 이 비늘줄기에 사람들이 채취해 먹는 어린 고사리 순을 빼닮은 새잎이 돋아나며 번식한다.

1. 모종 분리하기
갈색 포트에서 모종을 분리한다. 후마타 고사리는 높은 공중 습도를 좋아하지만 뿌리 과습에는 약한 편이어서 마사토를 깔아 배수층을 만드는 것이 좋다.

3. 비늘줄기 확인하기
하얀 비늘줄기는 시간이 지나면서 화분 겉면을 완전히 덮을 정도로 자란다. 돌이나 나무 등에 심으면 그 주변을 덮어 멋진 모습을 연출한다.

4. 포자 생성
후마타 고사리는 고사리 종류이기 때문에 건강하게 잘 자라면 잎 뒷면에 포자가 생긴 모습도 볼 수 있다.

묘이 고사리 기르기
후마타 고사리는 비늘줄기가 꼬리처럼 길쭉한 반면, 후마타 고사리와 상당히 흡사하게 생긴 묘이 고사리는 동물의 발처럼 여러 갈래로 갈라진 것이 특징이다.

모조 식물을 연상케 하는
더피

고사리 종류는 보통 그늘진 곳에서도 잘 자라고 습한 곳을 좋아해 공중 습도를 올려 줘야 한다는 인식이 강하다. 더피도 마찬가지이기는 하지만 다른 고사리 종류보다는 건조함에 강해 키우기가 조금 더 수월하다. 더피는 NASA가 선정한 공기 정화 식물 9위를 차지할 정도로 공기 정화 능력이 뛰어나다고 알려진 보스턴 고사리와 비슷하게 생겼다. 둘 다 같은 네프로레피스(Nephrolepis)에 속하지만 자세히 비교해 보면 더피의 잎이 더 둥글둥글하고, 잎의 크기가 보스턴 고사리보다 작은 편이다.

식물 정보
- 학명 Nephrolepis cordifolia
- 분류 넉줄고사리과 다년생, 관엽 식물
- 원산지 열대, 아열대
- 별칭 줄고사리, 더피 고사리, 레몬버튼 고사리
- 특징 및 효능 새집증후군과 공기 정화에 좋다.

기르기 정보
- 난이도 ●○○○○
- 번식 포기 나누기, 포자
- 물 주기 겉흙이 마르면 듬뿍 준다.
- 생육 적온 15~25℃, 최저 5℃
- 햇볕 양 반양지, 반그늘
- 추천 공간 주방, 거실, 사무실, 베란다와 창가 등 강한 직광을 피할 수 있는 곳에서 키운다.

TIP

1. 그늘진 곳에서도 잘 자라는 편이지만 너무 빛이 강하지 않은 밝은 공간에서 키우면 더욱 잘 자란다. 자주 잎 주변에 가볍게 분무하여 공중 습도를 높여 주는 것이 좋은데, 그래도 다른 고사리 종류보다 건조함에 강한 편이다.

2. 포름알데히드 제거 등의 공기 정화 기능이 뛰어난 관상용 관엽 식물이다. 고사리 종류는 포자로 번식하는 대표적인 양치식물에 속한다. 실내 어디서든 잘 자라지만 습도가 높은 밝은 주방, 창문이 있는 밝은 화장실 등에서 키우는 것이 좋다.

3. 일반 화분에 심어 선반, 테이블 위 등에 올려놓고 키워도 좋지만 잎이 화분 밖으로 빠져나가도록 걸이화분에 심어서 매달아 키워도 잘 어울린다.

<u>분갈이하기</u>

1. 번식하기
더피는 후마타 고사리의 털 달린 하얀색 비늘줄기와 다르게 연두색 가는 줄기를 뻗어 번식한다. 고사리답게 잎의 포자로도 번식할 수 있다.

2. 잎 모양 확인하기
더피의 잎은 길쭉한 잎자루에 동글동글한 잎이 붙어 있는 형태이다.

3. 분갈이 준비하기
분갈이를 하기 위해 갈색 포트에서 모종을 분리하고 옮겨 심을 화분을 준비한다.

4. 분갈이하기
새 화분의 바닥에 바닥 망과 마사토를 깔고 그 위에 30~40% 이상의 마사토를 섞은 흙을 채운 후에 더피 모종을 넣어 분갈이를 해 준다.

PART 3

침실, 공부방, 서재에서 식물 키우기

햇볕이 많이 들어오지 않는 침실이나 공부방,
서재에 적합한 식물을 소개한다.
반그늘에서도 잘 자라는 관엽 식물, 탁상에서 주로 키울 수 있는 아기자기한 식물

숯부작을 해도 좋은
풍란

내가 본격적으로 식물을 키운 것은 단독 주택에서 자취를 하고부터였지만 반지하 원룸에서 1년간 자취를 할 때도 잠시나마 식물을 키웠다. 그때 구입한 식물 중에 풍란도 있었는데, 숯부작으로 숯에 심은 풍란을 놓아 두면 반지하 방의 습기를 잡아 줄 것만 같았다. 하지만 1~2주일도 안 되어 시들어 버려서 키우는 것을 그만두었다. 그런데 지금 키우고 있는 풍란은 다행히 1년이 훌쩍 넘도록 병충해가 생기거나 잎이 시드는 일 없이 잘 자라고 있다. 그때는 부족한 햇볕 탓만 했는데 수태가 말라도 강인하게 버티는 풍란을 보며 물을 너무 자주 준 탓이었음을 깨달았다.

식물 정보
학명 Neofinetia falcata
분류 난초과 다년생, 관엽 식물
원산지 한국, 일본
별칭 소엽풍란, 조란
특징 및 효능 가습과 공기 정화 효과가 뛰어나다.

기르기 정보
난이도 ●○○○○
번식 포기 나누기, 씨앗
물 주기 수태가 마르면 촉촉하게 적셔 준다.
개화 시기 6~7월
생육 적온 20~25℃, 최저 5℃
햇볕 양 반양지, 반그늘
추천 공간 강한 직광만 피하면 어디든 좋다.

TIP

1. 풍란은 원래 나무, 바위 등에 붙어서 자라는 '착생란'이기 때문에 뿌리가 흙 속이 아닌 수태 위에 노출되어 있는 것이 인상적이다. 따라서 수태가 마르면 수태 위를 촉촉하게 분무해 주어야 뿌리가 마르지 않는다. 그렇다고 너무 습하게 키우면 곰팡이 등이 생기거나 뿌리가 상할 수 있으므로 공중 습도가 높은 장마철에는 분무를 줄인다. 풍란의 꽃을 보고 싶다면 늦봄~여름쯤에 햇볕의 영향권에 있는 공간에 둔다.

2. 풍란과 나도풍란은 발암 및 새집증후군의 원인 물질인 포름알데히드 제거에 뛰어나다. 또한 공기 정화 능력과 가습 효과를 지니고 있다.

3. 풍란과 나도풍란은 석부작, 목부작, 숯부작, 토피어리 등에 심는 식물로 많이 활용한다. 직접 숯, 나무, 돌, 항아리 등에 풍란의 뿌리를 얹거나 붙여서 나만의 풍란 작품을 만들어 보자.

소엽풍란이라고도 불리는 풍란은 나무나 돌 등에 붙여 키울 수 있다. 일반 난초보다 훨씬 작고 우리나라 멸종 위기 1급으로 분류된 보호종이다.

풍란의 닮은꼴 찾기

나도풍란
대엽풍란이라고도 불리고 있으나 일반 풍란과는 다르다. 잎이 타원형인 것이 특징이고, 키우는 방법은 풍란과 비슷하다.

나도풍란 꽃
나도풍란과 풍란은 둘 다 작고 향기로운 하얀색 꽃을 피우는데 나도풍란의 꽃잎에 자주색 무늬가 있는 반면, 풍란의 꽃잎에는 무늬가 없다. 또한 풍란의 꽃잎이 더 가는 편이다.

호접란(팔레놉시스)
호접란은 NASA가 정한 공기 정화 식물 49위를 차지했다. 잎은 나도풍란을 닮았지만 훨씬 큰 잎을 가지고 있고, 나비를 닮은 화려한 꽃을 피운다.

겨울의 정열적인 열매
자금우

꽃은 아니지만 붉디붉은 열매로 겨울의 실내를, 특히 크리스마스를 돋보이게 만들어 주는 관엽 식물들이 바로 자금우, 백냥금, 산호수이다. 이들은 같은 자금우과로서 모양이 흡사할 뿐 아니라 키우는 방법도 비슷하다. 나도 이 빨간 열매에 반해 초가을쯤에 꽃시장에 들렀는데 빨간색 열매가 달린 모종은 11월에나 나온다고 했다. 그래서 그때까지 기다리지 못하고 인터넷을 통해 연두색 열매가 몇 개 달려 있는 자금우 모종을 구입했다. 자금우가 연두색에서 하얀색으로 변하더니 하얀색에서 점점 붉어지며 천천히 익어 가는 모습이 신기했다.

식물 정보
- 학명 Ardisia japonica
- 분류 자금우과 다년생, 관엽 식물
- 원산지 한국(제주도, 남쪽 해변, 울릉도)
- 별칭 천냥금, 지길자, 왜각장
- 특징 및 효능 음이온이 많이 발생하고 공기 정화 능력이 우수하다.

기르기 정보
- 난이도 ●○○○○
- 번식 꺾꽂이, 씨앗, 포기 나누기
- 물 주기 겉흙이 마르면 듬뿍 준다.
- 개화 시기 6월경(결실은 9월 이후)
- 생육 적온 10~25℃, 최저 5℃
- 햇볕 양 반양지, 반그늘, 양지
- 추천 공간 강한 직광만 피하면 어디든 좋다.

TIP

1. 한참을 달려 있는 빨간 열매를 봄쯤에 떼어 내 흙에 심어 보자. 빨간 껍질이 말라 가는 열매가 생겼다면 떼어 내 심어도 된다. 새싹이 올라오기까지는 1~3달 정도로 꽤 오래 걸리고 초기 성장이 매우 더디지만 직접 내 손으로 씨앗부터 시작하는 재미가 쏠쏠하다. 씨앗이 어느 정도 성장한 모종으로 자라려면 3~4년 정도 걸리는 편이다. 가끔 잎 주변에 가볍게 분무하여 공중 습도를 높여 주면 자금우가 좋아한다.

2. 톨루엔 제거 등의 공기 정화 능력과 가습 효과를 지닌 관상용 관엽 식물이다. 강한 직광을 피한 밝은 곳이라면 실내 어디든 잘 어울리지만 음이온을 방출시켜 전자파를 잡아 주고 집중력을 향상시켜 주기 때문에 밝은 공부방, 서재 등에 두면 잘 어울린다.

3. 지금은 주로 관상용으로 키우지만 잎과 줄기에 해독, 기침, 이뇨 등에 좋은 효능이 있어 약재로 사용하기도 했다.

4. 토피어리에 사용하는 식물로 많이 활용하고, 수경 재배도 가능하다.

자금우의 열매
자금우의 빨간 열매가 늦가을부터 다음 해 늦봄이 지나도록 오랫동안 매달려 베란다를 장식해 주었다. 여름에 열매를 따면 가을에 새 열매가 달리는 데 도움이 된다.

빨간 열매 삼총사 알기

산호수
빨간 열매가 달리는데 자금우보다 잎 가장자리가 뾰족뾰족한 것이 특징이다. 일반 초록색 잎의 산호수와 잎에 무늬가 있는 무늬 산호수가 있다.

백량금
자금우처럼 빨간 열매를 달고 생김새도 비슷하지만 자금우와 달리 잎 가장자리가 둥글둥글한 편이다. '덕 있는 사람, 부, 재산'이라는 꽃말을 가지고 있어 부를 부르는 식물로도 알려져 있다.

포인세티아
크리스마스 하면 생각나는 포인세티아는 단일 개화를 하기 때문에 쌀쌀한 계절에 흔히 볼 수 있다. NASA가 선정한 공기 정화 식물 중에서 42위를 차지할 정도로 공기 정화 능력이 뛰어나다.

별 모양 잎이 매력적인
아이비

어린 시절에는 대체 왜 아이비를 화분에 심어 키우는지 이해가 되지 않았다. 귤 밭에 가면 그늘지고 구석진 돌담 아래에 별 모양의 아이비 잎을 쏙 빼닮은 식물이 가득 자라고 있었기 때문이다. 그로부터 10년 후, 그 식물이 아이비 종류로 우리나라의 남부 지방에 자생하는 송악이라는 것을 알게 되었다. 어릴 적 추억 때문인지 지금은 아이비에 대한 애착을 가지게 되었고 마침 친구가 선물로 주어 더욱 애지중지하며 키우고 있다. 병충해 피해가 없음은 물론 반그늘에서도 예쁘게 늘어져 자라고 수경 재배로도 잘 자라는 착한 식물이다.

식물 정보
학명   Hedera helix
분류   드릅나무과 다년생, 관엽 식물
원산지   유럽, 북아프리카 등지
별칭   헤데라, 서양 송악, 헤데라 헬릭스
특징 및 효능   음이온을 발생시키고 공기 정화 및 가습 효과가 있다.

기르기 정보
난이도   ●○○○○
번식   휘묻이, 꺾꽂이
물 주기   겉흙이 마르면 듬뿍 준다.
생육 적온   15~25℃, 최저 5℃
햇볕 양   반양지, 반그늘
추천 공간   강한 직광만 피하면 어디든 좋다.

TIP

1. 무늬가 있는 아이비 종류는 그늘진 곳에서는 무늬가 없어질 수 있기 때문에 선명한 무늬를 원한다면 강한 직광을 피하고 어느 정도 햇볕의 영향권에 있는 장소에 두는 것이 좋다. 가끔 잎 주변에 가볍게 분무하여 공중 습도를 높여 주면 아이비가 좋아한다. 반그늘진 공간에서 키울 경우 흙이 조금 늦게 마르기 때문에 흙에 마사토를 30~40% 이상 섞어 물 빠짐에 더욱 신경을 써 주는 것이 좋다.

2. 포름알데히드를 제거하고 가습에 도움이 되는 관상용 관엽 식물이다. NASA가 선정한 공기 정화 식물 6위를 차지했다. 실내 어디에서나 키울 수 있지만 음이온을 방출시켜 전자파를 잡아 주고 집중력을 향상시켜 주기 때문에 밝은 공부방, 서재, 카페 등에 잘 어울린다.

3. 아이비는 신경통, 기침 완화 등의 약효를 가지고 있어 약용으로도 활용하지만 독성을 가지고 있으니 가정에서 함부로 먹지 않도록 한다.

4. 선반의 높은 층, 걸이 선반 등에 잘 어울리고, 걸이화분에 심어 매달아 놓으면 줄기가 늘어져 더욱 예쁜 모습을 연출한다. 줄기가 아래로 늘어지는 것이 싫다면 지주대(지지대)를 세워 준다. 수경 재배가 가능할 뿐 아니라 다른 식물과 모아 심기를 하거나 토피어리에 사용하기에도 좋다.

수경 재배하기

1. 줄기 준비하기
아이비 줄기를 적당히 잘라 준비한다. 아이비는 모종 통째로도 수경 재배가 가능하지만 줄기를 잘라서도 할 수 있다.

2. 장식돌 채우기
작은 유리병을 준비하고 바닥에 색돌을 깔아 준다. 하이드로볼도 상관없다. 유리병에 물만 넣은 상태로도 수경 재배가 가능하지만 물을 더 자주 갈아 주어야 한다.

무늬 아이비
잎 가장자리가 하얀색이다. 햇볕이 부족한 장소에서는 무늬가 없어질 수 있으므로 반그늘에서는 무늬가 없는 아이비를 키우는 것이 더 수월하다.

3. 줄기 꽂기
유리병에 아이비 줄기를 먼저 넣고 색돌을 마저 넣어 아이비 줄기가 지탱되도록 해 준 후에 물을 채운다. 물 상태를 봐서 깨끗한 물로 종종 갈아 준다.

실내에서도 잘 자라는
페페로미아

흔히 '페페'라고 불리는 페페로미아 종류 중 줄리아페페(줄리아페페로미아), 홀리페페(홀리페페로미아), 아몬드페페(아몬드페페로미아)는 서로 비슷하게 생겼다. 이들 중 아몬드페페를 선물 받았는데 판매자의 실수로 이름이 바뀐 것으로, 사실은 줄리아페페였다. 부엌에서도 잘 자랐다는 친구의 말에 줄리아페페를 그늘진 공간에 매달아 키우기로 하였으나 생각지도 못한 일이 벌어졌다. 한동안 잘 자라나 싶더니 갑자기 잎이 떨어져 나가는 것이 아닌가. 잎에 갈색의 동그란 반점이 생긴 것으로 보아 아무래도 탄저병에 걸린 듯했다. 이러다 병이 점점 퍼질 듯하여 시들한 줄기를 싹둑 잘라 내 멀쩡한 줄기만 추려 낸 후에 새 흙에 심었고, 빨리 새순이 나오지 않아 한참 긴장했는데 다행히 한 달 정도 지나자 조그마한 새순이 돋아났다.

식물 정보
학명 Peperomia puteolata(줄리아페페)
분류 후추과 다년생, 관엽 식물
원산지 남아메리카, 열대 아시아
별칭 페페
특징 및 효과 밤에 이산화탄소를 흡수하고 산소를 내뿜는다.

기르기 정보
난이도 ●○○○○
번식 줄기 꺾꽂이, 잎꽂이
물 주기 속흙을 파 보고 말랐으면 며칠 있다가 듬뿍 준다.
생육 적온 20~25℃, 최저 10℃
햇볕 양 반양지, 반그늘
추천 공간 강한 직광만 피하면 어디든 좋다.

TIP

1. 잎이 다육질이어서 물을 자주 주면 물러 버릴 수 있기 때문에 속흙까지 마른 것을 확인하여 며칠 후에 주거나 살짝 잎에 힘이 없을 때 주는 것이 좋다. 물 빠짐을 좋게 하기 위해 마사토를 40% 이상 섞어 주는 것이 좋다. 가끔 잎 주변에 가볍게 분무하여 공중 습도를 높여 준다. 내음성이 강해 반그늘에서도 잘 자라는 편이지만 직광을 피하고 햇볕의 영향권에 있는 공간에 두면 더욱 잘 자란다. 잎 끝에 갑자기 길쭉한 것이 쑤욱 올라왔다고 놀라지 말라. 페페로미아의 꽃은 꽃이 맞나 싶을 정도로 가늘고 긴 것이 특징이다.

2. 발암 및 새집증후군의 원인 물질인 포름알데히드, 자일렌 제거 등의 공기 정화 능력을 지닌 관엽 식물이다. 잎이 다육질이어서 다육 식물처럼 밤에 이산화탄소를 흡수하고 산소를 내뿜기 때문에 밝은 침실에 두고 키우면 더욱 좋다.

3. 화분 밖으로 잎과 줄기가 늘어지도록 키우면 훨씬 풍성해 보인다. 토피어리와 모아 심기 등에 사용하는 식물로도 활용하고 있다.

페페로미아의 종류 알기

줄리아페페
잎에 수박 무늬가 연상되는 세로 줄무늬가 있는 것이 특징이다. 아몬드페페(아몬드페페로미아)와 매우 흡사하게 생겼다.

홍페페
홍페페(홍페페로미아), 청페페(청페페로미아)처럼 잎이 큰 종류도 있다. 홍페페는 청페페와 매우 흡사하지만 잎 가장자리가 붉은 것이 특징이다.

홀리페페
홀리페페는 줄리아페페보다 세로 줄무늬와 잎 색이 연한 편이다.

홀리페페 꺾꽂이하기
줄리아페페 옆 부분에 홀리페페의 줄기와 잎을 꽂아 꺾꽂이를 하였다. 페페로미아 종류는 꺾꽂이가 잘되는 편이다.

페페로미아의 꽃
페페로미아의 꽃은 꽃이 망나 싶을 정도로 길쭉하게 올라오는 것이 특징이다.

전자파를 잡아 주는
산세베리아

산세베리아는 음이온을 방출시켜 컴퓨터의 전자파를 잡아 주는 효과가 있다고 알려지면서 한참 유행했다. 나도 처음 화분을 구입할 때 산세베리아만큼은 꼭 사서 컴퓨터 옆에 놓겠다고 마음먹었다. 최근에는 '산세베리아 스투키'의 효과가 더 뛰어나다고 알려지면서 인기를 끌게 되어 나도 구입하고 싶었지만 가격이 비싸서 대신 흔한 산세베리아 슈퍼바를 구입했다. 모조 이끼가 깔려 있는 화분은 내 취향이 아니어서 모조 이끼를 걷어 내고 수경 재배에 사용하려고 구입했던 색돌을 대신 깔았다. 화분 위에 깔려 있는 장식이 취향에 맞지 않다면 장식을 걷어 내고 원하는 장식으로 바꿔 주는 것도 좋은 방법이다.

식물 정보
학명 Sansevieria trifasciata
분류 백합과 다년생, 다육 식물
원산지 아프리카, 인도
별칭 산세비에리아, 천년란
특징 및 효능 음이온과 산소를 발생시키고 전자파를 줄여 준다.

기르기 정보
난이도 ●○○○○
번식 잎꽂이, 포기 나누기
물 주기 속흙을 파 보고 말랐으면 며칠 있다가 듬뿍 준다.
생육 적온 16~30℃, 최저 10℃
햇볕 양 반양지, 반그늘, 양지
추천 공간 강한 직광만 피하면 어디든 좋다.

TIP
1. 산세베리아는 반그늘에서도 잘 버티지만 햇볕의 영향권에 있는 곳에 두면 더욱 잘 자란다. 단, 햇볕이 너무 강한 직광에 두면 잎이 타 버릴 수 있다. 물을 한 달에 한 번 정도 줘도 살아남을 정도로 건조함에 강하다. 물을 자주 주면 물러 버리기 쉽기 때문에 흙에 마사토를 50% 이상 섞어 주면 물 빠짐에 도움이 된다. 잎꽂이를 하여 새로 올라온 싹은 모체와 달리 가장자리의 노란 무늬(복륜)가 사라지게 된다. 작은 스투키 모종의 경우 잎꽂이로 잎만 꽂혀 판매되는 경우도 있어 추후에 뿌리 쪽에서 작은 싹이 올라오기도 한다.

2. NASA가 선정한 공기 정화 식물 중에서 27위를 차지할 정도로 포름알데히드 제거 등의 공기 정화 능력을 가졌다. 특히 음이온을 방출시켜 전자파를 잡아 주고 집중력을 향상시켜 줄 뿐 아니라 밤에 이산화탄소를 흡수하고 산소를 배출하기 때문에 밝은 침실, 공부방 등에 배치하기 좋다. 원산지에서는 잎에서 섬유를 뽑아 활용하기도 한다.

번식시키기

1. 잎 자르기
세로로 갈라져 찢겨 버린 산세베리아의 잎은 보기에 흉하니 잘라 준다. 자를 때는 최대한 아래쪽으로 잘라 주는 것이 좋다.

2. 흙에 심기
산세베리아는 잎꽂이로도 번식할 수 있다. 긴 잎은 5~10cm 정도로 토막 내어 자른 후 2주 정도 잎 끝이 마르도록 방치하였다가 흙에 심어 주면 된다.

3. 새잎 확인하기
잎을 자르고 나면 안쪽에서 새잎이 나와 자른 잎의 빈자리를 메꿔 준다. 산세베리아를 5년 이상 잘 키우면 꽃을 보여 주기도 한다.

산세베리아 스투키

스투키는 다른 산세베리아 종류보다 음이온 방출량이 훨씬 뛰어나다고 알려지면서 점점 인기가 올라가고 있다. 긴 뿔 같은 모양이 특징이다.

산세베리아 문샤인

흔하지 않은 신비로운 잎의 색감 덕분에 인기가 많아지고 있는 산세베리아 품종이다.

우리나라 대표 수출 선인장
비모란 선인장

비모란 선인장은 초록색 몸통 부분인 '삼각주' 위에 빨강, 노랑 등의 화려한 색을 가진 '비모란'을 접목시킨 품종으로, 전 세계에서 70% 이상이 우리나라 것일 정도로 대표 수출 품목이다. 윗부분의 비모란은 엽록소가 없기 때문에 광합성을 할 수 없어 다른 식물에 의지하여 살아갈 수밖에 없다. 그런데 아쉽게도 비모란과 접목되면서 삼각주도 더 이상 자랄 수 없게 되어 다년생이 아닌 2년 정도의 삶을 살게 되었다. 원예 수업에서 접목을 할 때는 삼각주의 윗부분과 비모란의 아랫 부분을 잘라 내어 서로 붙인 후 떨어지지 않게 하기 위해 실로 선물 포장하듯 묶어 주어야 한다는 것을 배웠다.

식물 정보
- **학명** Gymnocalycium mihanovichii
- **분류** 선인장과, 다육 식물(주로 2년 생존)
- **별칭** 비모란, 비목단, 접목 선인장, 흑목단, 목단옥
- **특징 및 효능** 음이온을 방출시켜 전자파를 잡아 준다.

기르기 정보
- **난이도** ●○○○○
- **번식** 대목인 삼각주에 접목
- **물 주기** 속흙을 파 보고 말랐으면 며칠 있다가 듬뿍 준다.
- **생육 적온** 25~30℃, 최저 10℃
- **햇볕 양** 반양지, 반그늘, 양지
- **추천 공간** 강한 직광만 피하면 어디든 좋다.

TIP
1. 평소에는 속흙까지 마른 것을 확인하여 물을 주거나 초록색 삼각주을 만져 보아 살짝 물렁할 때 주고, 습한 장마철과 휴면을 하는 추운 겨울철에는 물 주는 양을 더욱 줄여 한 달에 1번 정도 준다. 분갈이할 때 물 빠짐이 좋아지도록 마사토를 50~70% 이상 섞어 주면 도움이 되고, 대부분의 선인장 종류는 분갈이 후에 바로 물을 주지 않는 것이 좋다. 통풍이 좋고 밝은 곳에서 키우되 햇볕이 너무 강한 곳은 피한다.
2. 비모란 선인장은 음이온을 방출시켜 전자파를 잡아 주고 집중력을 향상시켜 줄 뿐 아니라 밤에 이산화탄소를 흡수하고 산소를 방출하는 관상용 다육 식물이다. 실내 어디서든 키울 수 있지만 사이즈가 작고, 내음성이 강하기 때문에 밝은 침실, 공부방, 카페, 사무실 등의 테이블, 선반, 책장에 올려놓고 키우기에 적당하다.
3. 비모란 선인장을 2~3개 모아 심어도 좋은데 비모란 선인장끼리만 모아 심을 것이 아니라 하트호야 혹은 다른 다육 식물과 함께 모아 심어도 잘 어울린다.

칠판네임픽 만들기

1. 나무 상자 준비하기
곰팡이가 생겨 더 이상 사용하지 못하게 된 나무 상자를 준비한다. 일부를 네모나게 자른다.

2. 나무젓가락 붙이기
잘라 낸 나무 쪼가리 뒤에 목공 본드, 글루건 등을 이용하여 나무젓가락을 붙인 후 나무 쪼가리 앞면에 하얀색 페인트를 칠한다. 나무 쪼가리가 깨끗하다면 칠하지 않아도 된다.

3. 마스킹 테이프 붙이기
나무 쪼가리 가장자리에 마스킹 테이프를 붙이고 가운데에 검은색 칠판 페인트를 칠한 뒤 말려 준다.

4. 바니시 칠하기
완전히 마르면 마스킹 테이프를 떼어 내고 물에 닿았을 때 걱정 없도록 나무 쪼가리와 나무젓가락에 전체적으로 바니시를 칠하여 말린다. 분필로 식물의 이름을 적어 사용한다.

게발을 빼닮은
게발선인장

예전에 회사에서 게발선인장을 길렀다. 선인장임에도 일주일에 한 번 물을 주어도 잘 자라서 얼마나 신기했는지 모른다. 지금 키우고 있는 가재발선인장은 그때의 게발선인장과 구분하기 힘들 정도로 게발 모양의 잎이 닮았는데 꽃이 더 화려하고 잎 가장자리가 삐죽삐죽한 편이다. 또한 보통 게발선인장은 봄에 꽃을 피우는 반면 가재발선인장은 늦가을에서 초겨울쯤에 꽃을 피운다. 하지만 요즘은 가재발선인장과 게발선인장으로 많은 개량종을 만들면서 서로 구분이 힘들어져 '게발선인장'으로 통일하여 부르게 되었다. 가재발선인장은 크리스마스에 가까운 시기에 꽃을 피워 '크리스마스 선인장'이라고도 불린다.

식물 정보
- 학명 Schlumbergera truncata
- 분류 선인장과 다년생, 다육 식물
- 원산지 브라질
- 별칭 가재발선인장, 크리스마스 선인장
- 특징 및 효능 공기 정화 능력이 뛰어나고, 밤에 이산화탄소를 흡수한다.

기르기 정보
- 난이도 ●○○○○
- 번식 잎꽂이, 씨앗
- 물 주기 속흙을 파 보고 말랐으면 듬뿍 준다.
- 개화 시기 11~12월(가재발), 4~6월(게발)
- 생육 적온 15~25℃, 최저 5℃
- 햇볕 양 반양지, 양지, 반그늘
- 추천 공간 강한 직광만 피하면 어디든 좋다.

TIP
1. 건조하게 키우는 다육 식물이기 때문에 분갈이를 할 때 마사토를 40% 이상 섞어 물빠짐이 잘되게 해 주는 것이 좋다. 단, 다른 다육 식물보다 물을 조금 더 먹는 편이기 때문에 속흙을 만져 보아 바짝 마른 것을 확인한 후에 주거나 잎이 살짝 힘이 없을 때 주는 것이 좋다. 꽃이 피었을 때는 더 자주 물을 준다. 가끔 잎 주변에 가볍게 분무하여 공중 습도를 높여 주면 좋다.
2. NASA가 선정한 공기 정화 식물 중에서 34위에 선정되었을 정도로 공기 정화 능력이 뛰어난 관상용 다육 식물이다. 음이온을 방출시켜 전자파를 잡아 주고 집중력을 향상시켜 줄 뿐 아니라 밤에 이산화탄소를 흡수하고 산소를 배출하기 때문에 밝은 침실, 공부방 등에서 키우기에 좋다.
3. 잎이 화분 밖으로 늘어지게 자라는 편이기 때문에 너무 작고 가벼운 화분보다 어느 정도 높이가 있고 묵직하게 지탱할 수 있는 화분이 좋다.

번식시키기

2. 뿌리 확인하기
속흙까지 바짝 말랐을 때 물을 주며 관리한다. 3주 후에 살짝 파 보면 이렇게 뿌리가 나 있다. 굳이 파 보지 않아도 새순이 나오면 잎꽂이에 성공한 것이다.

1. 흙에 꽂기
잎과 잎 사이의 마디에 가위를 대어 조심스럽게 잘라 1~2일 정도 그늘에서 살짝 말린다. 마사토를 섞은 흙에 잎을 꽂은 후 반그늘에 둔다. 2~3마디 이어진 잎을 꽂아도 좋다.

3. 새잎 확인하기
6개월 정도 기다리자 새잎이 나오기 시작했다. 기온에 따라 차이는 나지만 몇 달 정도 기다려야 나온다. 새잎이 나오고부터는 더 빠른 속도로 자라기 시작했다.

4. 가재발선인장의 꽃 확인하기
화려한 모습의 가재발선인장의 꽃이다. 보통 가재발선인장은 늦가을 ~초겨울쯤에, 게발선인장은 봄에 꽃을 피운다.

게발선인장 꽃 비교하기
게발선인장의 꽃은 가재발선인장의 꽃과 모양 면에서 조금 차이가 난다.

PART 4

거실, 사무실에서 식물 키우기

사무실은 햇볕이 덜 들어오지만 낮에 형광등을 켜 놓아 식물을 키우기에 유리한 편이다.
거실이나 사무실과 같이 어느 정도 환한 공간에서 키우기에 알맞은 식물을 소개한다.

눈에 확 띄는 큰 식물이나 관리가 수월한 식물

늘어져 자라는 줄기가 매력적인
호야

관상용 식물 중에서 가장 관심이 간 것이 바로 덩굴 줄기를 가진 것이었다. 덩굴 줄기를 가졌고 잎에 독특한 무늬가 있는 호야도 자연스럽게 좋아하는 식물이 되었다. 호야의 가장 큰 장점은 다육질의 잎을 지녀 물을 자주 주지 않아도 되고, 반그늘 공간에서도 잘 버틴다는 것이다. 판매되고 있는 하트호야는 대부분 잎꽂이로 잎만 흙에 꽂아 놓은 것인데, 실제로는 일반 호야처럼 덩굴로 자라는 줄기를 가지고 있는 것이 정상이다. 하트호야를 비롯한 호야 종류는 잎꽂이를 하면 뿌리가 나오기는 하지만 새순이 나오지 않고 성장도 하지 않기 때문에 번식을 위해서는 줄기를 잘라 심어야 한다.

식물 정보
학명 Hoya carnosa
분류 박주가리과 다년생, 관엽 식물
원산지 동남아시아, 오스트레일리아
특징 및 효능 자일렌 물질 등을 제거한다.

기르기 정보
난이도 ●○○○○
번식 꺾꽂이
물 주기 속흙을 파 보고 말랐으면 며칠 있다가 듬뿍 준다.
개화 시기 5~9월
생육 적온 16~25℃, 최저 5℃
햇볕 양 반양지, 반그늘, 양지
추천 공간 강한 직광만 피하면 어디든 좋다.

TIP

1. 잎이 통통한 다육질로 되어 있지만 일반 다육 식물보다는 물을 조금 더 먹는 편이다. 그렇기 때문에 잎이 살짝 힘이 없으면 바로 물을 준다. 가끔 잎 주변에 가볍게 분무하여 공중 습도를 높여 주면 호야가 좋아한다. 일반 호야도 하트호야처럼 잎만 꽂아 놓을 수 있는데, 역시나 뿌리만 나오고 번식은 되지 않는다.

2. 새집증후군의 원인 물질인 자일렌을 제거하는 등 공기 정화에 도움이 되는 관상용 관엽 식물이다. 실내 어디서든 잘 자라지만 추후에 꽃을 피우기 위해 햇볕의 영향권에 있는 거실, 베란다의 선반, 걸이 선반 등에 놓고 키우면 더욱 좋다.

3. 줄기가 아래로 늘어지는 것이 싫다면 지주대를 세워 준다. 일반 화분에 심어도 좋지만 걸이화분에 심어 매달아 놓으면 더욱 멋지다. 토피어리와 모아 심기 등에 사용하는 식물로도 많이 활용된다.

분유통에 분갈이하기

1. 바닥 구멍 뚫기
분유통 바닥은 단단해서 송곳으로 뚫리지 않는다. 못과 망치를 이용하여 구멍을 여러 개 뚫는다. 드릴을 사용해도 상관없다.

2. 모종 심기
갈색 포트의 바닥을 탁탁 쳐서 모종을 분리한다. 물 빠짐이 좋도록 흙에 마사토를 50% 이상 섞어 분갈이를 해 준다.

3. 호야 꽃 피우기

호야를 3년 이상 키우고, 햇볕의 영향권에 있는 곳에 두면 별 모양의 예쁜 꽃을 피운다. 한 번 꽃을 피운 자리에서 다음 해에 또 꽃을 피우기 때문에 다시 꽃을 보고 싶다면 가지치기할 때 주의해야 한다.

하트호야

호야의 일종으로서 일반 호야처럼 줄기가 있지만 시중에서는 그러한 모습을 보기 힘들고, 모체에서 잎만 따서 잎꽂이하여 판매되고 있다. 잎꽂이를 한 하트호야는 뿌리만 나오고 번식이 되지 않는다.

하트가 폭포처럼 늘어지는
러브체인

베란다의 식물들 중에서 신혼부부인 나에게 가장 잘 어울렸던 식물은 러브체인이 아니었나 싶다. 러브체인이 잘 자라면 부부 금슬이 좋다는 속설도 있으니 말이다. 처음 구입했을 때는 덩굴 줄기가 화분 위로 둘둘 말려 있어 푸느라 고생했지만 폭포처럼 쏟아지는 듯한 모습이 매력적이었다. 러브체인의 꽃은 작고 잎에 비해 볼품없이 생겼지만 특이한 모양새에서 신비로움이 느껴졌다. 반그늘에서도 잘 자라고, 잎의 대부분이 시들어도 흙 속에 구근만 살아 있다면 다시 새잎이 돋아나는 강인함을 지니고 있기 때문에 초보자도 어렵지 않게 키울 수 있다.

식물 정보
학명　Ceropegia woodii
분류　박주가리과 다년생, 관엽 식물
원산지　남아프리카
별칭　세로페지아, 하트덩굴
특징 및 효능　공기 정화에 도움이 된다.

기르기 정보
난이도　●○○○○
번식　구근, 꺾꽂이, 휘묻이, 씨앗
물 주기　속흙을 파 보고 말랐으면 며칠 있다가 듬뿍 준다.
생육 적온　20~25℃, 최저 5℃
햇볕 양　반양지, 반그늘, 양지
추천 공간　거실, 사무실, 베란다, 창가 등. 강한 직광은 피한다.

TIP
1. 다육질을 띠고 있어 과습에 약하기 때문에 분갈이를 할 때 마사토를 40~50% 이상 섞어 물 빠짐이 잘되도록 해 주는 것이 좋다. 단, 일반 다육 식물보다는 물을 조금 더 먹는 편이기 때문에 잎을 만져 보아 살짝 힘이 없는 것을 확인하면 바로 물을 준다. 가끔 잎 주변에 가볍게 분무하여 공중 습도를 높여 주면 러브체인이 좋아한다.

2. 공기 정화에 도움이 되는 관상용 관엽 식물이다. 반그늘에서도 잘 자라지만 햇볕을 어느 정도 받으면 더욱 잘 자라기 때문에 강한 직광이 없는 거실, 베란다, 창가 등에서 키우기에 적당하다.

3. 줄기가 길게 늘어지는 특징을 가지고 있기 때문에 선반의 높은 층, 걸이 선반 등에 잘 어울리고, 아래로 늘어지는 것이 싫다면 철사나 지주대를 세워 준다. 일반 화분에 심어도 좋지만 걸이화분에 심어서 매달아 놓으면 더욱 예쁜 모습을 연출한다.

번식시키기

1. 줄기 자르기
러브체인을 꺾꽂이로 번식시키기 위해 건강한 덩굴 줄기를 가위로 잘라 준비한다.

2. 물에 줄기 꽂기
잘라 낸 줄기의 아랫 잎을 일부 정리하고 유리병에 물을 채워 꽂는다. 꺾꽂이에 성공하면 줄기 끝에서 뿌리가 나온다.

3. 꽃 확인하기
러브체인은 하트 모양의 잎을 관상하는 식물로 알려져 있지만 호리병 모양의 아주 작은 꽃을 피우기도 한다. 꽃의 윗부분은 보라색 벨벳을 연상케 한다.

4. 구근으로 번식하기
구근 식물인 러브체인은 흙 속의 구근을 일부 캐내어 심거나 줄기에 달린 작고 둥근 구근인 주아를 줄기와 함께 잘라 심어도 번식이 가능하다.

잎 끝에 클론을 만들어 번식하는
천손초

캘랜쵸이 종류에 속하는 천손초는 화초처럼 물을 적게 주어도 살아남고, 반그늘에서도 잘 자란다. 또한 번식력이 좋아 잎 끝에서 떨어져 나온 클론으로 흙 위가 넘쳐 날 정도이다. 천손초처럼 잎 끝에 매달린 클론으로 번식하는 번식법을 '출아법'이라고 하는데, 이 출아법으로 번식하는 캘랜쵸이 종류에는 천손초, 만손초, 금접 등이 있다. 이들 중에서 잎이 길쭉하게 생긴 금접은 쉽게 구분이 가능하지만 천손초와 만손초는 구분이 쉽지 않다. 이 둘은 잎 뒷면으로 구분되는데 천손초는 수박 같은 무늬가 있고 만손초는 없다. 학교 과학 수업 시간에 '히드라 출아법'에 대해 배우므로 아이들의 과학 공부에 도움이 될 것이다.

식물 정보
- **학명** Kalanchoe daigremontiana
- **분류** 돌나물과 다년생, 다육 식물
- **원산지** 마다가스카르
- **별칭** 캘랜쵸이, 화호접, 불사조
- **특징 및 효능** 밤에 이산화탄소를 흡수하고 산소를 내뿜는다.

기르기 정보
- **난이도** ●○○○○
- **번식** 잎 끝의 클론
- **물 주기** 속흙을 파 보고 말랐으면 듬뿍 준다.
- **생육 적온** 15~25℃, 최저 5℃
- **햇볕 양** 양지, 반양지, 반그늘
- **추천 공간** 거실, 사무실, 베란다, 창가 등

TIP

1. 건조함에 강하면서 다육 식물 치고 쉽게 무르지 않는 편이어서 물 관리를 어려워하는 사람에게 추천한다. 그늘진 공간이라면 웃자람을 방지하기 위해 잎이 살짝 처졌을 때 물을 주고, 햇볕이 많이 드는 공간이라면 속흙이 마른 후에 주는 것이 좋다. 물 빠짐을 좋게 하기 위해 흙에 마사토를 40% 이상 섞어 주면 도움이 된다. 적당한 사이즈의 화분에 심어 햇볕이 어느 정도 들어오는 공간에 두면 꽃도 피운다.

2. 밤에 이산화탄소를 흡수하고 산소를 내뿜는 등 공기 정화에 도움이 되는 관상용 다육 식물이다. 반그늘에서도 자랄 수 있지만 햇볕을 받을수록 잘 자라기 때문에 거실, 베란다, 창가, 사무실 등에 잘 어울린다.

클론 살펴보기

1. 클론 확인하기
천손초, 만손초, 금접 등 클론으로 번식하는 식물은 잎 끝에 자그마한 클론을 매달아 번식한다. 시간이 지나면 클론에서 뿌리도 나온다. 천손초는 '천 개의 자손을 낳는다.'라는 뜻을 가지고 있는데, 뛰어난 번식력 때문에 임신을 기원하는 마음으로 키우는 사람도 많다.

2. 클론으로 번식하기

잎에 붙어 있는 클론을 툭 치면 금방 흙에 떨어진다. 흙에 떨어진 클론은 흙에 뿌리를 내려 성장한다. 클론을 크게 키우고 싶다면 따로 분리하여 키우도록 하자.

고무나무답지 않은 외모의 소유자
푸밀라

고무나무 종류이지만 전혀 고무나무답지 않게 늘어진 줄기를 가진 푸밀라는 우연히 키우게 된 관엽 식물이다. 친구가 상술에 넘어가 푸밀라 모종을 2개나 구입한 뒤 우리 집에 있던 다른 식물과 맞교환하자고 하여 키우게 되었다. 몇 년은 지나야 화분에 꽉 찬다던 판매자의 말과는 달리 병충해 한 번 시달린 적 없이 몇 달 만에 화분을 덮을 정도로 풍성하게 자랐다. 잘못된 정보대로 키웠던 친구의 푸밀라는 얼마 지나지 않아 조금씩 시들어 갔고 결국 수경 재배를 시작했다고 했다. 따로 액비를 주지 않았는데도 물만으로도 1년 넘게 잘 자랐다고 해서 신기했다.

식물 정보
학명 Ficus pumila
분류 뽕나무과 다년생, 관엽 식물
원산지 동아시아
별칭 무늬 휘커스 푸밀라, 피쿠스 푸밀라, 푸밀라 고무나무, 푸미라
특징 및 효능 공기 정화에 도움이 된다.

기르기 정보
난이도 ●○○○○
번식 꺾꽂이, 휘묻이
물 주기 겉흙이 마르면 듬뿍 준다.
생육 적온 16~30℃, 최저 5℃
햇볕 양 양지, 반양지, 반그늘
추천 공간 거실, 사무실, 밝은 주방, 베란다와 창가 등. 강한 직광은 피한다.

TIP
1. 반그늘에서도 잘 자라는 편이지만 너무 그늘진 공간에서는 잎의 무늬가 사라질 수 있으니 되도록이면 밝은 공간 혹은 햇볕의 영향권에 있는 공간에서 키우는 것이 좋다. 단, 직광이 너무 강한 공간에서는 잎이 탈 수 있으므로 주의한다. 가끔씩 잎 주변에 가볍게 분무하여 공중 습도를 높여 주는 것이 좋다.

2. 예전에는 고무나무에서 고무를 얻었지만 화학 고무가 만들어지면서 이제는 대부분 공기 정화에 도움이 되는 관상용 관엽 식물로 키운다. 실내 어디서든 키울 수 있지만 햇볕이 은은하게 들어오는 거실, 사무실 등에서 키우면 더욱 좋다.

3. 뿌리의 흙을 깨끗이 씻어 내어 수경 재배로 키울 수 있을 뿐 아니라 토피어리에 심는 식물로도 활용한다. 줄기가 늘어져 자라는 덩굴성을 띠고 있기 때문에 일반 화분에 심어 높은 선반, 걸이 선반 등에 올려놓아도 좋지만 걸이화분에 심어 매달아 키우면 더욱 잘 어울린다. 늘어지는 것이 싫을 경우에는 지주대를 세워 준다.

고무나무의 종류 알기

인도고무나무
반그늘에서도 키우기 수월한 편이며 잎이 크고 카페, 식당 등에서 흔히 볼 수 있다. NASA에서 선정한 공기 정화 식물 4위를 차지할 정도로 공기 정화 능력이 뛰어나다.

벵갈고무나무
인도고무나무, 떡갈고무나무처럼 나무로 자란다. 근사한 잎 때문에 관상용으로 인기가 많다. 햇볕의 영향권에 있는 공간에서 키운다.

벤자민고무나무
NASA 선정 공기 정화 식물 22위를 차지할 정도로 공기 정화 능력이 뛰어나고, 강한 직광을 피한 양지 혹은 반양지 공간을 좋아한다. 잎에 노란 무늬가 있는 '무늬 벤자민고무나무'도 많이 판매되고 있다.

떡갈고무나무
잎 모양이 떡갈나무를 닮았다 하여 '떡갈고무나무'라고 불린다. 느낌은 벵갈고무나무와 비슷하지만 잎 모양이 다르다.

개업 선물로 인기 있는
금전수

금전수는 식당에서 흔히 볼 수 있는 식물이다. 돈을 불러들인다는 속설이 있어 '돈나무'라고 불리며 개업 선물로 인기가 많다. 금전수는 잎이 두꺼운 만큼 물을 많이 먹지 않는 편인데, 실내에서 키우는 동안 물을 거의 주지 않았음에도 불구하고 한 번도 잎이 처지지 않을 정도이다. 줄기에는 붓으로 칠한 듯한 독특한 검은색 무늬가 있다. 이는 병해가 아니니 놀라지 말라. 또 구근 식물이기 때문에 잎이나 줄기를 잘라 꺾꽂이하면 조그마한 구근이 생겨나는 것을 볼 수 있다.

식물 정보
- **학명** Zamioculcas zamiifolia
- **분류** 천남성과 다년생, 관엽 식물
- **원산지** 아프리카
- **별칭** 돈나무, 머니트리, 자미오쿨카스, 자미오쿨카스 자미폴리아, 자마이크로커스, 소철고사리
- **특징 및 효능** 음이온을 방출시켜 전자파를 잡아 준다.

기르기 정보
- **난이도** ●○○○○
- **번식** 구근, 잎꽂이, 줄기 꺾꽂이
- **물 주기** 속흙을 파 보고 말랐으면 며칠 있다가 듬뿍 준다.
- **생육 적온** 16~26℃, 최저 13℃
- **햇볕 양** 반양지, 반그늘, 양지
- **추천 공간** 강한 직광만 피하면 어디든 좋다.

TIP

1. 만약 물을 자주 주어 금전수의 상태가 나빠졌다면 상한 줄기를 잘라 내고 바로 화분의 흙을 엎는다. 흙 속의 구근이 썩지 않았는지 확인한 후에 새 흙으로 옮기면 도움이 된다. 최악의 경우, 구근만 따로 캐내어 심거나 상태가 좋은 금전수의 잎과 줄기를 추려 내 꺾꽂이한다. 가끔 잎 주변에 가볍게 분무하여 공중 습도를 높여 주면 금전수가 좋아한다.

2. 공기 정화는 물론, 음이온을 방출시켜 전자파를 잡아 주고 집중력을 향상시켜 주는 관상용 관엽 식물이다. 실내 어디서든 잘 자라지만 큰 화분에 심겨져 있는 경우가 많기 때문에 거실, 사무실, 식당 등에 배치하면 잘 어울린다.

분유통에 분갈이하기

1. 바닥 구멍 뚫기
분유통 바닥은 단단해서 송곳으로 잘 뚫리지 않으므로 못과 망치를 이용하여 구멍을 여러 개 뚫는다. 드릴을 사용해도 상관없다.

2. 구근 확인하기
분갈이를 하기 위해 모종을 포트에서 분리하면 감자처럼 생긴 구근이 보인다. 금전수는 과습에 약하기 때문에 분갈이할 흙에 마사토를 40~50% 이상 섞는 것이 좋다.

3. 칠판 페인트로 리폼하기
인테리어 효과를 생각하여 분유통에 칠판 페인트를 칠해 주어도 좋다. 겉면에 분필로 금전수의 영어 이름을 적어 네임픽을 대신한다.

4. 꺾꽂이로 번식하기
줄기나 잎을 꺾어 흙에 꽂아 주면 작은 구근이 생기면서 번식이 된다. 흙이 아닌 물에 담가서도 가능하다.

하늘의 별을 떠올리게 하는
피토니아

서울에서 자취를 시작하고부터는 새로운 환경에 적응하느라 한동안 좋아하던 식물을 키우지 못했다. 그런데 반지하에서 자취를 할 때 '화이트스타'라는 푯말이 꽂힌, 포복성으로 낮고 작게 자라 있던 식물에 마음을 빼앗기고 말았다. 잎의 하얀 그물 무늬는 하늘에 떠 있는 별들이 모여 있는 것만 같았다. 결국 구입하여 애지중지 키웠는데, 아쉽게도 얼마 지나지 않아 시들어 버리고 말았다. 그때는 햇볕이 들지 않는 반지하를 원망했는데 지금 생각해 보면 흙이 빨리 마르지 않는 환경이었음에도 물을 자주 준 탓이었던 것 같다. 지금은 다양한 식물을 척척 키우고 있는 나 또한 실패를 일삼는 '초보 시절'이 있었다.

식물 정보
학명 Fittonia verschaffeltii 외
분류 쥐꼬리망초과 다년생, 관엽 식물
원산지 남아메리카 안데스 산맥
별칭 휘토니아, 색깔별로 화이트스타, 레드스타 등
특징 및 효능 음이온을 발생시키고 공기 정화 및 가습 효과를 준다.

기르기 정보
난이도 ●○○○○
번식 꺾꽂이, 포기 나누기
물 주기 겉흙이 마르면 듬뿍 준다.
생육 적온 20~25℃, 최저 10℃
햇볕 양 반양지, 반그늘, 양지
추천 공간 거실, 사무실, 밝은 주방, 베란다와 창가 등. 강한 직광은 피한다.

TIP
1. 피토니아는 물 빠짐이 좋고, 지나치게 건조하지 않은 흙에서 잘 자란다. 물을 너무 자주 주거나 햇볕이 부족하면 웃자라기 쉽기 때문에 겉흙이 마른 것을 확인하여 물을 주고, 햇볕의 영향권에 있는 장소에서 키우는 것이 좋다. 가끔 잎 주변에 가볍게 분무하여 공중 습도를 높여 주면 좋아한다. 잎이 큰 피토니아 종류보다는 작은 종류가 조금 더 관리하기가 수월하다.
2. 음이온을 방출하여 전자파를 잡아 주고, 휘발성 물질과 실내 냄새 제거 등의 공기 정화 능력을 가진 관상용 관엽 식물이다. 강한 직광을 피한 햇볕의 영향권에 있는 거실, 베란다, 창가 등의 선반, 책상, 책장 등에서 키우면 좋다.
3. 포복성으로 낮게 자라면서 생명력이 강하기 때문에 모아 심기 할 때 키가 크게 자라는 식물의 앞쪽에 모아 심어 흙을 가려 주는 역할로 많이 활용된다. 사이즈가 작은 편이어서 일회용 플라스틱 컵, 음료 캔 등의 다양한 재활용품에 심기 좋다.

함석 바스켓에 분갈이하기

1. 바닥 구멍 뚫기
함석 바스켓 바닥에 구멍을 여러 개 뚫어 준비한다. 의외로 송곳으로도 쉽게 뚫린다.

2. 분갈이하기
함석 바스켓 바닥에 마사토를 배수층으로 깔고, 30~40% 정도의 마사토를 섞은 흙을 채워 모종을 넣는다.

빨간색 피토니아 확인하기
우리나라에서는 보통 전체적으로 하얀색을 띠는 피토니아를 '화이트 스타'라고 부르고, 빨간색을 띠는 피토니아를 '레드스타' 혹은 '핑크스타'라고 부른다.

우리나라의 자생식물
마삭줄

예전에 회사에 갓 입사했을 때 눈에 띈 식물이 있었다. 바로 수레 모양의 트레이에 들어 있던 3개의 '황금마삭줄' 모종이었다. 3개 모두 작은 갈색 포트에 심어져 있었는데, 묶어 주고 싶을 정도로 길게 늘어진 모습이 꽤 멋스러웠다. 그런데 이 황금마삭줄들이 3년 동안 한 번도 분갈이한 적 없이 사무실 안에서 잘 자라 준 것이라는 것이 아닌가! 그 당시에는 분갈이를 제때하지 않으면 금방 시들던 허브 종류를 많이 키웠기에 분갈이 없이 3년이나 버텼다는 사실이 신기했다.

식물 정보
학명 Trachelospermum asiaticum
분류 협죽도과 다년생, 관엽 식물
원산지 한국(남부 지방)
별칭 마삭나무
특징 및 효능 공기 정화 및 가습에 도움이 된다.

기르기 정보
난이도 ●○○○○
번식 꺾꽂이, 휘묻이, 씨앗
물 주기 겉흙이 마르면 듬뿍 준다.
생육 적온 15~25℃, 최저 5℃
햇볕 양 양지, 반양지, 반그늘
추천 공간 여름철의 강한 직광만 피하면 어디든 좋다.

TIP

1. 반그늘에서도 자랄 수 있지만 햇볕의 영향권에 있는 밝은 공간에서 키우는 것이 좋다. 여름철의 강한 직광만 주의한다면 야외에서도 키울 수 있다. 가을에 햇볕 좋은 베란다나 야외 공간에서 키우면 잎이 붉게 물든 모습을 볼 수도 있다. 가끔 잎 주변에 가볍게 분무하여 공중 습도를 높여 주면 마삭줄이 좋아한다.

2. 뛰어난 공기 정화 능력과 가습 효과, 음이온 방출 효과를 지닌 관상용 관엽 식물이다. 황금마삭줄, 오색마삭줄처럼 잎에 노란색, 하얀색 등의 색이 들어간 마삭줄 종류의 경우 햇볕이 부족하면 색이 빠져 초록색 잎으로 바뀔 수 있기 때문에 거실, 베란다, 창가 등에서 키우는 것이 좋다.

3. 지금은 주로 관상용으로 활용하고 있지만 고혈압, 관절염, 신경통 등에 효과적인 약재로 활용하기도 했다.

4. 줄기가 길게 늘어지는 특징을 가지고 있어 선반, 걸이 선반 등에 잘 어울리고, 걸이화분에 심어 매달아 키워도 좋다.

마삭줄의 종류 알기

황금마삭줄
잎이 전체적으로 노란색을 띠고 무늬가 있으며 시중에서 가장 흔히 판매된다. 햇볕이 부족하면 잎이 녹색으로 변할 수 있다.

마삭줄
일반 마삭줄은 무늬가 없는 녹색 잎을 가지고 있다. 마삭줄은 우리나라 남부 지방에서 자생하고 있다.

오색마삭줄
마치 하얀색 물감을 흩뿌린 듯 얼룩덜룩한 무늬를 가진 오색마삭줄(초설)은 관상용으로 인기가 많다.

좀마삭줄
다른 마삭줄 종류에 비해 잎이 좁은 편이다. 잎 모양이 다른 마삭줄 종류를 원한다면 좀마삭줄(좀마삭)을 키워 보자.

흙 위에 가득 깔린 귀여운 잎
타라

현재 천사의 눈물과 닮은꼴인 '타라'를 키우고 있는데, 이 둘은 같은 쐐기풀과여서 멀리서 봤을 때 구분이 쉽지 않을 정도로 빼닮았다. 둘 다 포복성으로 바닥에 깔리듯 풍성하게 자라는 것이 특징이지만 천사의 눈물은 상큼한 연두색의 잎을 가진 반면, 타라의 잎은 더욱 짙은 색을 가지고 있다는 차이점이 있다. 조금 깐깐한 트리안에 비교하면 타라는 얼마나 착한지 햇볕이 1~2시간 정도만 들어오는 공간에서도 잘 자란다. 겨울에는 조금씩 잎이 떨어져 나가 실망을 했는데 봄을 맞은 후에 여러 줄기가 밖으로 빠져나가며 늘어질 정도로 순식간에 풍성해졌다.

식물 정보
- 학명 pilea Glauca
- 분류 쐐기풀과 다년생, 관엽 식물
- 원산지 남아메리카
- 별칭 블루체인, 필레아 글라우카
- 특징 및 효능 공기 정화에 도움이 된다.

기르기 정보
- 난이도 ●●○○○
- 번식 꺾꽂이, 휘묻이, 포기 나누기
- 물 주기 겉흙이 마르면 듬뿍 준다.
- 생육 적온 18~28℃, 최저 5℃
- 햇볕 양 양지, 반양지, 반그늘
- 추천 공간 거실, 사무실, 베란다, 창가 등

TIP
1. 가끔 잎 주변에 가볍게 분무하여 공중 습도를 높여 주면 좋아한다. 트리안보다 반그늘에서 훨씬 잘 적응하는 편이지만 햇볕이 모자라면 잎이 떨어지기 쉽기 때문에 햇볕의 영향권에 있는 곳에서 키운다.
2. 공기 정화에 도움이 되는 관상용 관엽 식물이다. 햇볕의 영향권에 있는 거실, 베란다, 창가 등에서 잘 자란다. 단, 강한 직사광선은 피하는 것이 좋다.
3. 타라가 흙 위에 가득 깔리면 화분 밖으로 늘어져 자라기 때문에 선반, 걸이 선반 등에 잘 어울리고, 걸이화분에 심어 매달아 키워도 좋다. 줄기가 늘어지는 것이 싫다면 넓은 화분에 심어 포복성으로 낮게 자라도록 키우자. 모아 심기를 할 때 흙을 가리는 용도로 심거나 토피어리에 사용하는 식물로도 많이 활용한다.

수경 재배하기

1. 유리병 준비하기
수경 재배에 사용할 유리병을 준비한다. 작은 음료 유리병으로도 충분하다.

2. 하이드로볼 넣기
음료 유리병을 장식하기 위해 페브릭 스티커를 붙인 후에 유리병 안에 하이드로볼을 약간 채워 준다. 색돌 등을 대신 채워도 된다.

3. 물에 줄기 꽂기

타라의 줄기를 가위로 자르고 아랫잎은 일부 정리하여 준비한다. 줄기를 음료 유리병 안에 넣은 후에 하이드로볼을 마저 채운다. 물을 부운 후에 물 상태를 봐서 가끔씩 갈아 준다.

수박필레아

같은 필레아 종류에 속하는 '수박필레아'이다. 타라보다 잎이 훨씬 크고, 은색의 독특한 무늬가 있는 것이 특징이다.

예쁜 만큼 조금 깐깐한
트리안

동글동글 작고 귀여운 잎을 좋아한다면 천사의 눈물, 황금세덤, 타라, 트리안 등의 식물을 추천한다. 이 중 트리안은 예쁘지만 조금 까다로워서 원하는 환경을 만들어 주지 않으면 금세 잎이 떨어진다. 그렇다면 어떻게 트리안을 제대로 키울 수 있을까? 우선 트리안은 높은 공중 습도를 좋아하기 때문에 수시로 잎 주변에 분무기로 분무하여 촉촉하게 해 주는 것이 좋다. 두 번째로 잎이 떨어져 나가지 않도록 햇볕이 드는 장소에서 키워야 한다. 마지막으로 대부분의 관엽 식물은 환경만 잘 맞추면 병충해가 생기지 않지만 트리안은 관엽 식물 치고 진딧물, 깍지벌레 등의 해충이 잘 생기는 편이어서 통풍과 물 관리에 신경 써야 한다. 만약 병충해가 걱정이 된다면 여름이 오기 전에 미리 살충제를 뿌려 두면 도움이 될 것이다.

식물 정보
학명 muehlenbeckia compleca
분류 마디풀과 다년생, 관엽 식물
원산지 뉴질랜드, 호주
별칭 뮬렌베키아
특징 및 효능 일산화탄소 제거 등의 공기 정화 능력이 있다.

기르기 정보
난이도 ●●○○○
번식 꺾꽂이, 포기 나누기
물 주기 겉흙이 마르면 듬뿍 준다.
생육 적온 16~30℃, 최저 10℃
햇볕 양 양지, 반양지
추천 공간 거실, 사무실, 베란다, 창가, 햇볕 드는 부엌 등

TIP

1. 잎 주변에 가볍게 자주 분무하여 공중 습도를 높여 주는 것이 중요하다. 공중 습도와 햇볕이 부족하면 잎이 쉽게 떨어질 수 있다. 통풍이 좋지 않은 공간에서는 병충해가 더 잘 생길 수 있으므로 통풍이 잘되는 공간에서 키우는 것이 좋다.

2. 일산화탄소 제거 등의 공기 정화 능력을 가진 관상용 관엽 식물이다. 트리안을 키우기에 가장 적당한 공간은 강한 직광을 피한 밝은 거실, 사무실, 베란다, 창가, 햇볕이 들어오는 부엌 등이다.

3. 줄기가 길게 늘어지는 특징이 있기 때문에 선반, 걸이 선반 등에 잘 어울리고, 걸이화분에 심어 매달아 키워도 좋다. 토피어리에 심는 식물로도 활용된다.

그릇에 분갈이하기

1. 바닥에 테이프 붙이기
구멍을 뚫을 사기그릇이나 도자기 그릇, 머그컵 등의 안쪽과 바닥에 테이프를 꼼꼼하게 붙인다. 박스 테이프와 마스킹 테이프를 붙여 주어도 좋다.

2. 못으로 구멍 뚫기
못과 망치를 이용하여 테이프를 붙인 바닥을 톡톡 두드려서 구멍을 내되 너무 세게 내리치면 그릇이 깨질 수 있으니 조심한다. 드릴을 이용하여 뚫어도 된다.

3. 뚫린 구멍 확인하기
못과 테이프를 떼어 내면 구멍이 뚫려 있는 것을 볼 수 있다. 테이프를 붙였기 때문에 깨진 파편이 튀지 않는다. 구멍을 넓히고 싶다면 못과 망치로 구멍 주변을 톡톡 쳐서 넓힌다.

4. 모종 심기
구멍을 뚫은 그릇에 30~40% 정도의 마사토를 섞은 흙과 트리안 모종을 넣어 분갈이를 해 준다.

펄을 바른 듯 화려한 잎
렉스베고니아

진한 보라색 계열의 펄쉐도를 짙게 바른 듯 독특한 색감의 잎을 가진 렉스베고니아는 특히 햇볕을 받으면 잎이 반짝거려 더욱 아름다운 모습을 뽐낸다. 렉스베고니아를 처음 접하게 된 것은 렉스베고니아의 핏줄처럼 툭 튀어나온 굵은 잎맥을 따라 나눠 잘라 흙에 꽂는 번식법에 대해 원예 실습 수업을 받았을 때였다. 베고니아라고 하면 보통 화사한 꽃을 떠올리지만 이 렉스베고니아는 꽃보다 잎이 더욱 화려한 관엽베고니아 종류이다. 꽃을 감상하는 꽃베고니아 종류는 햇볕을 받아야 예쁜 꽃을 풍성하게 피우지만 관엽베고니아 종류는 일반 관엽 식물처럼 강한 직광을 좋아하지 않고 반양지 혹은 밝은 반그늘을 선호한다.

식물 정보
학명 Begonia rex
분류 베고니아과 다년생, 관엽 식물
원산지 인도
특징 및 효능 주로 화려한 잎을 감상한다.

기르기 정보
난이도 ●●○○○
번식 잎꽂이, 포기 나누기
물 주기 속흙을 파 보고 말랐으면 듬뿍 준다.
생육 적온 15~25℃, 최저 7℃
햇볕 양 반양지, 반그늘
추천 공간 햇볕이 은은하게 들어오는 공간이라면 어디든 좋다.

TIP
1. 렉스베고니아는 높은 공중 습도를 좋아하는 편이지만 물에 매우 민감하여 잎에 물이 닿는 것을 싫어한다. 따라서 속흙까지 말랐을 때 물을 주고, 장마철에는 특히 적게 주어야 한다. 분갈이를 할 때 마사토를 40~50% 이상 섞어 물 빠짐에 신경 쓰고, 통풍이 잘되는 곳에서 키우는 것이 좋다. 잎에 물이 닿지 않게 주는 것이 어렵게 느껴질 경우 저면관수를 이용하면 편리하다. 단, 어느 정도 물이 흡수되었다고 생각되면 바로 물 받침의 물을 비워 과습이 되지 않도록 주의한다.

2. 베고니아 종류는 NASA가 선정한 공기 정화 식물 중 24위를 차지할 정도로 포름알데히드 제거 등 뛰어난 공기 정화 능력을 가지고 있다. 낮고 풍성하게 자라기 때문에 햇볕이 은은한 거실의 테이블, 선반, 책꽂이 위 등에 올려놓고 키우기에 좋다.

3. 과습에 약한 베고니아 종류를 가장 키우기 수월하게 만드는 화분은 바로 흙의 물이 빨리 마르고 통풍에 유리한 토분이다. 잎이 화려하기 때문에 현란한 무늬가 있는 화분보다는 무늬가 별로 없이 깔끔한 화분에 심어 화분 밖으로 잎이 늘어지도록 키우면 좋다.

번식시키기

1. 잎 잘라 준비하기
깨끗한 가위를 이용하여 잎이 붙어 있는 잎자루를 잘라 준비한다.

2. 잎맥 따라 자르기
잎자루 끝을 바로 흙에 꽂아도 되지만 잎을 여러 토막으로 잘라 심어도 된다. 굵은 잎맥을 따라 4토막으로 나누어 자른다.

3. 솜에 얹기
토막을 낸 잎을 물에 적신 솜 위에 살짝 올린다. 이대로 뿌리가 날 때까지 기다려도 되고, 잎에 물만 머금게 한 뒤 바로 흙에 꽂아도 된다.

타이거베고니아
관엽베고니아의 일종인 타이거베고니아는 잎의 독특한 무늬와 색이 인상적이다.

흙 없이 공중에서 자라는
틸란드시아

에어플랜트라고 알려진 틸란드시아 종류는 다른 식물과 달리 공중 습도로 사는 식물이라 흙과 수경 재배 없이도 키울 수 있다. 가장 흔히 파는 틸란드시아는 수염처럼 생겨 '수염틸란드시아'라고도 불리는 '유스네오이데스'와 파인애플 잎을 닮은 '틸란드시아 이오난사'인데, 이오난사의 종류도 다양하다. 그중에서 내가 처음 키웠던 것은 가장 흔히 파는 '이오난사 루브라'였다. 사실 처음에는 별로 자라는 것 같지 않아 별 기대 없이 수분만 관리해 주었는데, 어느 날 아래쪽에 신아(자구)라고 불리는 새끼를 달며 번식한 것을 보게 되었다. 그 모습에 반해 지금은 틸란드시아 마니아가 되었다.

식물 정보
- 학명　Tillandsia Ionantha(이오난사)
- 분류　파인애플과, 관엽 식물
- 원산지　남아메리카
- 별칭　에어플랜트, 틸란시아
- 특징 및 효능　공기 정화에 도움이 되고 흙 없이 자란다.

기르기 정보
- 난이도　●●○○○
- 번식　자구(포기 나누기), 씨앗
- 물 주기　1~2주에 한 번 1~4시간 이상 물에 담갔다 꺼내 말린다.
- 개화 시기　가을~겨울
- 생육 적온　16~30℃, 최저 5℃
- 햇볕 양　반양지, 반그늘, 양지
- 추천 공간　어디든 좋다. 강한 직광은 피하고, 통풍이 좋은 곳에 둔다.

TIP

1. 틸란드시아 주변에 분무를 하여 공중 습도를 높여 주는 것만으로도 살 수 있지만 안쪽까지 골고루 분무가 되지 않을 가능성이 높기 때문에 1~2주에 한 번씩 1~4시간 정도 물에 담가 주는 것이 좋다. 단, 꺼낸 후에 제대로 말리지 않으면 잎이 물러 버릴 수 있으니 꼭 통풍이 좋은 공간에 뒤집어 엎어서 말리도록 하자. 먼지와 빗물 속의 유기물을 흡수하여 성장하기 때문에 가끔 비를 맞게 해 주면 좋고, 오래 집을 비울 경우 몇 시간 더 담갔다가 말려 놓으면 조금 더 오래 버틸 수 있다. 건조한 겨울철에는 수분 공급에 더욱 신경 쓰고, 장마철에는 이미 공중 습도가 높기 때문에 수분 공급을 줄이는 것이 좋다.

2. 황사 먼지, 미세 먼지 제거 등의 공기 정화 능력이 뛰어난 관상용 관엽 식물이다. 실내 어디에서든 키울 수 있지만 거실, 사무실, 베란다, 창가 등 통풍이 잘되는 공간이 가장 적당하고, 그늘진 곳보다는 밝은 곳에서 더 튼튼하게 자란다.

3. 틸란드시아가 흔하지 않던 예전에는 주로 유리볼에 색돌을 깔아 그 위에 틸란드시아를 얹어 키우거나 걸이형 유리볼에 넣어 매달아 키우는 정도였다. 요즘에는 손쉽게 다양한 종류를 구입할 수 있어 창문 부착식 틸란드시아 거치대, 자석 거치대 등의 다양한 거치대를 구입하여 공간을 활용하고 장식할 수 있게 되었다. 원래 나무에 붙어 자라는 착생 식물이기 때문에 목부작, 석부작 등도 가능하다.

틸란드시아 알기

자구로 번식하기
대부분의 틸란드시아는 아래쪽에 신아(자구)가 생겨나는데 이 신아가 모체만큼 자라면 분리하여 번식시킬 수 있다. 수염틸란드시아는 잎을 가위로 적당히 잘라 나누면 번식이 가능하다.

이오난사 루브라의 꽃
가장 흔히 파는 틸란드시아 이오난사 루브라의 꽃이다. 쌀쌀한 계절이 되면 윗부분의 잎이 점점 붉게 변하면서 예쁜 꽃을 피운다.

스트릭타의 꽃

틸란드시아는 종류에 따라 다른 모양의 꽃을 피운다. 스트릭타의 꽃은 분홍색 꽃대가 인상적이다. 틸란드시아 종류는 생애 단 한 번 꽃을 피우지만 아래쪽에 붙어 있는 신아를 통해 다시 꽃을 볼 수도 있다.

다양한 틸란드시아 종류

예전에는 흔한 틸란드시아 이오난사와 수염틸란드시아 위주로 판매하였으나 요즘에는 다양한 크기와 모양의 틸란드시아를 구입할 수 있게 되었다. 끝에 달린 뿌리는 나무에 붙기 위한 것으로, 흙에 심으면 썩을 수 있다.

토토로의 우산 잎처럼 생긴
알로카시아

애니메이션 〈이웃집 토토로〉를 보면 토토로가 우산 모양의 커다란 토란 잎을 들고 있는 것을 볼 수 있다. 그것을 볼 때마다 토란 잎보다는 무늬가 없는 '알로카시아 오도라'의 상큼한 연두색 잎이 토토로에게 더 잘 어울리는 것 같다는 생각이 들었다. 사실 내가 키우고 싶었던 것이 바로 그 '알로카시아 오도라'였는데 잎 모양은 물론, 나무줄기처럼 생긴 근경(뿌리줄기) 부분도 무척 마음에 들었다. 하지만 아쉽게도 대부분 커다란 화분에 심어 놓고 비싼 가격에 판매하고 있었다. 우리 집에는 큰 화분을 놓을 공간이 없었기에 꿩 대신 닭이라고 '거북등 알로카시아'를 대신 키웠는데 이는 물을 많이 주면 금방 잎이 갈색으로 변해 버리는 조금 까다로운 식물이었다.

식물 정보
학명 Alocasia amazonica(거북등 알로카시아)
분류 천남성과 다년생, 관엽 식물
원산지 아시아 열대 지방
특징 및 효능 가습 및 공기 정화에 도움이 된다.

기르기 정보
난이도 ●●●○○
번식 포기 나누기, 꺾꽂이, 씨앗
물 주기 속흙을 파 보고 말랐으면 며칠 있다가 듬뿍 준다.
생육 적온 18~25℃, 최저 13℃
햇볕 양 반양지, 반그늘
추천 공간 거실, 사무실, 베란다, 창가 등

TIP

1. 과습에 약하기 때문에 속흙이 바짝 마른 것을 확인한 후에 며칠 뒤에 물을 주는 것이 중요하다. 갈색으로 변하며 말라 가는 잎은 바로 제거해 주고 계속 상태가 나아지지 않을 경우 마사토의 비율을 늘려 새로 분갈이를 하거나 상태가 괜찮은 부분을 잘라 내 다시 심는다. 반그늘에서도 잘 자라는 편이지만 햇볕이 부족하면 웃자라 잎이 힘없이 늘어지기 때문에 햇볕의 영향권에 있는 곳이 좋다. 가끔 잎 주변에 가볍게 분무하여 공중 습도를 높여 주면 좋아한다.

2. 잎 끝에서 물방울이 뚝뚝 떨어져 가습에 도움이 되는 관상용 관엽 식물이다. 공기 정화에 도움이 되고, 잎이 큰 편이기 때문에 직광을 피한 햇볕의 영향권에 있는 거실, 사무실, 베란다 등에 잘 어울린다.

분유통에 분갈이하기

1. 바닥 구멍 뚫기
분유통 바닥은 단단해서 송곳으로 뚫리지 않는다. 못과 망치를 이용하여 여러 개의 물 구멍을 뚫는다. 드릴을 사용해도 좋다.

2. 모종 분리하기
분갈이를 할 거북등 알로카시아 모종을 포트에서 분리한다. 분유통 바닥에 마사토를 깔아 배수층을 만들고, 그 위에 마사토를 섞은 흙을 넣는다.

3. 모종 옮겨 심기
분유통에 모종을 넣고 마사토 섞은 흙을 마저 채운다. 알로카시아는 과습에 약하기 때문에 마사토를 40~50% 이상 섞어 물 빠짐에 신경 쓴다.

알로카시아 오도라
거북등 알로카시아와 달리 무늬가 없는 연두색 잎을 가졌다. 잎 아래의 나무처럼 굵고 튼튼한 근경이 매력적이다. 이 부분을 잘라 꺾꽂이하면 번식이 가능하다.

실내 화초의 여왕
아프리칸 바이올렛

아프리칸 바이올렛은 동향 베란다에서도 수시로 꽃을 피우고, 꽃 색이 다양하여 그 매력에 푹 빠지게 되었다. 이와 비슷한 화초가 또 있나 싶어 살펴보니 같은 '제스네리아과'여서 반양지나 반그늘에서도 잘 자라는 화초가 꽤 많이 있었다. 바로 앵초인 척하지만 앵초는 아닌 '뉴질랜드 앵초'와 구근 식물인 '글록시니아' 등이다. 이 제스네리아과 화초들은 서로 비슷한 성격을 가지고 있는데 두툼한 잎답게 건조함에 강해 물을 자주 주면 쉽게 물러 버릴 수 있다. 또 잎에 물이 튀면 얼룩이 생기기도 하기 때문에 물을 줄 때 조심해야 한다.

식물 정보
학명 Saintpaulia ionantha
분류 제스네리아과 다년생, 화초
원산지 아프리카
별칭 세인트폴리아, 바이올렛, 아프리카 제비꽃
특징 및 효능 햇볕의 영향권에 있는 실내에서도 꽃을 잘 피운다.

기르기 정보
난이도 ●●○○○
번식 잎꽂이, 포기 나누기, 씨앗
물 주기 속흙을 파 보고 말랐으면 듬뿍 준다.
개화 시기 환경만 맞으면 수시로 핀다.
생육 적온 15~25℃, 최저 12℃
햇볕 양 반양지, 반그늘, 양지
추천 공간 거실, 사무실, 베란다, 창가 등. 강한 직광은 피한다.

TIP

1. 건조함에 매우 강해 물을 거의 주지 않아도 살아남는 편이지만 꽃을 잘 피우기 위해서는 속흙이 마른 것을 확인하고 물을 주는 것이 좋다. 흙에 마사토를 40% 이상 섞어 주면 더욱 좋다. 잎에 물이 닿으면 얼룩이 생길 수 있으니 잎을 살짝 들어 올려 물을 주고, 그게 힘들 경우 저면관수로 물을 준다. 단, 물이 흙에 흡수되었다 싶으면 바로 화분 받침의 물을 비워 과습을 방지한다. 겨울에 추운 곳에 두면 냉해를 입어 채소 데친 것마냥 흐물흐물해질 수 있기 때문에 미리 실내로 옮기는 것이 좋다.

2. 공기 정화에 도움이 되고, 온도만 맞으면 수시로 예쁜 꽃을 감상할 수 있는 실내에 적합한 관상용 화초이다. 반그늘에서도 잘 자라지만 꽃을 자주 보기 위해서는 직광을 피한 햇볕의 영향권에 있는 거실, 베란다, 창가, 사무실 등에서 키우는 것이 좋다.

번식시키기

1. 시든 꽃 자르기
채종을 하지 않을 경우 꽃이 시들 때까지 감상하다가 시든 꽃이 생기면 가위로 잘라 정리한다. 꽃이 시들면 잠시 휴식기를 가졌다가 다시 새 꽃대가 올라온다.

2. 잎꽂이 하기
가위로 잎자루와 함께 잎을 잘라 물에 닿도록 살짝 담가 두면 2주일 정도 지나 뿌리가 나온다. 흙에 바로 심어도 뿌리가 나온다.

3. 흙에 심기
뿌리가 나온 것을 확인하고 바로 흙에 꽂아 준다. 2달 정도 기다리면 흙 위로 작은 새잎이 올라오면서 번식이 된다.

뉴질랜드 앵초(스트렙토카르푸스)
아프리칸 바이올렛과 같은 '제스네리아과'여서 비슷한 성격을 가졌다. 더위와 추위에 약하기 때문에 주의가 필요하다.

겨울에도 꽃을 가득 피우는
시클라멘

가을부터 초봄까지 꽃집에서 흔히 볼 수 있는 시클라멘은 꽃이 귀한 겨울 동안 화려한 꽃을 피우는 겨울 대표 화초이다. 시클라멘의 꽃을 빨리 감상하고 싶은 나머지 9월쯤에 일찍 모종을 구입했다. 하지만 시클라멘에게는 조금 더운 시기였는지 얼마 되지 않아 꽃이 점점 시들어 가는 것이 아닌가. 결국에는 잎만 남게 되었지만 소중하게 보살펴 주니 구근 위로 조그마한 꽃대가 자랐다. 시클라멘은 잎 수만큼 꽃대가 올라온다고 알려져 있는데 그동안 잎을 잘라 내지 않고 애지중지 관리한 보람이 있었다. 베란다가 너무 쌀쌀하여 꽃잎이 벌어지지 않는 것 같아 실내로 옮겨 주자 꽃은 활짝 피었지만 높은 온도 탓에 잎이 누렇게 떠서 다시 베란다로 옮겨 주었다. 보통 시클라멘은 여러 송이의 꽃이 함께 핀 상태로 판매되지만 꽃이 다 시든 후에 새로 꽃을 피울 때는 조금씩 서서히 핀다.

식물 정보
학명 Cyclamen persicum
분류 앵초과 다년생, 화초
원산지 지중해 연안
별칭 시크라멘
특징 및 효능 꽃을 감상하고 공기 정화에 도움이 된다.

기르기 정보
난이도 ●●○○○
번식 씨앗, 구근
물 주기 속흙을 파 보고 말랐으면 듬뿍 준다.
개화 시기 겨울~봄
생육 적온 15~20℃, 최저 5℃
햇볕 양 반양지, 반그늘
추천 공간 거실, 사무실, 베란다, 창가 등

TIP
1. 시클라멘은 기온이 올라가는 여름이 되면 잎이 시들면서 구근만 남아 휴면에 들어가게 되고, 선선해졌을 때 구근에서 다시 새잎이 올라온다. 구근이 휴면 상태에 들어가면 가을이 될 때까지 물을 주지 않아도 된다. 꼭 여름이 아니더라도 온도가 높은 실내에 두면 잎이 시들며 휴면에 들어갈 수 있기 때문에 선선한 곳에 두고 관리하자. 시클라멘의 구근은 흙에 완전히 묻히면 상하기 쉬우므로 분갈이를 할 때 반드시 구근의 반 정도는 위로 올라가게 심는다. 물을 줄 때 흙 위로 나온 구근에 물이 닿지 않도록 주의한다. 흙에 마사토를 30~40% 이상 섞어 물 빠짐을 좋게 하고, 통풍이 좋은 곳에서 키우면 도움이 된다.
2. NASA가 선정한 공기 정화 식물 중 46위를 차지할 정도로 미세먼지와 분진 제거 등의 공기 정화 능력이 뛰어난 관상용 화초이다. 반그늘에서도 자라지만 강한 직광을 피한 햇볕의 영향권에 있는 거실, 사무실, 베란다, 창가 등에서 키우는 것이 좋다.
3. 중세 시대까지 뿌리를 약용하고, 잎은 탈모 치료로 활용했다고 전해지지만 현재는 주로 꽃을 감상하기 위한 용도로 키운다.

관리하기

1. 인공 수정하기
시클라멘은 구근 식물이지만 구근으로 번식시키기 쉽지 않아 주로 씨앗으로 번식한다. 씨앗을 얻고 싶다면 붓이나 면봉으로 꽃 안쪽을 문지른다.

2. 시들 때까지 감상하기
씨앗을 얻지 않고 꽃을 오래 감상하고 싶다면 붓질을 하지 않고 시들 때까지 놔 둔다. 온도가 높은 곳에서는 꽃이 더 빨리 시들 수 있으니 서늘한 곳에서 관리한다.

3. 잎 모양 확인하기

시클라멘의 잎은 하트 모양에 하얀색 물감을 연하게 묻힌 듯한 독특한 무늬가 있는 것이 특징이다.

4. 시든 꽃 자르기

시든 꽃과 잎은 바로바로 잘라 주어야 건강하게 자랄 수 있다.

하늘로 뻗은 강인한 이파리
유카

내가 유카를 꼭 키우고 싶었던 이유는 사용 중인 화장품들의 성분에서 '유카 추출물'이라는 이름을 자주 보았기 때문이다. 유카는 나무처럼 꽤 덩치가 큰 편이어서 보통 모종으로 시작하는 편이지만 나는 우연히 씨앗을 얻어 심게 되었다. 딱 1개만 심었는데도 얼마 지나지 않아 예쁜 새싹이 올라왔다. 유카의 잎은 '청년의 나무'라는 별명답게 뻣뻣하고 날카롭게 하늘로 세워져 강인해 보이는 것이 특징인데, 이는 자신을 지키기 위한 무기로 작용한다. 하지만 우리 집 유카는 씨앗부터 키워 어린 탓에 잎이 난초처럼 가늘었고, 부족한 햇볕에 살짝 처지기까지 했다. 유카는 의외로 아름다운 꽃을 피우는데 여름~가을쯤 제주도에 가면 은방울꽃을 닮은 새하얀 유카 꽃을 감상할 수 있다.

식물 정보
학명 Yucca recurvifolia 외
분류 백합과 다년생, 관엽 식물
원산지 북아메리카
별칭 실없는 유카
특징 및 효능 주로 관상하고, '유카 시데게라'의 추출물을 화장품 등에 활용한다.

기르기 정보
난이도 ●●○○○
번식 포기 나누기, 씨앗
물 주기 속흙을 파 보고 말랐으면 며칠 더 있다가 듬뿍 준다.
개화 시기 여름~가을
생육 적온 20~30℃, 최저 5℃
햇볕 양 양지, 직광, 반양지
추천 공간 밝은 거실, 사무실, 베란다, 창가, 야외 공간 등

TIP
1. 큰 나무로 자라기 때문에 되도록이면 큰 화분에 심어 키우는 것이 좋다. 건조함에 강하고 과습에 약한 다육 식물이므로 속흙이 바짝 마르고 나서 물을 주고, 분갈이를 할 때 마사토를 40~50% 이상 섞어 주면 도움이 된다. 반그늘, 반양지에서도 버티는 편이지만 햇볕을 많이 받아야 잎이 튼튼하게 자란다. 처음에는 난초처럼 잎이 바닥에 붙다시피 자라다가 몇 년 후에 나무처럼 자라게 된다.

2. 다른 유카 종류는 대부분 관상용 관엽 식물이자 다육 식물로서 키워진다. 꽤 덩치가 크고 햇볕을 좋아하는 편이기 때문에 밝은 거실의 한쪽을 장식하거나 베란다에서 키우면 좋다.

3. 유카 종류 중 '유카 시데게라'에서 추출한 사포닌 물질은 관절염, 위장병 등에 허브로서 약용하고, 강력한 천연 거품제 역할도 하여 화장품으로 많이 사용한다.

빼빼로 칠판 네임픽 만들기

1. 칠판 페인트 칠하기
준비한 아이스크림 막대에 빼빼로 모양을 생각하며 3분의 2정도만 검정 칠판 페인트를 칠한 후에 말린다. 검정 칠판 페인트 통에 아이스크림 막대를 담가 발라도 상관없다.

2. 바니시 바르기
칠판 페인트가 마른 것을 확인하면 바니시를 발라 다시 말린다. 분필로 원하는 식물의 이름을 적어 화분에 꽂으면 된다.

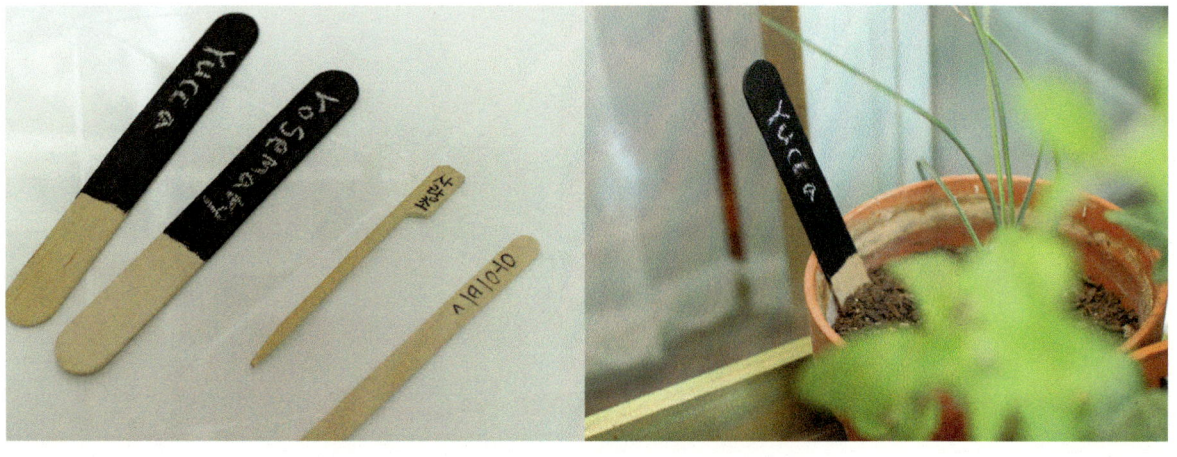

유카 잎 확인하기
많이 자란 유카는 잎이 크고 빳빳한 편이다. 하늘로 잎이 꼿꼿하게 서 있는 것이 인상적이다.

실유카와 비교하기
실유카는 일반 유카와 매우 흡사하게 생겼다. 잎 가장자리에 섬유를 채취할 수 있는 실처럼 생긴 것이 달려 있고, 일반 유카에 비해 잎이 가늘다.

커피의 원료가 되는
커피나무

커피나무의 나무로 자라는 줄기와 풍성하게 달린 초록색 잎에 반하여 처음에는 다이소에서 커피 씨앗을 구입했다. 커피나무는 주로 아라비카와 로브스타 종류를 많이 재배하는 편인데, 내가 심었던 씨앗은 아라비카 커피나무의 씨앗이었다. 겉면의 단단한 껍질인 '파치먼트'를 벗겨 심으면 발아가 조금 당겨진다고 해서 물에 하룻밤 담가 벗겨 보려고 했다. 그러나 잘 벗겨지지 않아 그대로 피트펠렛에 심었다. 그때 심은 씨앗은 결국 실패했지만 때마침 커피나무 모종을 선물 받았다. 해충의 피해는 없었지만 추운 겨울에 커피나무의 잎이 갈변하기 시작했을 때에는 그대로 시들까 봐 걱정했다. 그러나 다행히 따스해진 봄부터 작은 새순이 올라와 큰 기쁨을 주었다.

식물 정보
학명 Coffea arabica
분류 꼭두서니과 다년생, 관엽 식물
원산지 아프리카, 아시아 열대 지방
특징 및 효능 커피콩을 수확할 수 있고, 관상용으로 키우기에 좋다.

기르기 정보
난이도 ●●●○○
번식 씨앗, 꺾꽂이
물 주기 겉흙이 마르면 듬뿍 준다.
생육 적온 20~28℃, 최저 10℃
햇볕 양 양지, 반양지, 반그늘
추천 공간 밝은 거실, 사무실, 베란다, 창가, 조금 차광된 야외 공간 등

TIP

1. 반그늘에서도 버티는 편이지만 햇볕이 부족하면 웃자라고 잎이 보기 흉하게 넓어질 수 있어 되도록이면 햇볕이 들어오는 공간에서 키우는 것이 좋다. 단, 여름의 너무 강한 직광을 받으면 잎이 탈 수 있으니 주의한다. 상토, 배양토에서도 잘 자라지만 약산성의 토양에 심으면 더 좋다. 가끔 잎 주변에 가볍게 분무하여 공중 습도를 높여 주도록 한다. 겨울에 쌀쌀한 곳에 두면 간혹 아랫 잎이 갈변하기도 하는데 뿌리가 얼지 않았다면 봄에 새잎이 돋아나기도 한다. 씨앗은 뿌리파리의 피해를 받기 쉽기 때문에 파종을 할 때 물을 너무 자주 주지 않도록 한다. 가지치기 없이도 어느 정도 자라면 저절로 곁가지가 생겨나며 풍성해지기 때문에 키가 너무 커져 자를 필요가 생기기 전까지는 따로 가지치기를 해 주지 않아도 괜찮다.

2. 커피나무는 인테리어 효과는 물론, 공기 정화에도 도움이 되는 관상용 관엽 식물이다. 햇볕이 들어오는 거실, 카페, 레스토랑, 사무실, 베란다, 창가 등이 커피나무를 키우기에 좋은 공간이다.

3. 우리가 흔히 마시는 커피의 원료가 된다. 커피체리가 달리면 열매 안의 커피콩을 꺼내 볶아서 커피로 이용할 수 있다. 커피의 카페인은 노화 방지, 입냄새 제거, 졸음 방지, 숙취 해소 등 허브로서의 효능이 있지만 너무 많이 섭취하면 불면증, 심장병, 고혈압, 소화 불량 등의 원인이 될 수 있다.

4. 화분 사이즈만큼 성장하기 때문에 되도록이면 큰 화분에 심는 것이 좋다. 그렇다고 모종에 비해 너무 큰 화분에 심으면 과습이 될 수 있으니 주의한다.

음료캔에 임시로 옮겨 심기

1. 캔 자르기

캔 음료의 얇은 부분의 윗부분에 송곳으로 구멍을 내고, 구멍을 통해 가위로 잘라 식물을 심을 수 있도록 준비한다. 가장 윗부분은 단단해서 가위로는 잘 잘리지 않는다. 잘린 면은 날카로우므로 투명 테이프를 돌려 가며 붙여 주면 좋다.

2. 바닥 구멍 뚫기

바닥에 송곳을 이용하여 구멍을 뚫고 안에 흙을 채워 어린 커피나무 모종을 심는다.

3. 커피체리 확인하기
커피나무가 큰 나무 정도로 자라면 빨간색 열매가 달리기 시작한다. 이 열매를 '커피체리'라고 부르는데, 안에 커피콩이라고 불리는 씨앗이 2개 들어 있다.

4. 커피콩 심기
커피콩의 겉면은 단단한 껍질(파치먼트)로 둘러싸여 있기 때문에 며칠 물에 담근 후에 흙에 심는 것이 좋다. 보통 싹이 나기까지 한 달 정도 걸리는 편이다.

PART 5

베란다, 창가에서 식용 식물 키우기

베란다와 창가는 일반적으로 식물을 많이 키우는 공간이다.
직접 키워서 더욱 건강하게 먹을 수 있는 식용 식물을 소개한다.

햇볕을 많이 필요로 하는 허브, 화초, 다육 식물과 식용 식물

가을에는 꼭 심는
쪽파

쪽파는 구근이 8월 중순~9월 초에 나오다 보니 재배 기간이 매우 한정적이어서 김장 배추, 무와 함께 가을 대표 채소라고 할 수 있다. 노지 텃밭에서 키우면 고자리파리 등의 병충해가 잘 생기지만 베란다에서는 훨씬 덜 생기기 때문에 베란다 텃밭에서 기르기에 수월한 채소이다. 베란다 텃밭은 공간이 협소하여 많은 양의 쪽파 구근이 필요하지 않은데, 종묘상에서는 대개 1되 단위로만 판매한다. 쪽파는 구근에 영양분을 보유하고 있어 한 달 만에 수확해도 될 정도로 성장이 빠르므로 자라는 모습을 보는 재미가 쏠쏠하다. 쪽파를 수확할 때 잎 부분만 필요할 경우 잎만 잘라 수확하고 흙 속의 구근은 남겨 놓는다. 처음보다 느리긴 해도 다시 잎이 자라나는 모습을 볼 수 있다.

식물 정보
학명　Allium wakegi araki
분류　백합과 다년생, 채소
원산지　아시아 외
특징 및 효능　우리나라에서 흔히 키우는 파 종류이다.

기르기 정보
난이도　● ○ ○ ○ ○
번식　구근 심기(가을)
물 주기　겉흙이 마르면 듬뿍 준다.
심는 시기　8월 중순~9월 초
생육 적온　15~20℃, 구근 상태로 월동
햇볕 양　양지, 직광, 반양지
추천 공간　베란다, 창가, 야외 공간 등

TIP
1. 쪽파 잎만 수확하고 구근 부분은 흙 속에 있는 상태로 두면 초여름쯤에 더 이상 잎이 자라지 않고 누렇게 마른다. 이때 쪽파 구근을 캐어 양파망, 신문지 등에 넣은 후에 그늘지고 통풍이 잘되는 곳에 보관하면 늦여름~초가을쯤에 다시 심을 수 있다. 30℃ 이상의 무더위를 20일 이상 겪어야 휴면에서 깨어나기 때문에 너무 서늘한 곳에 보관하는 것은 좋지 않다. 물을 과하게 주면 무르기 쉬우므로 주의한다.
2. 구근까지 통째로 수확하여 쪽파 김치 등을 만들거나 잎만 수확하여 쪽파전, 쪽파말이 등을 만들면 좋다. 쪽파는 변비, 탈모, 성인병, 감기 예방에 효과가 있다.
3. 약간 깊이가 있는 페트병, 플라스틱 우유통, 스티로폼 박스, 테이크아웃 컵, 스탠드형 지퍼백 등을 재활용하여 심으면 비용을 거의 들이지 않고 키울 수 있다.

1. 윗부분 자르기
구입한 구근에서 싹이 잘 나오고 더욱 풍성하게 자라도록 구근의 윗부분을 조금 자른다. 쪽파 구근은 늦여름~초가을쯤에 종묘상, 재래시장, 인터넷 사이트 등에서 구할 수 있다.

2. 쪽파 구근 심기
바닥을 세울 수 있는 두꺼운 비닐백의 바닥에 송곳으로 구멍을 뚫어 상토를 채운 후에 그 위에 쪽파 구근을 심는다. 물 빠짐이 좋지 않은 상토의 경우, 펄라이트를 섞어 주면 좋다.

3. 올라온 싹 확인하기
4일 정도 지나면 쪽파의 싹이 올라오기 시작한다. 쪽파 구근은 되도록 간격을 두어 심는 것이 좋다.

4. 수확하기
한 달 정도가 되면 비닐백이 꽉 찰 정도로 풍성하게 자란다. 구근을 통째로 뽑아 수확하거나 가위로 잎을 잘라 수확한다. 흙 속의 구근을 남겨 놓으면 다시 잎이 자란다.

귀여운 빨간 무
래디시

내가 처음 래디시를 키운 것은 4월 말쯤으로, 꽤 더워지던 시기였다. 그 당시에는 늦봄부터 여름까지 햇볕이 잘 들어오지 않는 남향 창가에서 키웠더니 심하게 웃자라 버렸다. 야외라면 조금 나을까 싶어 옮겨 보았지만 애벌레가 바글바글 생기는 바람에 결국 뽑아 버려야 했다. 가을 파종은 좀 나을 듯하여 가을에 다시 시도했는데 남향답게 가을부터 햇볕이 잘 들어왔고, 병충해 피해도 봄보다 훨씬 적어 손쉽게 래디시를 수확할 수 있었다.

식물 정보
학명　Raphanus sativus
분류　십자화과 1년생, 채소
원산지　유럽
별칭　적환무, 20일무, 래디쉬
특징 및 효능　예쁜 색을 가진 작은 사이즈의 무 종류이다.

기르기 정보
난이도　●●○○○
번식　씨앗
물 주기　겉흙이 마르면 듬뿍 준다.
파종 시기　2월 말~4월, 8월 말~초가을
생육 적온　15~20℃
햇볕 양　양지, 직광
추천 공간　베란다, 창가, 야외 공간 등

TIP

1. 래디시는 재배 기간이 짧아 쉽게 키울 수 있는 채소이지만 햇볕이 부족한 동향이나 서향 등의 베란다, 창가 등에서는 잎만 무성하게 자라고 동그란 빨간 무가 결구되지 않기도 한다. 되도록이면 창문을 활짝 열어 직광을 받을 수 있게 해 주거나 베란다 걸이대에서 키우면 도움이 될 것이다. 봄 파종의 경우, 야외(노지) 텃밭에서는 4월쯤에 직파로 씨앗을 뿌리기 때문에 미리 예방 차원에서 친환경 살충제를 뿌려 주면 도움이 된다. 베란다에서 키울 경우에는 2~3월쯤에 파종을 서두르면 병충해 피해를 줄일 수 있다. 다른 무 종류도 비슷한 방법으로 키울 수 있다.

2. 래디시를 얇게 썰어 샐러드에 곁들이거나 피클로 담가 먹을 수 있다. 양이 많지 않을 때는 생으로 된장에 찍어 먹어도 맛있다.

3. 뿌리채소이기 때문에 약간 깊이가 있는 페트병, 플라스틱 우유통, 스티로폼 박스, 테이크아웃 컵, 스탠드형 지퍼백 등을 재활용하면 비용이 거의 들지 않는다.

1. 새싹 확인하기
뿌리채소이기 때문에 화분이나 야외 텃밭의 땅에 씨앗을 바로 심는 '직파'를 한다. 상토에 씨앗을 심고 3~4일 정도 지나자 새싹이 올라왔다.

2. 솎아 주기
새싹이 너무 많이 올라오면 나중에 새싹이 전체적으로 잘 자라기 힘들어진다. 상태가 좋지 않은 새싹, 심하게 웃자란 새싹 위주로 솎아 낸다.

3. 흙 덮어 주기(복토)
떡잎 아래로 빨갛게 보이는 것이 동그란 무로 자라게 될 부분으로, 흙을 얹어서 덮어 준다. 뿌리채소는 대부분 복토를 해 주기 때문에 흙을 덮어 줄 수 있게 공간을 남기는 것이 좋다.

4. 본잎 확인하기
새싹이 나온 후에 일주일 정도 지나면 본잎이 돋아나기 시작한다. 저온에서는 성장이 더디다.

5. 더 많이 자란 본잎
2주일이 지나면 길게 자란 본잎 수가 많아지고 색도 짙어진다. 야외에서 키우면 20~30일 만에 수확할 수 있어 '20일무'라고 불린다.

6. 수확하기
베란다에서 키울 때에는 야외보다 수확이 늦어져 30~50일 정도 키워야 한다. '적환무'라는 별칭을 떠올리게 하는 흙 속의 빨간 무 부분이 2~3cm 정도로 동그랗게 결구되면 수확한다.

모기를 쫓는 것으로 유명한
로즈제라늄

로즈제라늄이라는 이름은 많은 사람이 생소하게 생각하지만 알고 보면 모기를 쫓아 준다고 하여 흔히 '구문초'라고 불리는, 잎에서 장미향이 나는 허브이다. 제라늄 종류이며 그중에서도 에센셜 오일을 추출하여 허브로 사용하는 '센티드제라늄'에 속한다. 센티드제라늄 종류는 일반 관상용 제라늄보다 꽃이 작고 수수한 편이지만 잎에서 달달한 향기가 풍기기 때문에 일반 제라늄의 향기가 싫거나 잎에서 좋은 향이 나는 허브를 키우고 싶은 사람에게 적당하다. 또한 다른 제라늄 종류보다 성장이 빠르면서 관리가 더 수월한 편이다.

식물 정보
학명 Pelargonium rosium
분류 쥐손이풀과 다년생, 허브
원산지 남아프리카
별칭 구문초
특징 및 효능 모기를 쫓기로 유명하다.

기르기 정보
난이도 ●●○○○
번식 꺾꽂이
물 주기 속흙을 파 보고 말랐으면 듬뿍 준다.
개화 시기 4월~여름
생육 적온 15~25℃, 최저 5℃ 이상
햇볕 양 양지, 직광, 반양지
추천 공간 베란다, 창가, 야외 공간 등

TIP
1. 반그늘에서도 어느 정도 버티는 편이고 해충이 잘 생기지 않아 초보자가 키우기에 수월하다. 그래도 햇볕이 부족하면 웃자라기 쉽기 때문에 되도록 햇볕을 많이 쪼여 준다. 여름철 더위와 장마에 조금 약해 자칫하면 잎이 누렇게 뜨고 줄기가 무를 수 있으므로 물빠짐이 좋은 흙에 심어 건조하게 관리하고, 선선한 공간으로 옮겨 주는 것이 좋다. 겨울에는 어느 정도 춥게 관리해야 튼튼하게 자라고 봄에 꽃도 잘 피운다. 흙은 배양토보다 상토를 사용하는 것이 성장에 유리하다. 꺾꽂이는 제라늄과 같은 방법으로 한다.

2. 로즈제라늄을 포함하여 피부 미용에 좋은 센티드제라늄 종류는 향수, 에센셜 오일 추출 등에 활용된다. 해충들이 제라늄 종류의 향기를 싫어하기 때문에 잎을 말려 포푸리로 만들어 곳곳에 걸어 놓으면 천연 방향제, 방충제 역할을 한다. 특히 로즈제라늄은 모기를 퇴치하는 것으로 널리 알려져 있다.

3. 주로 관상용, 해충 퇴치용으로 키우지만 꽃을 꽃비빔밥, 꽃샐러드 등에 활용하기도 한다. 해외에서는 로즈제라늄의 잎을 음식, 디저트 등에 향을 입힐 때 사용하거나 차로 이용하기도 하지만 우리나라에서는 잘 활용하지 않는 편이다.

4. 흙 속의 물이 빨리 마르면서 통풍에 유리한 토분에 심어 주면 병해가 덜 생기고, 물 관리도 훨씬 수월해진다.

센티드제라늄의 종류 알기

로즈제라늄 꽃
센티드제라늄 종류는 주로 늦봄~여름에 꽃을 피운다. 로즈제라늄은 진분홍색의 작은 꽃이 특징이고, 씨앗 채종이 힘든 대신 꺾꽂이가 잘된다. 분갈이를 한 뒤 1~3달 정도가 지나면 2~3배로 자랄 정도로 성장이 왕성하여 수시로 가지치기한다.

라임제라늄
잎에서 라임 향과 흡사한 향이 나고, 로즈제라늄과 비슷한 색이면서 조금 더 큰 사이즈의 꽃을 피운다. 잎에 털 같은 것이 나 있어 만지면 부들부들하다.

애플제라늄
사과 향이 나는 하트 모양의 잎을 가지고 있다. 줄기가 위로 뻗는 다른 제라늄과 달리 줄기가 낮게 자라는 것이 특징이다. 작은 하얀색 꽃을 피우는데, 따로 인공수정을 하지 않아도 씨앗이 잘 맺히는 편이다.

애플사이다제라늄
잎과 꽃의 모양, 잎의 향기가 애플제라늄과 매우 흡사하다. 하지만 애플사이다제라늄 잎의 사이즈가 조금 더 작은 편이고 줄기가 위로 뻗으며 자란다. 붓이나 면봉으로 꽃술을 문지르면 씨앗을 채종할 수 있다.

수시로 꽃을 피우는
페라고늄

제라늄의 학명은 Pelargonium으로 '제라늄=페라고늄'이다. 진짜 제라늄은 학명에 'Geranium'이 들어간 '숙근 제라늄'으로, 세계적으로 제라늄이라고 불리는 관상용 제라늄은 알고 보면 '페라고늄'이다. 제라늄, 즉 페라고늄은 해충이 적고 동향 베란다에서도 꽃을 피울 수 있어 화초를 잘 키울 자신이 없는 사람에게 추천한다. 이들은 서로 비슷하게 생겨 구분이 쉽지 않은데 처음에는 '계열'로 구분하여 기억하는 것이 좋다. 페라고늄은 잎에서 좋은 향기를 풍기는 '센티드제라늄', 큼직한 꽃 볼과 둥근 잎을 가진 '조랄계 제라늄', 잎 모양이 별과 같은 '아이비제라늄', 잎 가장자리가 뾰족하고 1년에 한 번 정도 꽃을 피우는 '리갈계 제라늄'의 계열로 구분한다.

식물 정보
학명 Pelargonium inquinans
분류 쥐손이풀과 다년생, 화초
원산지 남아프리카
별칭 제라늄, 펠라고늄, 페라르고늄, 펠라르고늄
특징 및 효능 해충 퇴치에 도움이 되고, 꽃을 감상한다.

기르기 정보
난이도 ●●○○○
번식 꺾꽂이, 씨앗
물 주기 속흙을 파 보고 말랐으면 듬뿍 준다.
파종 시기 3월 말~5월 초, 8월 말~초가을(20℃ 안팎)
개화 시기 환경만 맞으면 수시로 핀다.
생육 적온 16~25℃, 최저 5℃ 이상
햇볕 양 양지, 직광, 반양지
추천 공간 베란다, 창가, 야외 공간 등

TIP
1. 관상용 페라고늄은 센티드제라늄보다 조금 더 민감한 편이어서 여름에 잎이 누렇게 뜨고, 줄기가 무르기 쉽다. 따라서 그 시기에는 시원한 곳으로 옮기고, 과한 물 주기와 비료를 자제한다. 분갈이를 할 때 물 빠짐이 좋은 흙을 사용하되, 배양토보다는 상토를 사용하는 것이 성장에 유리하다. 꽃을 붓이나 면봉으로 문질러 인공 수정시키면 씨앗을 채종할 수 있지만 대부분의 조랄계 제라늄은 개량된 품종으로서 씨앗을 채종하여 심어도 모체와 다른 꽃이 필 가능성이 높아 주로 꺾꽂이를 한다. 단, 발아율이 높아 파종에 부담이 없기 때문에 채종한 씨앗을 심어 자신만의 변종을 만들어 보는 것도 재미있다.
2. 해충들이 페라고늄 종류의 향기를 싫어해 천연 방향제, 방충제 역할을 한다. 조랄계 제라늄의 경우 잎에서 나는 향기가 썩 좋지 않은 편이다.
3. 주로 관상용으로 키우지만 페라고늄의 꽃을 꽃비빔밥, 꽃샐러드 등에 넣어 식용하기도 한다. 꽃집, 꽃시장 등에서 모종을 구입할 경우 농약과 성장 억제제 등을 사용했을 가능성이 있으므로 식용 시 주의한다.
4. 흙 속의 물이 빨리 마르면서 통풍에 유리한 토분에 심어 주면 병해가 덜 생기고, 물 관리도 훨씬 수월해진다. 꺾꽂이가 잘되는 편이지만 무르기 쉽기 때문에 흙이 적게 들어가도록 10cm 이하의 포트, 반투명 연결포트(모종트레이), 재활용 용기, 피트펠렛, 투명 테이크아웃컵 등을 활용하는 것이 좋다.

번식시키기

1. 줄기 자르기
줄기를 가위로 잘라 준비한다. 자른 줄기가 길 경우 적당히 잘라 내고, 아랫 잎을 정리하여 윗 잎 2~3장 정도만 남긴다. 제라늄을 풍성하게 키우기 위해서도 가지치기를 해 주는 것이 좋다.

2. 물에 담그기
잠시 물에 담가 줄기가 물을 빨아들일 수 있도록 한 후에 꺼낸다. 몇 시간 줄기를 그대로 방치하여 줄기 끝이 살짝 마르도록 한다. 이 과정은 생략해도 된다.

3. 흙에 꽂기
10cm 이하 포트 등에 물 빠짐이 좋은 흙을 채운 후에 줄기를 꽂아 물을 준다. 물은 속흙까지 바짝 마르면 준다. 센티드제라늄도 같은 방법으로 번식시킬 수 있다.

리갈계 제라늄
수시로 꽃을 피우는 조랄계 제라늄과 달리 리갈계 제라늄은 1년에 한 번 정도 꽃을 피우고, 주로 봄에 모종을 많이 판다.

이탈리아 요리에 많이 쓰이는
바질

파종으로 키우기 좋은 허브인 바질은 발아율이 높은 편이지만 온도가 낮으면 새싹이 나오지 않기도 한다. 또한 새싹이 나오고 나서 한 달 정도는 성장이 꽤 더딘데 온도가 낮은 지역은 더 느리게 자란다. 그래서 나는 너무 일찍 씨앗을 심기보다는 3월 말~4월쯤 슬슬 날씨가 풀릴 때 심고, 삼파장 스탠드 조명을 쬐어 준다. 특히 초봄에 햇볕이 많이 부족한 우리 집 동향 베란다에서는 웃자람을 막기 위해 스탠드 조명을 쬐어 주는 것은 선택이 아닌 필수였다. 조명을 쬐어 주지 않으면 새싹이 콩나물마냥 웃자라서 넘어지곤 했다. 어느 정도 바질의 본잎 수가 많아지고 나면 성장이 빨라지고 관리가 수월해진다.

식물 정보
- 학명 Ocimum basilicum
- 분류 꿀풀과 1년생, 허브
- 원산지 열대아시아, 아프리카
- 별칭 바질
- 특징 및 효능 이탈리아 요리에 주로 사용된다.

기르기 정보
- 난이도 ●●○○○
- 번식 씨앗, 꺾꽂이
- 물 주기 겉흙이 마르면 듬뿍 준다.
- 파종 시기 3월 말~5월 초(20℃ 안팎)
- 생육 적온 20~30℃
- 햇볕 양 양지, 직광, 반양지
- 추천 공간 베란다, 창가, 야외 공간 등

TIP

1. 일반 채소에 비해 진딧물이 덜 생기는 편이지만 총채벌레, 응애 등의 해충이 생길 수 있다. 늦봄에 미리 예방 차원으로 천연 살충제를 뿌려 주고 통풍이 잘되는 공간에서 키우는 것이 좋다. 햇볕이 부족하면 잎이 얇아지기 쉽고, 반대로 야외에서 키우면 잎이 조금 두꺼워질 수 있다. 햇볕이 모자라 성장이 느린 상태라면 꽃대가 올라왔을 때 자르지 않고 그냥 두어 씨앗을 채종하는 것이 유리하다. 많은 종류의 바질 중 가장 흔하고 많이 활용하는 바질은 스윗바질(스위트바질)이고, 보라색 잎의 바질, 잎이 큰 사이즈의 바질, 잎이 매우 작은 미니 바질 종류도 있다.

2. 두통, 변비, 감기, 피부 미용 등에 좋으며 강한 향이 나는 잎을 스파게티, 피자 등의 이탈리아 요리에 많이 활용한다. 물론 허브차, 허브솔트, 허브식초 등을 만들 때도 활용할 수 있다. 바질 씨앗을 물에 넣어 불리면 식이섬유인 하얀 막이 생기면서 부풀어 오르는데, 이것을 먹으면 다이어트에 도움이 된다.

3. 어느 정도 자라면 금방 거대해지므로 되도록이면 큰 화분에 심는다. 재활용품을 화분으로 사용할 경우, 스티로폼 박스, 쌀포대, 흙포대 등을 활용하면 좋다.

1. 새싹 확인하기
바질은 발아율이 높은 편이지만 온도가 낮으면 발아가 늦어지기도 한다. 20℃ 안팎의 온도와 습도를 유지하면 귀여운 바질 새싹이 올라온다.

2. 본잎 확인하기
바질은 성장이 빠른 편이지만 초반 성장이 느려 본잎이 나오고 한 달 정도는 인내심을 가지고 기다려야 한다.

3. 가지치기하기
바질의 줄기가 제법 길게 자라면 풍성하게 키우기 위해 2~3마디 줄기 위로 가지치기하고, 웃자랐을 경우에는 지탱을 위해 1~2마디 위로 자른다. 잘라 낸 부근에서 새 줄기가 2개 올라온다. 잘라 낸 줄기로 꺾꽂이에 도전해 보자.

4. 꽃대 자르기
날씨가 더워지면 꽃대가 올라오기 시작한다. 계속 수확할 예정이라면 꽃대를 잘라 내는 것이 좋고, 가을쯤에는 꽃대를 남겨 씨앗 채종을 한다. 따로 인공 수정을 하지 않아도 씨앗이 잘 생긴다.

서양 고기 요리에 필수인
세이지

어릴 때 샐비어의 꽃을 따다가 꿀을 쪽쪽 빨아먹던 추억을 가진 사람이 꽤 많을 것이다. 흔히 '사루비아'라고 하는 빨간 꽃의 화초인데, 사루비아는 일본식 표기라서 점점 샐비어라고 부르는 추세이다. 내가 다니던 초등학교 화단에는 이 샐비어가 가득 심겨져 있었는데 꽃 속의 달콤한 꿀은 나에게 때때로 소중한 간식이 되었다. 정열적인 샐비어 꽃을 빼닮은 빨간색 꽃의 체리세이지와 스칼렛세이지가 꽃을 피울 때면 그때의 추억이 떠오른다. 이 샐비어와 체리세이지, 스칼렛세이지는 꽃만 닮은 것이 아니다. 세이지의 꽃 또한 샐비어처럼 꿀을 쪽쪽 빨아먹을 수 있을 뿐 아니라 둘 다 학명에 'Salvia'가 들어간 매우 가까운 사이로, 세이지를 '약용 샐비어'라고 부르기도 한다.

식물 정보
학명 Salvia microphylla(체리세이지) 외
분류 꿀풀과 다년생, 허브
원산지 지중해 연안, 남유럽
특징 및 효능 서양에서는 커먼세이지를 각종 요리에 흔히 사용한다.

기르기 정보
난이도 ●●○○○
번식 꺾꽂이, 씨앗, 휘묻이, 포기 나누기
물 주기 속흙을 파 보고 말랐으면 듬뿍 준다.
파종 시기 3월~5월 초, 8월 말~9월(20℃ 안팎)
개화 시기 봄~가을
월동 온도 지역에 따라 야외 월동도 가능
햇볕 양 양지, 직광, 반양지
추천 공간 베란다, 창가, 야외 공간 등

TIP

1. 건조에 강한 편이기 때문에 물을 자주 주면 물러 버릴 수 있으므로 속흙까지 마르면 물을 주거나 잎이 살짝 처졌을 때 준다. 물 빠짐을 좋게 하기 위해 분갈이를 할 때 마사토를 30~40% 이상 섞어 주면 도움이 된다. 세이지 종류는 씨앗 발아율이 높은 편이다.

2. 봄~가을 동안 화려한 색의 꽃을 풍성하게 피우고 병충해에 강해 우리나라에서는 주로 관상용으로 키운다. 항균, 살균 등의 효과가 있어 향이 나는 잎을 포푸리로 말려 매달면 방충, 방향제 역할을 하고, 미용 효과도 있어 허브 식초 린스를 만들 때 활용하면 좋다.

3. 외국에서는 세이지 종류 중에서 향이 강한 커먼세이지(가든세이지)를 요리에 많이 활용하는데 세이지(sage)가 '소시지(sausage)'라는 이름의 어원이 되었을 정도로 소시지를 비롯한 고기, 생선 요리에 필수로 들어가 냄새를 잡아 준다. 꽃도 식용 가능하여 비빔밥, 샐러드 등의 요리에 활용할 수 있다.

4. 흙 속의 물이 빨리 마르면서 통풍에 유리한 토분에 심어 주면 병해가 덜 생기고, 물 관리도 훨씬 수월해진다.

세이지의 종류 알기

핫립세이지
체리세이지와 매우 흡사하게 생긴 변종이어서 우리나라에서는 '핫립체리세이지'라고 하여 체리세이지로 포함시켜 부르기도 한다. 꽃은 하얀 바탕에 아랫부분만 빨간색이 칠해져 있는데 온도 변화에 따라 완전히 빨간색으로 변하기도 하고, 하얀색으로 변하기도 한다.

체리세이지
꽃 색이 변하는 핫립세이지와 달리 색 변화 없이 빨간색을 띤다. 핫립세이지 꽃 색이 빨간색으로 변한 경우 체리세이지와 매우 비슷하여 구분이 쉽지 않다. 체리세이지는 각종 요리에 활용하기도 한다.

블루세이지
보통 '미스틱 스파이어 블루세이지'를 줄여 블루세이지라고 부르는데 공원, 허브 농장 등에서 흔히 볼 수 있다. 긴 꽃대에 보라색 꽃이 여러 개 달려 피는 모습이 화려하여 주로 관상용으로 키운다.

파인애플세이지
잎에서 파인애플 향이 나고, 허브차로 활용할 수 있어 허브를 좋아하는 사람들이 선호한다. 다른 세이지에 비해 병충해와 추위에 조금 약한 편이다.

번식력이 뛰어난
민트

내가 가장 다양하게 종류별로 키워 본 허브는 민트 종류이다. 초반에는 민트 종류를 실내 창가에서 키웠는데 여름에 햇볕이 모자라 웃자라서 줄기가 자꾸만 넘어지려고 했다. 심지어 잎이 작아지고 무서운 해충인 응애까지 생겨났다. 결국 줄기를 짧게 잘라 낸 후에 햇볕이 잘 드는 공간으로 옮겨 주자 응애가 없어졌고, 새로 올라온 잎도 3배 이상으로 커졌다. 민트 종류는 3개월이면 뿌리가 화분에 가득 찰 정도로 번식력이 좋아 여러 번 분갈이를 해야 했는데, 나중에는 커다란 스티로폼 박스에 심어 주었다. 다른 민트 종류를 함께 심어 놓으면 변종이 잘 생기기 때문에 각각 따로 심어 주어야 한다.

식물 정보
학명 Mentha piperita 외
분류 꿀풀과 다년생, 허브
원산지 유럽, 아시아, 아메리카
특징 및 효능 식용, 미용 등에 활용한다.

기르기 정보
난이도 ●●○○○
번식 씨앗, 꺾꽂이, 휘묻이, 포기 나누기
물 주기 겉흙이 마르면 듬뿍 준다.
파종 시기 3월 말~5월 초, 8월 말~초가을(20℃ 안팎)
월동 온도 야외 월동도 가능
햇볕 양 양지, 직광, 반양지
추천 공간 베란다, 창가, 야외 공간 등

TIP
1. 햇볕이 부족한 공간에서는 웃자라서 잎이 작아지고 줄기가 힘없이 길어질 수 있다. 되도록이면 햇볕이 잘 드는 곳에서 키운다. 꺾꽂이의 성공률이 높고 뿌리 번식력이 매우 좋기 때문에 풍성하게 키우려면 큰 화분에 심도록 하자. 채소보다는 해충이 덜 생기는 편이지만 늦봄~초여름에 굴파리, 응애 능의 해충을 예방하기 위해 미리 친환경 살충제를 뿌려 주는 것이 좋다. 꽃대가 올라오기 시작할 경우 채종이 아닌 잎을 계속 수확하고 싶다면 꽃대를 잘라 준다.

2. 상쾌한 향을 지닌 민트 종류의 잎을 말려 포푸리로 만들면 천연 방충, 방향제가 되고, 식초에 담가 3주 정도 우려내어 식초만 따라 내면 헤어에 좋은 허브 식초 린스로 활용할 수 있다. 또한 페퍼민트에서 추출한 에센셜 오일은 미용을 위한 각종 화장품, 샴푸 등에 사용된다.

3. 입 냄새, 피부 트러블, 근육통 등에 좋은 효능이 있어 허브차, 허브 시럽, 음료 및 음식 장식, 모히토, 허브 식초 등으로 활용하면 좋다. 대부분의 민트 종류는 식용으로 활용하는 반면 '페니로얄민트'는 독성이 있어 식용으로는 잘 사용하지 않는다. 하지만 모기, 해충 등을 막는 데 유용하다.

4. 되도록이면 큰 화분에 심어야 수확량이 많으므로 재활용품을 화분으로 사용할 경우 스티로폼 박스, 쌀 포대, 흙포대 등을 활용하면 좋다. 일반 화분에 심을 경우에는 조금 큰 사이즈의 플라스틱 화분 등을 추천한다.

1. 가지치기하기
구입한 페퍼민트 모종을 풍성하게 키우기 위해 가지치기를 해 준다. 늦가을쯤에도 가지치기를 해 주면 월동 준비에 도움이 된다. 자른 줄기로 꺾꽂이에 도전해 보자.

2. 뿌리 자르기
민트 종류는 뿌리 성장이 빨라 화분을 금방 가득 채우기 때문에 분갈이를 하면서 뿌리를 자르는 것이 좋다. 단, 줄기가 길 경우 가지치기를 한 후에 뿌리를 잘라야 후유증이 적다.

3. 분갈이하기
마사토를 30% 이상 섞은 흙을 넣어 조금 더 큰 사이즈의 화분에 옮겨 심는다. 되도록이면 넓고 큰 화분에 심어 주되 작은 화분에 심었을 경우에는 봄과 가을에 2번 이상 분갈이해 주는 것이 좋다.

4. 월동 후 새순 확인하기
민트 종류는 겨울 동안 뿌리만 남아 월동한 후 봄에 뿌리에서 새순이 올라온다. 베란다에서는 줄기가 살아 있는 상태로 월동하기도 한다.

민트의 종류 알기

박하
우리나라 토종 민트 종류로서 따로 관리하지 않고 방치해 두어도 매년 봄이면 새순이 올라온다. 박하의 잎은 조금 길고 가장자리에 톱니가 있는 것이 특징이다. 박하라고 하면 가장 먼저 시원함과 상쾌함의 박하사탕이 떠오르는데 박하를 차로 우려 마시면 입 안에 상쾌함을 주고 입 냄새를 제거해 줄 뿐 아니라 두통, 감기, 복통 등에 도움이 된다.

스피아민트
가장 먼저 키운 민트 종류는 바로 스피아민트였다. 꽤 큼직한 스티로폼 박스에 심어 키웠는데 스티로폼 바닥의 구멍으로 뿌리가 빠져나오면서 시멘트 틈새에 뿌리를 박아 가장 튼튼하고 큼직하게 자라났다. 스피아민트 하면 '스피아민트 껌'이 생각나는데 '역시 민트 향이구나!' 싶을 정도로 상쾌한 향기가 풍긴다.

초코민트
초코민트라는 이름 때문에 초콜릿 향기가 나지 않을까 싶지만 초콜릿 향기라기보다는 민트초코 음료와 흡사한 향기가 난다. 겨울에 월동을 하고 나면 초콜릿색의 새순이 올라오는데, 자라면서 녹색에 가까운 색으로 점점 변한다. 더운 여름에는 금방 줄기가 처질 수 있기 때문에 다른 민트 종류보다 물 주기에 더욱 신경 써야 한다.

애플민트
달달한 사과 향이 나는 민트 종류로, 잎을 만지면 부들부들하고 잎 가장자리가 둥근 것이 특징이다. 키워 보니 스피아민트, 페퍼민트 등과 같이 상쾌한 향이 나는 민트 종류보다 애플민트처럼 달달하고 상큼한 향기가 나는 종류에 해충이 조금 더 꼬였다. 레스토랑 등에서 음료 및 음식 장식, 모히토, 에이드 등에 애플민트를 활용한 것을 종종 보았을 것이다.

파인애플민트
애플민트처럼 달달한 향기가 나는 민트 종류이다. 잎에서 파인애플과 흡사한 향기가 풍겨져 나온다. 잎의 느낌도 애플민트와 비슷해서 잎을 만져 보면 부들부들하고 잎 가장자리가 전체적으로 둥글다. 하지만 애플민트와 달리 잎 가장자리에 노란색 무늬가 있어 쉽게 구분이 가능하다.

레몬향이 솔솔 나는
레몬밤

보통 민트 종류와 레몬밤의 모종을 구입하면 푯말에 반그늘에서 잘 자란다고 적혀 있는 것을 볼 수 있다. 하지만 실제로 민트 종류를 반그늘에서 키웠더니 심하게 웃자라 버렸다. 아무래도 푯말에 적힌 반그늘이라는 의미는 햇볕이 몇 시간은 들어오는 '반양지' 혹은 야외의 반그늘을 뜻하는 듯했다. 하지만 레몬밤은 민트 종류와 달리 반그늘에서도 제법 자라 주었다. 게다가 뿌리 번식력이 민트 종류보다는 덜하여 조금 더 작은 화분에 키울 수 있고, 병충해에 강하다는 장점도 있어 초보자에게 추천한다. 대부분의 허브가 장마에 취약하지만 레몬밤은 장맛비를 오래 맞아도 잘 이겨 내는 편이다.

식물 정보
- **학명** Melissa officinalis
- **분류** 꿀풀과 다년생, 허브
- **원산지** 지중해 연안, 서아시아
- **별칭** 멜리사
- **특징 및 효능** 강한 레몬 향이 나는 식용 허브이다.

기르기 정보
- **난이도** ●●○○○
- **번식** 씨앗, 꺾꽂이, 휘묻이, 포기 나누기
- **물 주기** 겉흙이 마르면 듬뿍 준다.
- **파종 시기** 3월 말~5월 초, 8월 말~초가을(20℃ 안팎)
- **월동 온도** 야외 월동도 가능(일부 지역 제외)
- **햇볕 양** 양지, 직광, 반양지, 반그늘
- **추천 공간** 베란다, 창가, 야외 공간 등

TIP

1. 물 관리를 잘못하면 갑자기 잎 가장자리가 갈변하기도 한다. 약간 습한 것을 좋아하는 편이기 때문에 겉흙이 마른 것을 확인하면 바로 물을 주는 것이 좋다. 그렇다고 너무 습하게 관리하면 레몬밤의 잎과 줄기의 상태가 나빠질 수 있으니 주의한다. 만약 대부분의 잎 가장자리가 갈변했다면 가지치기를 하여 정리하고 통풍이 잘되는 곳으로 옮겨 준다. 날씨가 쌀쌀해지기 시작하는 가을에는 잎이 약간 붉게 혹은 노랗게 물들기도 하는데 단풍이 물드는 것처럼 자연스러운 현상이기 때문에 걱정하지 않아도 된다.

2. 향기가 좋기 때문에 잎을 말려 포푸리로 만들면 천연 방향제로 활용할 수 있다. 탈모 예방에 좋기 때문에 허브 식초로 우려내면 린스로 활용할 수 있고, 잎을 짓이겨 벌이나 벌레 물린 곳에 바르면 아픔을 덜 수 있다. 반양지, 반그늘에서도 자랄 수 있어 동향, 서향 베란다에도 추천한다.

3. 피로 회복, 상처 치유, 피부 미용 등의 효능이 있으며 허브차, 허브식초, 허브 시럽 등을 만들 때 활용한다.

4. 스티로폼 박스, 스탠드형 지퍼백과 비닐백, 페트병, 플라스틱 우유통 등의 재활용품을 화분으로 활용하여 심으면 비용을 절감할 수 있다. 일반 화분에 심을 경우에는 조금 큰 사이즈의 플라스틱 화분 등을 추천한다.

1. 새싹 확인하기

레몬밤은 오래된 씨앗만 아니라면 발아가 잘되는 편이다. 모종 트레이에 상토를 채워 씨앗을 뿌리면 일주일 정도 지나 새싹이 올라온다.

2. 본잎 확인하기

새싹이 올라오고 열흘 정도 지나면 본잎이 돋아난다. 뿌리가 구멍 밑으로 빠져나오거나 성장이 더뎌지면 바로 테이크아웃 컵이나 갈색 포트에 옮겨 심는다.

3. 가지치기하기

본잎이 어느 정도 자라면 더 넓은 화분으로 분갈이를 하고 풍성하게 자라게 하기 위해 가지치기를 해준다. 자른 줄기는 꺾꽂이에 도전하거나 잎을 말려 다양하게 활용해 보자.

4. 월동 후 새순 확인하기

레몬밤은 겨울 동안 뿌리만 남아 월동한 후 봄에 뿌리에서 새순이 올라온다. 베란다에서는 겨울에 줄기가 살아 있는 상태로 월동하기도 한다.

꽃이 오래가는
오레가노

오레가노는 한참 허브에 푹 빠졌을 때 구입했다. 그런데 잎에서 향기가 별로 나지 않아 왜 이탈리아 요리에 많이 활용되는 허브인지 이해가 되지 않았다. 나중에 시중에서 흔히 판매되는 모종은 향기가 별로 없는 관상용 오레가노이고, 이탈리아 요리에 활용되는 종류는 잎에서 향이 나는 그리스 오레가노, 이탈리안 오레가노, 마조람 등이라는 사실을 알게 되었다. 허브의 꽃은 대부분 수수하다는 인식이 강하지만 오레가노의 꽃은 한눈에 반할 정도로 매력적이다. 오레가노는 병충해에 강하고 베란다에서도 키우기 수월한 편이면서 꽃도 예쁘니 꼭 한 번 도전해 보자.

식물 정보
학명　Origanum vulgare
분류　꿀풀과 다년생, 허브
원산지　남유럽, 서아시아
별칭　꽃박하, 마조람
특징 및 효능　이탈리아 요리에 흔히 사용된다.

기르기 정보
난이도　●●○○○
번식　씨앗, 꺾꽂이, 휘묻이, 포기 나누기
물 주기　겉흙이 마르면 듬뿍 준다.
파종 시기　3월~5월 초, 8월 말~초가을(20℃ 안팎)
월동 온도　종류에 따라 야외 월동도 가능하다.
햇볕 양　양지, 직광, 반양지
추천 공간　베란다, 창가, 야외 공간 등

> **TIP**
>
> 1. 오레가노는 추위에 강해 야외 화단에서도 월동이 가능하지만 스위트 마조람은 추위에 약해 실내로 늘여 월동을 시키거나 1년생으로 키워야 한다. 우리나라에서는 오레가노와 마조람(스위트 마조람)을 별도의 허브로 취급하는 편이지만 사실은 오레가노와 마조람 둘 다 학명에 Origanum이 들어간 허브로, 나라에 따라 같은 종류의 허브로 취급하기도, 다른 허브로 구분하기도 한다. 일부 나라에서는 오레가노를 마조람이라고 부르기도 한다.
> 2. 꽃이 꽤 예뻐서 꽃을 감상하기 위한 용도로도 키울 수 있다.
> 3. 통증 완화, 소화 촉진, 감기 완화 등의 효능이 있는 오레가노는 잎과 꽃을 식용한다. 스파게티, 오믈렛, 피자 등의 이탈리아 요리에 쓰이며 허브차, 허브솔트, 허브식초 등에도 활용할 수 있다.
> 4. 스티로폼 박스, 스탠드형 지퍼백과 비닐백, 페트병, 플라스틱 우유통 등의 재활용품을 화분으로 활용하여 심으면 비용을 절감할 수 있다. 일반 화분에 심을 경우에는 조금 큰 사이즈의 플라스틱 화분, 토분 등을 추천한다.

2. 본잎 확인하기
피트펠렛에서 본잎이 이만큼 자랐다. 바로 작은 포트에 임시로 옮겨 심는다. 작은 포트가 아닌 일반 화분에 바로 옮겨 심어도 된다.

1. 새싹 확인하기
발아율이 높은 편인 오레가노의 씨앗을 피트펠렛에 심으니 10일 만에 매우 작은 새싹이 올라왔다.

3. 가지치기하기
본잎이 어느 정도 자라면 일반 화분에 옮겨 심고 풍성하게 키우고 싶다면 가지치기를 한다. 자른 줄기는 꺾꽂이에 도전하거나 잎을 말려 다양하게 활용하자.

4. 꽃 감상하기

가지치기를 하지 않고 방치하면 여름에 작은 꽃이 여러 송이 모여 둥근 형태를 띤 꽃이 핀다. 꽃이 피기 시작하면 잎의 성장이 둔화되므로 잎을 수확하고 싶다면 꽃대를 잘라 낸다.

5. 월동 후 새순 확인하기

오레가노는 겨울 동안 뿌리만 남아 있으며 월동한 후 봄에 뿌리에서 새순이 올라온다. 베란다에서 월동할 때는 겨울에 줄기가 살아 있는 상태로 월동하기도 한다.

가장 먼저 키우고 싶은 허브
로즈마리

내가 가장 먼저 키우고 싶었던 허브는 잎에서 강한 향이 나고 나무로 자라는 로즈마리였다. 그런데 맨 처음 구입했던 로즈마리에 해충인 응애가 생겨 제법 고생했고, 나중에는 누군가가 훔쳐 가는 바람에 무척 슬펐다. 그래서 모종 대신 씨앗을 심기로 했는데 2달이나 소식이 없더니 발아하기 좋은 온도의 가을이 되자 새싹이 모두 올라왔다. 한동안 로즈마리 새싹을 키우는 재미에 푹 빠졌었는데 그해 겨울, 다른 해보다 추위가 유독 심해 아쉽게도 시들어 버렸다. 지금은 꺾꽂이까지 해서 로즈마리 모종이 많이 늘었으며 동향 베란다에서도 잘 자라고 있다.

식물 정보
- **학명** Rosmarinus officinalis
- **분류** 꿀풀과 다년생, 허브
- **원산지** 지중해 연안
- **별칭** 로즈메리
- **특징 및 효능** 미용, 요리 등에 널리 쓰인다.

기르기 정보
- **난이도** ●●●○○
- **번식** 씨앗, 꺾꽂이, 휘묻이
- **물 주기** 속흙을 파 보고 말랐으면 듬뿍 준다.
- **파종 시기** 4월~5월 초, 8월 말~9월(20℃ 안팎)
- **월동 온도** 0℃ 이상
- **햇볕 양** 양지, 직광, 반양지
- **추천 공간** 베란다, 창가, 야외 공간 등

TIP
1. 햇볕을 많이 받으면 좋지만 반양지의 베란다, 창가에서도 키울 수 있다. 통풍이 잘되지 않으면 흰가루병 등의 병충해가 생기기 쉽기 때문에 통풍을 위해 창문을 자주 열어 주는 것이 좋다. 과습에 약해 비가 많이 내리는 장마철에는 무르기 쉬우므로 야외에서 키울 경우 되도록 비를 피할 수 있게 실내로 들인다. 분갈이를 할 때 물 빠짐을 좋게 하기 위해 마사토를 30~40% 이상 섞어 주는 것이 좋다. 나무로 자라는 허브이기 때문에 예쁜 수형으로 가지치기를 하면 보기에 더욱 좋다. 겨울에는 서늘한 베란다 등에 두어야 더욱 튼튼하게 자란다.
2. '학자의 허브'라고 불릴 정도로 기억력 및 집중력 향상에 도움이 되며 포름알데히드 제거 등 공기 정화에도 효과적인 관상용·식용 허브이다. 잎을 말려 포푸리로 만들면 천연 방충제와 방향제로서의 역할을 하고, 로즈마리에서 추출한 에센셜 오일은 미용을 위한 화장품, 샴푸 등에 널리 사용되고 있다.
3. 살균, 감기 및 두통 예방 등에 좋은 잎은 향이 강해 고기 요리에 곁들이거나 허브식초, 허브솔트, 허브 시럽, 허브차, 허브오일 등으로 활용하기에 좋다.
4. 흙 속의 물이 빨리 마르면서 통풍에 유리한 토분에 심어 주면 병충해가 덜 생기고, 물 관리도 훨씬 수월해진다.

1. 파종하기
로즈마리 씨앗을 심을 때 20℃ 안팎의 발아 온도와 습도를 유지하는 것이 중요하다. 씨앗을 심어 어린 본잎의 로즈마리를 키워 냈다.

2. 가지치기하기
로즈마리는 통풍이 중요하기 때문에 창문을 자주 열어 주고, 줄기가 너무 풍성해지면 수형을 생각하며 가지치기를 해 준다.

3. 꺾꽂이하기

너무 어리거나 오래되지 않은, 중간 정도로 굳은 줄기를 5~7cm 잘라 아랫 잎을 정리하고 흙이나 물에 꽂아 주면 번식이 가능하다.

4. 꽃 감상하기

3년 이상 된 로즈마리는 작은 연보라색 혹은 보라색 계통의 꽃을 피운다. 꽃은 식용 가능하다.

보라색 향기가 떠오르는
라벤더

예전에 프렌치 라벤더를 로즈마리로 착각하여 구입한 후 잎을 우려 마셨다가 아무런 맛이 나지 않아 크게 실망했다. 처음에는 실내에서 키웠는데 곧 잎이 꼬불꼬불 보기 흉하게 자라 버렸다. 얼른 가지치기를 하여 햇볕이 잘 드는 야외 공간으로 옮겨 주니 서서히 예전의 모습을 되찾아 갔다. 그런데 겨우 한숨을 돌리니 이번에는 무시무시한 해충인 '응애'가 잔뜩 생기는 것이 아닌가. 결국 최후의 방법으로 병충해 흔적이 있는 잎을 전부 뜯어내고 가지치기를 하니 곧 죽을 것만 같던 프렌치 라벤더에 새잎이 돋아나면서 처음 구입했을 때보다 더욱 풍성해졌다.

식물 정보
학명 Lavendula stoechas 외(프렌치 라벤더)
분류 꿀풀과 다년생, 허브
원산지 지중해 연안
별칭 라벤다
특징 및 효능 잉글리시 라벤더의 꽃을 허브로 활용한다.

기르기 정보
난이도 ●●●○○
번식 씨앗, 꺾꽂이, 휘묻이
물 주기 속흙을 파 보고 말랐으면 듬뿍 준다.
파종 시기 4월~5월 초, 8월 말~초가을(20℃ 안팎)
개화 시기 늦봄~여름. 베란다는 더 일찍 핀다.
월동 온도 0℃ 이상
햇볕 양 양지, 직광
추천 공간 베란다, 창가, 야외 공간 등

TIP

1. 햇볕이 부족하면 잎이 꼬불꼬불 꼬이면서 보기 흉하게 자란다. 로즈마리보다 햇볕을 더 많이 필요로 하여 햇볕이 부족한 동향 혹은 서향 베란다 등에서는 키우기 쉽지 않다. 통풍이 잘되지 않으면 병충해가 생기기 쉬우므로 통풍에 신경 쓴다. 과습에 약해 비가 많이 내리는 장마철에는 무르기 쉬우므로 야외에서 키울 경우 되도록이면 비를 피해 실내로 들인다. 분갈이를 할 때 물 빠짐을 좋게 하기 위해 마사토를 30~40% 이상 섞어 주는 것이 좋다. 겨울 동안 아랫 잎이 갈변하는 것은 자연스러운 현상으로, 봄이 되면 갈변한 잎들을 깔끔하게 정리한다.

2. 라벤더의 향기를 해충이 싫어해 꽃과 잎을 말려 포푸리로 만들면 천연 방충제, 방향제로 쓸 수 있고, 나무로 자라는 허브이기 때문에 예쁜 수형으로 가지치기를 하면 보기에 더욱 좋다. 잉글리시 라벤더의 꽃봉오리에서 추출한 강한 향의 에센셜 오일은 피부 미용에 좋은 화장품, 향수 등에 활용된다.

3. 심신 안정, 불면증 및 우울증 해소 등에 도움이 되는 잉글리시 라벤더의 꽃봉오리를 허브차, 각종 요리 등에 활용한다. 라벤더 에센셜 오일이 들어간 향초, 디퓨저 등의 향을 맡아도 비슷한 효과를 볼 수 있다.

4. 흙 속의 물이 빨리 마르면서 통풍에 유리한 토분에 심어 주면 병충해가 덜 생기고, 물 관리도 훨씬 수월해진다.

라벤더의 종류 알기

프렌치 라벤더
시중에 가장 흔하게 판매하고 있으며 토끼 귀 모양의 꽃을 피운다. 라벤더 종류는 겨울에 서늘한 베란다 등에서 관리해야 봄에 더욱 예쁜 꽃을 피운다.

피나타 라벤더
다른 라벤더와 달리 레이스 모양으로 생긴 잎이 인상적이다. 꽃은 식용 가능하다.

잉글리시 라벤더(트루 라벤더)
주로 허브로서 꽃을 식용하는 라벤더는 우리나라에서는 흔히 보기 힘든 잉글리시 라벤더이다. 다른 라벤더 종류는 주로 관상용으로 키워지고 있다.

프린지드 라벤더
잎 가장자리에 톱니가 있는 스위트 라벤더, 마리노 라벤더보다 더 톱니가 깊게 나 있는 것이 특징이다.

잎에서 단맛이 나는
스테비아

나는 일반 스테비아와 윤농 스테비아를 기르고 있다. 그중 윤농 스테비아는 일반 스테비아보다 단맛과 효능이 몇 배나 뛰어나고 강한 직립성으로 꼿꼿하게 자라는 우리나라의 신품종이다. 스테비아는 민달팽이 등을 제외하고는 병충해가 적은 편이지만 다른 허브보다 물 주기에 더욱 신경 써야 한다. 휴가로 집을 비웠을 때도 스테비아가 꽤 걱정되었는데 집으로 돌아와 보니 역시나 물이 부족하여 잎이 바싹 말라 있었다. 그나마 연두색 잎이 조금이나마 남아 있어 줄기를 잘라 새순이 나오기를 유도했다. 스테비아는 줄기가 시들어도 뿌리가 살아 있으면 새순이 올라오기 때문이다. 신기하게도 얼마 지나지 않아 새잎이 돋아나는 모습을 볼 수 있었다.

식물 정보
학명 Stevia rebaudiana
분류 국화과 다년생, 허브
원산지 남미, 아열대
특징 및 효능 설탕 대용으로 유명한 식용 허브이다.

기르기 정보
난이도 ●●●○○
번식 씨앗, 꺾꽂이, 포기 나누기
물 주기 겉흙이 마르면 듬뿍 준다.
파종 시기 4월~5월 초, 8월 말~초가을(20℃ 이상)
생육 적온 최적 25℃ 안팎, 최저 10℃
햇볕 양 양지, 직광, 반양지
추천 공간 베란다, 창가, 야외 공간 등

TIP

1. 여름에 물이 부족하면 바로 잎이 축 처지면서 물이 필요하다는 신호를 보낸다. 겉흙이 마른 것을 확인하면 바로 물을 주는 것이 좋다. 반나절이면 겉흙이 바싹 마르는 한여름에는 더욱 신경 써야 한다. 스테비아는 햇볕이 부족하면 꼿꼿하게 자라지 못하고 늘어져 자랄 수 있으므로 되도록이면 햇볕을 잘 쬐어 준다. 겨울에 10℃ 이상을 유지하는 것이 좋지만 그 이하의 온도에도 살아남아 봄에 새순이 나오기도 한다.

2. 칼로리가 낮아 다이어트에 도움이 된다고 알려진 스테비아의 잎은 주로 설탕 대용으로 요리에 활용하거나 허브차로 우려 마신다. 다른 허브차나 커피에 함께 넣어 우려 마셔도 좋다. 또한 '스테비아 농법'이라고 하여 스테비아를 우려내어 만든 농축액을 1,000~2,000배 정도로 희석하거나 잎을 말려 만든 가루를 식물 주변에 뿌리면 식물의 성장에 도움이 된다. 물론 농축액을 식용할 수도 있다.

1. 새싹 확인하기
스테비아는 씨앗 수명이 짧은 편이어서 오래된 것보다는 갓 구입한 것을 뿌리는 것이 좋다. 갓 구입한 씨앗을 피트 펠렛에 심으면 1~2주 후에 작은 새싹이 올라온다.

2. 월동 후 새순 확인하기
스테비아는 뿌리로 월동하기 때문에 겨울에 줄기를 잘라 놓으면 봄에 작은 새순이 올라온다. 따뜻한 곳에서 월동하면 기존 줄기를 유지시킬 수 있다.

3. 꺾꽂이 하기
스테비아는 꺾꽂이가 잘되는 편이지만 수분을 유지시켜 주는 것이 중요하다. 꺾꽂이 후에 1~2일 정도 투명한 봉지를 씌워 주면 수분 유지에 도움이 된다. 꺾꽂이를 하며 떼어 낸 잎은 먹을 수 있는데 '달고나'와 비슷한 강한 단맛이 난다.

4. 꽃 감상하기
가을쯤에는 하얗고 작은 꽃을 피운다. 씨앗을 채종하고 싶다면 붓이나 면봉으로 꽃술을 문지른다.

꽃도 보고 꽃비빔밥도 만들어 먹는
한련화

내가 처음 한련화를 데려온 곳은 양재 화훼도매시장이었다. 500원이라는 싼 가격에 혹하여 구입했는데, 싼 게 비지떡이라고 상태가 매우 좋지 않았다. 하지만 빨리 꽃이 피어 꽃비빔밥에 활용하고 싶은 마음이 간절했다. 그 비실한 몸으로 결국 꽃을 피웠을 때는 얼마나 기뻤는지 모른다. 그때의 기쁨을 또 느끼고 싶어 씨앗을 심어 보기로 했다. 하지만 새싹이 올라오고 얼마 지나지 않아 태풍이 강하게 부는 바람에 줄기가 부러져 버렸다. 부러진 줄기를 별 기대 없이 흙에 꽂아 놓았는데 그 줄기가 쑥쑥 자라나 작은 화분에서 꽃까지 피워 그 생명력에 놀랐다.

식물 정보
학명   Tropaeolum majus
분류   한련화과 1년생, 허브&화초
원산지   남아메리카
별칭   나스터츔, 나스터튬, 금련화, 한련
특징 및 효능   꽃과 잎을 각종 요리에 활용할 수 있다.

기르기 정보
난이도   ●●○○○
번식   씨앗, 꺾꽂이, 휘묻이
물 주기   겉흙이 마르면 듬뿍 준다.
파종 시기   3월~5월 초, 8월 말~초가을(20℃ 안팎)
개화 시기   봄~가을
생육 적온   15~25℃, 최저 5℃
햇볕 양   양지, 직광
추천 공간   베란다, 창가, 야외 공간 등

TIP
1. 여름에는 굴파리가 잘 생기는 편이고, 더위로 인해 잎이 누렇게 변하기 쉽기 때문에 되도록 일찍 파종한다. 남향 베란다의 경우 2월쯤에 서둘러 파종하면 좋다. 의외로 추위에 강한 편이어서 가을에 씨앗을 심으면 겨울 동안 베란다나 창가에서 무사히 월동하고 봄에 예쁜 꽃을 가득 피운다.
2. 둥글둥글한 잎과 화려한 색감의 꽃이 관상용으로 좋아 공원, 관광지 등에 많이 심겨지고 있다. 햇볕이 부족하면 잎이 작아지고 웃자라기 쉽기 때문에 되도록 햇볕이 많이 들어오는 베란다, 창가, 야외 공간 등에서 키우는 것이 좋다.
3. 비타민C, 미네랄 등이 풍부한 한련화는 잎과 꽃을 샐러드, 꽃비빔밥, 샌드위치 등에 활용할 수 있다. 여린 씨앗은 갈아서 후추 대용의 향신료로 사용하기도 한다.
4. 덩굴처럼 줄기가 길게 늘어져 자라기 때문에 걸이화분에 심어서 매달아 키우면 잘 어울린다. 화분 밖으로 늘어지는 것이 싫다면 지주대를 세워 지탱시켜 준다.

1. 물에 씨앗 넣고 불리기
한련화 씨앗은 단단한 껍질로 덮여 있다. 껍질을 벗기기 위해 씨앗을 물에 담가 불려 준다.

2. 씨앗 껍질 벗기기
하루 정도 물에 담가 두면 껍질을 벗기기 쉬운 상태가 된다.

3. 솜 파종하기
빠른 발아를 위해 물에 적신 솜 위에 껍질을 벗긴 한련화를 올려놓는다. 한련화는 암발아 씨앗이기 때문에 어두운 곳에 두거나 위에 신문지 등을 덮어 주는 것이 좋다. 솜을 사용하지 않고 흙에 씨앗을 바로 심어도 상관없다.

5. 본잎 확인하기
한련화는 성장이 빠른 편이어서 금세 본잎이 여러 장 돋아난다. 한련화의 떡잎과 본잎은 거의 흡사하게 생겼다. 한련화의 잎과 꽃은 먹을 수 있으며 맵지 않은 고추와 맛이 흡사하다.

4. 새싹 확인하기
뿌리가 조금 나오면 바로 흙에 씨앗을 심는다. 며칠 후에 작은 연잎 모양의 떡잎이 올라오는 것을 볼 수 있다.

6. 꽃 감상하기
한련화 씨앗을 초봄에 심으면 보통 5~6월쯤에 꽃을 피우기 시작하고, 가을~겨울에 씨앗을 심으면 더 빨리 꽃을 피운다. 붓이나 면봉으로 꽃술을 문지르면 씨앗도 얻을 수 있다.

인기 만점 1년생 화초 키우기

봄이 되면 꽃집, 꽃시장 등에 화려한 일년생 화초들이 진열되어 눈을 즐겁게 해 준다. 베란다 공간은 어차피 한정되어 있으니 꽃만 감상하고 시들면 정리하여 공간을 확보할 수 있는 일년생 화초로 봄 동안 꽃을 풍성하게 감상하는 것도 좋다.

꽃을 피우는 화초는 대부분 햇볕을 좋아하기 때문에 햇볕이 잘 드는 공간에서 키우고 겉흙이 마르거나 잎이 살짝 처졌을 때 물을 주면 어렵지 않게 키울 수 있다. 여름에 병충해가 생기는 화초도 있는데 늦봄쯤에 미리 살충제를 뿌려 주면 조금 더 수월하게 키울 수 있다. 더 많은 꽃대가 올라오기를 바란다면 분갈이를 해 주면 좋지만 피어 있는 꽃만 감상한 후 바로 정리할 생각이라면 분갈이를 하지 않고 그냥 키워도 된다. 이들 중에는 임파첸스, 팬지, 프리뮬러, 페튜니아, 종이꽃(로단테), 일일초 등과 같이 원산지에서는 다년생이지만 우리나라의 더위나 추위에 약해 일년생으로 취급하는 화초도 있어 베란다에서 환경만 잘 맞춰 주면 다년생으로 키울 수 있다.

가을 파종 일년생 화초(추파 1년생) 팬지, 금잔화, 프리뮬러, 데이지, 시네라리아, 꽃양귀비(포피), 금어초 등
봄 파종 일년생 화초(춘파 1년생) 샐비어(사루비아), 메리골드, 페튜니아 & 사피니아, 임파첸스, 천일홍 등
식용 꽃 혹은 꽃차로 이용하는 화초 임파첸스, 금잔화, 메리골드, 프리뮬러, 금어초 등

가을에 가장 흔히 보이는 꽃
국화

국화는 어린 시절에 집 앞의 화단에서 가을마다 빼먹지 않고 꽃을 보여 준 화초였다. 봉선화, 나팔꽃 등의 1년생 화초는 매해 씨앗을 채종하여 화단에 심어야 했지만, 국화는 겨울에 줄기가 시들어도 봄에 다시 뿌리에서 새순이 올라왔다. 하지만 국화는 진딧물이 잘 생기는 편이어서 줄기 가득 징그러운 진딧물이 붙어 있는 모습에 만지기 꺼려졌다. 그런데도 진딧물을 이겨 내며 매해 꽃을 피워 대단하다는 생각이 들기도 했다. 아마 화단의 국화는 자연의 강한 햇볕을 받으며 자랐기에 살충제 없이도 진딧물을 이겨 낼 수 있던 것이 아닌가 싶다. 지금은 베란다에서 '감국'도 키우고 있는데 동향에서도 생각보다 잘 자라고 있다.

식물 정보
- 학명 Chrysanthemum morifolium
- 분류 국화과 다년생, 화초
- 원산지 중국
- 별칭 국(菊), 구화
- 특징 및 효능 꽃을 식용 및 관상한다.

기르기 정보
- 난이도 ●●●○○
- 번식 꺾꽂이, 포기 나누기, 씨앗
- 물 주기 겉흙이 마르면 듬뿍 준다.
- 개화 시기 가을(단일 개화)
- 생육 적온 15~25℃, 야외 월동도 가능
- 햇볕 양 양지, 직광, 반양지
- 추천 공간 베란다, 창가, 야외 공간 등

TIP

1. 햇볕을 많이 필요로 하기 때문에 햇볕이 부족하면 꽃봉오리가 꽃을 피우지 못하고 떨어져 나가기도 한다. 꽃을 빨리 피우고 싶을 경우 단일성인 것을 이용하여 오후 5시부터 오전 8시까지 검정 비닐을 씌웠다 벗기기를 반복해 준다. 꽃이 피는 것을 늦추기 위해서는 조명을 틀어 주면 된다. 진딧물이 잘 생기는 편이기 때문에 늦봄에는 미리 예방 차원으로 살충제를 뿌려 주는 것이 좋다. 국화는 대부분 개량종이기 때문에 씨앗을 채종하여 심어도 다른 종의 국화가 나올 가능성이 매우 높아 보통 줄기를 잘라 꺾꽂이하거나 포기 나누기로 번식시킨다.

2. NASA가 선정한 공기 정화 식물 중에서 14위에 소국화(포트맘)가 선정되었을 정도로 포름알데히드, 벤젠, 암모니아 제거 등의 공기 정화 능력이 뛰어난 가을 대표 관상용 화초이다. 사군자의 하나로 귀히 여길 정도로 동양에서 관상용으로 오래 재배되어 왔다.

3. 해독 작용, 두통 및 감기 완화 등의 효능이 있으며 개량된 국화를 사용하기보다 토종 국화인 감국과 산국을 꽃차, 꽃비빔밥, 화전 등에 허브로 활용한다.

국화 정돈하기

1. 시든 꽃 잘라 내기
시든 꽃이 생기면 방치하지 말고 새로 피어날 꽃을 위하여 잘라 낸다. 보기에도 훨씬 깔끔하다.

2. 가지치기하기
꽃이 완전히 시들면 줄기를 전체적으로 잘라 낸다. 국화를 야외에서 키울 경우 겨울에 줄기가 시든 상태로 월동한 후 봄에 뿌리에서 새순이 올라온다.

다양한 색의 국화
국화는 노란색 꽃이 가장 흔하고, 하얀색도 꽤 흔한 편이다. 요즘에는 자주색, 빨간색, 분홍색, 주황색 등 다양한 색과 크기의 국화를 볼 수 있다.

감국
주로 국화차로 활용하는 종류는 토종 국화인 감국과 산국이다. 이 둘은 꽃의 모양이 매우 흡사한데 감국이 산국보다 꽃의 크기가 조금 더 큰 편이다.

장미 모양의 꽃이 사랑스러운
장미베고니아

장미베고니아 꽃의 오묘한 색감은 마치 연지곤지를 찍은 신부를 보는 것만 같다. 처음에는 가을에 햇볕이 부족한 우리 집 베란다에서도 잘 자랄지 걱정했는데 다행히 새 꽃이 계속 피는 모습을 2달 넘게 보여 주었다. 키우는 동안에는 통풍을 위해 창문을 자주 열어 주었고, 웃자람을 줄이기 위해 잎이 처지고 나서 물을 주었다. 그리고 꽃이 시든 것을 그대로 두면 보기가 흉하고 새 꽃이 피는 데 방해가 될 것 같아 바로바로 정리해 주었다. 만약 관리가 힘들다면 꽃집에 흔히 파는 편이고 가격이 비싸지 않기 때문에 매해 새로 구입해도 좋다.

식물 정보
- **학명** Begonia X hiemalis
- **분류** 베고니아과 다년생, 화초
- **원산지** 아메리카
- **별칭** 엘라티오르 베고니아
- **특징 및 효능** 꽃을 식용, 관상한다.

기르기 정보
- **난이도** ●●●○○
- **번식** 꺾꽂이
- **물 주기** 속흙을 파 보고 말랐으면 듬뿍 준다.
- **개화 시기** 환경만 맞으면 수시로 핀다.
- **생육 적온** 15~25℃, 최저 7℃ 이상
- **햇볕 양** 양지, 반양지
- **추천 공간** 베란다, 창가, 햇볕이 비치는 거실, 사무실 등

TIP

1. 과습에 약하므로 꼭 속흙까지 말랐을 때 물을 주고, 장마철에는 특히 건조하게 관리해야 한다. 분갈이를 할 때 마사토를 40~50% 이상 섞어 물 빠짐에 신경 쓰고, 통풍이 잘되는 곳에서 키운다. 물을 과하게 주거나 꽃과 잎에 물이 닿으면 병충해가 생기기 쉽다. 장미베고니아는 겹꽃으로 되어 있어 꺾꽂이로 번식하지만 홑꽃의 다른 꽃베고니아 종류는 암꽃과 수꽃이 따로 있어 씨앗을 채종하고 싶다면 수꽃의 꽃가루를 면봉이나 붓으로 문질러 암꽃의 꽃술에 묻혀 주어야 한다. 꽃베고니아 종류는 꺾꽂이가 잘되는 편이다.

2. 베고니아 종류는 NASA가 선정한 공기 정화 식물 중 24위를 차지할 정도로 뛰어난 공기 정화 능력을 지닌 관상용 화초이다. 꽃베고니아 종류는 관엽베고니아보다 햇볕을 더 좋아하므로 베란다, 창가 등에서 키우는 것이 좋다.

3. 장미베고니아와 같은 꽃베고니아 종류의 꽃은 피로 회복, 염증 완화 등의 효능을 지니고 있으며 식용할 수 있어 꽃비빔밥, 꽃샐러드, 꽃차, 화전 등에 활용한다. 단, 꽃집, 꽃시장 등에서 모종을 구입할 경우 농약과 성장 억제제 등을 사용했을 가능성이 있기 때문에 식용 시 주의한다.

4. 과습에 약한 베고니아 종류는 흙의 물이 빨리 마르고 통풍에 유리한 토분에 심으면 가장 수월하게 키울 수 있다.

꽃베고니아의 종류 알기

사철베고니아
공원 등에서 가장 흔히 볼 수 있다. 사철 내내 꽃이 핀다 하여 '사철베고니아'라고 불린다. 꽃이 오래 가고 더위와 직광에 강해 대개 야외에 심는다.

다양한 꽃베고니아
최근에는 다양한 크기와 색깔의 꽃베고니아 종류가 판매되고 있다. 장미베고니아와 흡사해 보이지만 자세히 보면 장미베고니아처럼 꽃잎이 겹으로 되어 있지 않다.

오렌지샤워베고니아

핑크샤워베고니아와 함께 겨울 동안 구근으로 월동하는 구근 베고니아 종류이다. 씨앗은 물론 꺾꽂이로도 번식시킬 수 있다. 장미베고니아를 구근베고니아라고 부르기도 하지만 사실은 구근베고니아와 '베고니아 소코트라나'를 교배한 것으로, 흙을 파 보면 구근은 보이지 않는다.

핑크샤워베고니아

오렌지샤워베고니아는 귤색의 꽃을 피우는 반면, 핑크샤워베고니아는 분홍색 꽃을 피운다. 둘 다 날씨가 쌀쌀해지면 줄기에 주아라고 불리는 작은 구근이 달리는데 이를 떼어 내 흙에 심으면 번식이 가능하다. 단, 핑크샤워베고니아는 주아가 잘 달리지 않는 편이다.

여름철 탄 피부에 바르는
알로에

알로에의 종류는 알로에베라, 아보레센스(키타치), 사포나리아가 많이 알려져 있다. 현재 내가 키우고 있는 알로에는 잎에 하얀 무늬가 있는 사포나리아이다. 제주도 친정집의 텃밭에도 이 사포나리아의 자구를 3개로 나누어 심어 놓았는데 겨울에도 야외에서 잘 자랐다. 그 모습을 보고 있으면 어릴 적에 바닷가에 갔다가 까맣게 피부가 탔을 때 화단에서 바로 알로에를 잘라 바르던 추억이 떠오른다. 시골에 살던 그 당시에는 주변에 화장품 가게가 별로 없어 선크림의 존재를 모르고 살았기 때문에 진정 효과가 뛰어난 알로에에 의존할 수밖에 없었다.

식물 정보
- 학명 Aloe Saponaria 외
- 분류 백합과 다년생, 다육 식물&허브
- 원산지 아프리카
- 별칭 노회, 나무노회
- 특징 및 효능 잎을 미용, 식용 등으로 사용한다.

기르기 정보
- 난이도 ●●○○○
- 번식 자구(포기 나누기), 꺾꽂이
- 물 주기 속흙을 파 보고 말랐으면 며칠 더 있다가 듬뿍 준다.
- 생육 적온 18~25℃, 최저 5℃ 이상
- 햇볕 양 양지, 반양지, 밝은 반그늘
- 추천 공간 베란다, 창가, 야외 공간 등. 강한 직광은 피한다.

TIP

1. 밝은 반그늘에서도 잘 버티지만 조금 웃자랄 수 있다. 창문을 걸러 들어오는 정도의 햇볕을 받아야 꼿꼿하고 튼튼하게 자란다. 너무 강한 직광을 받으면 잎 끝이 타거나 전체적으로 누렇게 변하기도 하는데 조금 차광된 공간으로 옮기면 원래 색으로 돌아간다. 알로에에서 자구, 즉 새끼 알로에가 자라나고 있다면 어느 정도 자랐다 싶을 때 떼어 내 다른 화분에 심어 주는 것이 좋다. 자구를 떼어 내지 않고 그대로 키우면 모체가 제대로 성장할 수 없다. 잎 가장자리에 가시 같은 것이 달려 있기 때문에 아이가 가시에 찔리지 않도록 주의한다.

2. 알로에는 노화 방지, 피부 수분 공급, 미백 효과 등 피부 미용에 좋아 각종 화장품에 활용되며, 생 알로에를 직접 피부에 바르기도 한다. 강한 자외선에 피부가 탔을 때, 화상을 입었을 때 알로에를 잘라 피부에 바르면 피부가 진정되는 효과를 볼 수 있다. 피부에 사용할 때 껍질을 벗기고 노란 액 부분을 제거하여 사용하는 것이 좋다.

3. 허브로서 변비 예방, 항암 효과, 면역력 강화 등의 효능을 지닌 알로에는 껍질을 까고 알맹이만 발라 내 우유나 요구르트와 함께 갈아 마시면 좋다. 시중에서 알로에가 들어간 음료도 쉽게 볼 수 있다. NASA가 선정한 공기 정화 식물 45위에 알로에베라가 선정되었을 정도로 공기 정화 능력이 뛰어나다.

2. 끈으로 잎 세워 주기
일부 알로에의 잎이 위로 세워지지 않아 걸리적거릴 경우 끈을 이용하여 세워 주면 편하다. 햇볕이 부족하면 웃자라고 누워 자랄 가능성이 더 높다.

1. 분갈이하기
과습에 약한 다육 식물이기 때문에 물 빠짐을 좋게 하기 위해 50% 이상의 마사토를 섞은 흙을 넣어 토분에 심었다. 분갈이 후에 바로 물을 주지 말고 2주 이상 있다가 물을 주는 것이 좋다. 꺾꽂이 때도 마찬가지이다.

야외에서 기르는 알로에
제주도 친정집 텃밭에서 자라고 있는 알로에이다. 제주도에서는 야외에서도 바닥에 납작 붙다시피 하여 월동을 한다. 주위로 잎 색이 약간 갈색으로 변하기도 하지만 봄이 되면 다시 초록색으로 바뀐다.

알로에 꽃
바나나 모양으로 생긴 알로에의 꽃은 5년 이상 키워야 볼 수 있는데, 종류에 따라 노란색 또는 주황색 계통의 꽃을 피운다. 알로에를 활용할 정도로 키우려면 3~4년은 걸린다.

연꽃을 닮은
연화바위솔

바위솔은 바위에서 자라는 솔방울이라고 하여 '바위솔'이라고 이름 붙여졌다. 기와에서도 자라기 때문에 '와송'이라고도 불린다. 그중 연화바위솔을 나눔 받아 키웠는데, 유심히 보니 제주도 친정집에서 자라고 있는 연화바위솔과 조금 달랐다. 연꽃을 닮은 모습은 비슷했지만 나눔 받은 연화바위솔의 모체에 조그마한 자구들이 달려 있는 반면, 친정집의 '제주연화바위솔'은 자구가 달려 있지 않았다. 제주연화바위솔은 다른 연화바위솔과 달리 자구를 만들지 않고 주로 씨앗으로 번식한다는 차이가 있다. 예전에 다른 바위솔 종류를 키우면서 물을 자주 주어 덩굴처럼 늘어질 정도로 웃자랐기 때문에 연화바위솔을 키우는 동안 신경을 많이 썼다.

식물 정보
학명 Orostachys iwarenge
분류 돌나물과 다년생, 다육 식물
원산지 한국
별칭 바위연꽃
특징 및 효능 밤에 이산화탄소를 흡수하고 산소를 방출한다.

기르기 정보
난이도 ●●○○○
번식 씨앗, 자구(일부)
물 주기 잎이 쪼글쪼글해지며 힘이 없을 때 준다.
월동 온도 야외 월동도 가능
햇볕 양 양지, 직광
추천 공간 베란다, 창가, 야외 공간 등

TIP

1. 햇볕이 부족하고 물을 많이 주면 보기 흉하게 웃자라기 쉽다. 햇볕을 많이 쬐어 주고 물을 적게 주어야 바닥에 붙다시피 하여 귀엽게 자란다. 한 달에 한 번꼴로 물을 주어도 살아남을 정도로 건조함에 강하기 때문에 흙에 마사토를 50~70% 정도 섞어 물 빠짐을 좋게 한다.

2. 음이온을 방출시켜 전자파를 잡아 주고 집중력을 향상시켜 주며 밤에 이산화탄소를 흡수하고 산소를 방출하는 관상용 다육 식물이다. 허브로서의 효능을 가지고 있어 잎을 잘라 종기, 벌레 물린 상처 등에 붙이면 치유에 도움이 된다.

3. 연화바위솔을 비롯한 다양한 바위솔(와송) 종류가 식용 가능하지만 주로 식용으로 활용하는 바위솔(와송)은 시중에서 와송 혹은 식용 와송으로 판매되고 있는 길쭉한 잎을 가진 종류이다. 매스컴을 통해 변비 및 복통 치료, 항암 효과가 뛰어나다고 알려지면서 우유나 요구르트와 함께 생와송을 갈아 마시기도 한다.

4. 원래 바위, 기와 등에서 자라던 식물이기 때문에 굳이 흙이 든 화분에 심지 않더라도 바위, 기와 등에 흙을 조금 얹어 바위솔 종류를 키울 수 있다.

1. 꽃 감상하기

가을쯤에 제주도 고향집에서 제주연화바위솔이 솔방울 모양의 꽃을 피운 모습을 볼 수 있었다. 꽃이 지고 나면 전체적으로 시들기 때문에 계속 키우고 싶다면 꽃대를 자르거나 씨앗을 채종한다.

3. 자구 확인하기
제주연화바위솔은 자구를 만들지 않지만 다른 연화바위솔을 비롯한 바위솔 종류는 작은 자구를 만들어 번식한다. 모체 밑으로 길쭉한 것이 나와 그 끝에 자구를 만든다.

2. 월동 준비하기
날씨가 추워지면 바깥쪽의 잎이 갈색으로 말라 가고 안쪽의 잎은 점점 안으로 오므려지면서 월동 준비를 한다. 마른 잎이 안쪽을 보호하는 이불 역할을 하므로 따로 떼어 내지 않는다.

거미줄바위솔
잎 위로 거미줄 같은 것이 달려 있는 모습이 독특하다. 바위솔은 정말 많은 종류가 있는데 같은 방법으로 키울 수 있다.

귀여운 다육 식물 키우기

공간이 부족한 곳에서 가장 키우기 적당한 식물이 바로 작은 화분에서도 자랄 수 있는 다육 식물이다. 많은 사람이 '다육이'라고 부르는 통통한 잎을 가진 식물인데 위에서 보면 잎의 전체적으로 꽃 모양을 이루고 있어 관상용으로도 매우 좋다. 그래서 상당히 많은 사람이 다육 식물을 구입하여 키우고 있다.

다육 식물을 키울 때는 햇볕이 잘 드는 곳에서 키우고, 물은 한 달에 한 번 정도로 거의 주지 않다시피 해야 한다. 과습 방지를 위해 분갈이를 할 때 마사토를 50~70% 정도 섞어 물 빠짐이 좋게 한다. 햇볕이 부족하면 금방 보기 흉하게 웃자라고, 물을 자주 주면 줄기와 잎이 물러 버릴 수 있다. 간혹 다육 식물을 침실에서 키우기 좋은 식물이라고 소개하는 잡지, 인터넷 정보 등도 있지만 밤에만 잠시 두는 정도면 모를까 계속 그대로 두면 오래 키울 수 없다. 한마디로 햇볕 아래에 방치하듯이 키워야 잘 자라는 식물이다. 그렇다고 몇 달이 지나도록 물을 주지 않으면 다육 식물이라도 말라 죽을 수 있으니 꼭 잎을 만져 상태를 체크하도록 하자. 다육 식물은 주로 잎꽂이로 번식하는데, 잎을 떼어 내거나 떨어진 잎을 주워 마사토 섞은 흙에 살짝 얹어 주면 뿌리와 새순이 돋아나는 것을 볼 수 있다.

PART 6

베란다, 창가에서 관상용 식물 키우기

햇볕이 잘 드는 베란다와 창가에서는 다양한 식물을 키울 수 있다.
화사한 색감과 싱그러움을 자랑하는 식물을 소개한다.

허브, 화초, 다육 식물과 일부 관엽 식물 등 관상용으로 적합한 식물

예쁜 꽃의 다육 식물
칼랑코에

꽃이 그리워 집 근처에 있는 꽃집에서 카멜레온 포체리카를 한 포트 집어 든 뒤 칼랑코에도 구입할까 말까 한참을 고민했다. 그러자 아주머니께서 빨간 꽃의 칼랑코에 한 포트를 주시며 상태가 좋지는 않지만 잘 관리하면 꽃이 계속 필 것이라고 말했다. 식물 상태에 대해 속이지 않고 솔직하게 말하며 무료로 주셔서 얼마나 감동을 받았는지 모른다. 그러한 훈훈함 덕분인지 다행히 칼랑코에에 새 꽃대가 올라와 제법 오랫동안 꽃을 감상할 수 있었다. 꽃이 완전히 시들었을 때에는 줄기를 잘라 꺾꽂이하여 친구에게 선물하기도 했는데 다행히 잘 적응하여 다음 해 봄에 예쁜 꽃을 풍성하게 피워 주었다고 한다.

식물 정보
학명 Kalanchoe blossfeldiana
분류 돌나물과 다년생, 다육 식물&화초
원산지 마다가스카르
별칭 카랑코에
특징 및 효능 꽃을 관상하는 공기 정화 식물이다.

기르기 정보
난이도 ●○○○○
번식 줄기 꺾꽂이, 잎꽂이, 씨앗
물 주기 속흙을 파 보고 말랐으면 듬뿍 준다.
개화 시기 늦가을~봄(단일 개화)
생육 적온 20~25℃, 최저 10℃
햇볕 양 양지, 반양지, 반그늘
추천 공간 베란다, 창가, 야외 공간, 밝은 거실, 사무실 등. 강한 직광은 피한다.

TIP

1. 천손초, 만손초처럼 칼랑코에 종류로 비슷한 성질을 가지고 있다. 물을 거의 주지 않아도, 화초에게 주듯이 주어도 반그늘 공간에서도 살아남는 강한 생명력을 가졌다. 차이점이 있다면 칼랑코에는 클론으로 번식하지 않고 주로 꺾꽂이로 번식한다는 점이다. 반그늘의 공간에서는 잎이 살짝 처질 때까지 기다렸다가 물을 주면 웃자람을 줄일 수 있다. 물 빠짐을 좋게 하기 위해 분갈이를 할 때 마사토를 40% 이상 섞어 주면 좋다. 단일성 화초이기 때문에 꽃을 빨리 피우고 싶다면 오후 5시부터 오전 8시까지 검정 비닐이나 검은 천을 씌웠다가 오전 8시 이후에 벗기기를 반복한다.

2. NASA가 선정한 공기 정화 식물 50위에 꼽힐 정도로 밤에 이산화탄소를 흡수하고 산소를 내뿜는 등 공기 정화에 도움이 되는 관상용 다육 식물이자 화초이다. 꽃을 잘 피우기 위해 직광을 피한 햇볕이 잘 드는 베란다, 창가 등에서 키우는 것이 좋다. 오래 키우다 보면 줄기가 목질화가 되어 나무 느낌으로 자라기도 한다.

3. 독성을 가지고 있기 때문에 동물이나 아이가 함부로 먹지 않도록 주의한다.

번식시키기

1. 줄기와 잎 자르기
칼랑코에는 주로 꺾꽂이로 번식한다. 가위로 줄기와 잎을 잘라 준비한다.

2. 줄기와 잎 준비하기
꺾꽂이를 하기 위해 준비한 줄기와 잎이다. 칼랑코에는 잎꽂이로도 번식시킬 수 있다. 잠시 끝 부분을 물에 담가 놓으면 더욱 좋다.

3. 꺾꽂이하기
줄기의 아랫 잎을 어느 정도 정리하고 흙이나 물에 준비한 잎과 줄기를 꽂는다. 다육질의 잎을 지니고 있기 때문에 물은 속흙이 완전히 말랐을 때 주면 된다.

칼란디바
요즘 인기를 끌고 있는 칼란디바이다. 홑꽃인 칼랑코에와 달리 겹꽃을 피우기 때문에 '겹칼랑코에'라고 부르기도 한다. 잎 모양은 칼랑코에와 거의 똑같이 생겼다.

날카로운 가시가 눈에 띄는
꽃기린

결혼 전에는 자취하던 건물 앞 야외 공간에 화분들을 늘어놓고 키웠다. 평소와 마찬가지로 퇴근 후에 식물들의 상태를 살펴보는데 깻잎을 심어 놓은 화분에 다육 식물로 추정되는 식물이 떡하니 심어져 있는 것이 아닌가! 책을 뒤져 보니 꽃이 핀 모습이 기린을 닮았다고 하여 이름 붙여진 꽃기린이었다. 뾰족뾰족한 가시를 보니 왜 '예수님의 꽃'이라고도 불리는지, 왜 꽃말이 '고난의 깊이를 간직하다'인지 실감이 났다. 날카로운 가시만 봐서는 상상이 가지 않는 예쁜 꽃을 피우는 의외의 면도 지니고 있다. 단, 꽃잎으로 보이는 부분은 스파티필름처럼 꽃잎인 척하는 불염포이고, 가운데의 아주 작은 동그란 부분이 진짜 꽃이다.

식물 정보
학명 Euphorbia milii
분류 대극과 다년생, 다육 식물
원산지 마다가스카르
특징 및 효능 밤에 이산화탄소를 흡수하고 산소를 방출한다.

기르기 정보
난이도 ●●○○○
번식 꺾꽂이, 씨앗
물 주기 속흙을 파 보고 말랐으면 며칠 있다가 듬뿍 준다.
개화 시기 환경만 맞으면 언제든지 핀다.
생육 적온 13~25℃, 최저 5℃
햇볕 양 양지, 반양지
추천 공간 베란다, 창가, 야외 공간 등

TIP
1. 줄기에 굵은 가시가 있기 때문에 분갈이나 꺾꽂이를 할 때 꼭 손에 장갑을 끼거나 신문지를 이용하여 가시에 찔리지 않도록 조심한다. 햇볕이 잘 드는 곳에 놓고 키워야 튼튼하게 자라고 꽃도 오래 감상할 수 있지만 반그늘에서도 어느 정도 견딘다. 하지만 반그늘에서는 꽃을 자주 피우지 못한다. 건조함에 강한 다육 식물이기 때문에 분갈이를 할 때 마사토를 40~50% 이상 섞어 물 빠짐이 좋게 해 주면 도움이 된다.
2. 음이온을 방출시켜 전자파를 잡아 주고 집중력을 향상시켜 줄 뿐 아니라 밤에 이산화탄소를 흡수하고 산소를 방출하는 관상용 다육 식물이다.
3. 전초를 해독, 지혈 등의 약용으로 활용하기도 하지만 줄기를 잘랐을 때 나오는 하얀 액체에 독성이 있으니 함부로 먹거나 사용하지 않는 것이 좋다. 특히 하얀 액체가 상처나 눈에 들어가지 않도록 조심한다.
4. 요즘에는 빨간색, 연노란색, 하얀색, 주황색 등 불염포의 색깔이 다양해져서 취향에 따라 골라 키울 수 있다.

못생긴 화분 꾸미기

1. 서류 봉투 자르기
못생긴 갈색 포트를 꾸미기 위해 서류 봉투를 준비하여 포트 사이즈에 맞춰 자른다. 포장지나 예쁜 종이 봉투를 활용해도 상관없다.

2. 화분 감싸기
사이즈에 맞춰 잘라 낸 서류 봉투를 포트 주변에 감싸 포트가 보이지 않도록 한다.

3. 리본 묶기
서류 봉투가 풀리지 않도록 어울리는 리본을 묶어 준다.

4. 꺾꽂이하기
누군가가 깻잎 화분에 꺾꽂이해 놓은 꽃기린이다. 꺾꽂이로 번식시키고 싶다면 줄기를 잘라 하얀 액체를 씻어 낸 후에 흙에 꽂으면 된다.

제주도 돌담에서도 잘 자라는
용월

제주도 고향집에 내려갔을 때 친구와 쇠소깍 주변을 돌아다니다가 깜짝 놀랄 만한 풍경을 보게 되었다. 제주도에서는 현무암으로 된 돌담을 흔히 볼 수 있는데, 돌담 한가득 용월이 심겨진 집을 발견한 것이다. 사람들이 뜯어낸 것인지 바닥에 용월 잎이 굴러다니고 있었는데 잎꽂이로 번식시켜 보고 싶어서 상태가 좋은 것 위주로 골라서 가져왔다. 잎꽂이를 하기 위한 마사토, 상토 등이 전혀 준비되어 있지 않았기 때문에 화단에서 물 빠짐이 좋아 보이는 흙을 골라 아이스크림을 먹고 나온 플라스틱 용기에 채워 주었고, 그 위에 용월 잎을 살짝 올려놓았다. 아쉽게도 새순을 확인하지 못하고 서울로 돌아가야 했는데 지금은 많이 자라 별 모양으로 큼직하게 성장해 있다고 했다.

식물 정보
학명 Graptopetalum paraguayense
분류 돌나물과 다년생, 다육 식물
원산지 멕시코
별칭 농월, 용월 그랩토페탈룸
특징 및 효능 밤에 이산화탄소를 흡수하고 산소를 방출한다.

기르기 정보
난이도 ●●○○○
번식 줄기 꺾꽂이, 잎꽂이, 자구(포기 나누기), 씨앗
물 주기 잎이 쪼글쪼글해지며 힘이 없을 때 준다.
생육 적온 16~25℃, 최저 0℃
햇볕 양 양지, 직광
추천 공간 베란다, 창가, 야외 공간 등

TIP
1. 햇볕이 부족하면 웃자라고 아랫 잎이 서서히 떨어져 나갈 수 있다. 직광을 최대한 많이 쬐어 주어야 예쁘게 자란다. 또한 물을 자주 주어도 웃자라기 쉬우므로 되도록이면 잎이 살짝 쪼글쪼글하거나 힘이 없다 싶을 때 주는 것이 좋다. 한 달에 한 번꼴로 물을 주어도 버틸 수 있을 정도로 건조함에 강하기 때문에 물 빠짐을 좋게 하기 위해 흙에 마사토를 50~70% 정도 섞어 주면 도움이 된다. 다른 지역에서는 보통 겨울에 베란다로 옮겨야 하지만 제주도에서는 야외 월동도 가능하다.
2. 음이온을 방출시켜 전자파를 잡아 주고 집중력을 향상시켜 줄 뿐 아니라 밤에 이산화탄소를 흡수하고 산소를 방출하는 관상용 다육 식물이다.
3. 우리나라에서는 대개 관상용으로 키우지만 약효가 있는 용월의 잎을 식용하기도 한다.
4. 오래 키우다 보면 아래쪽 줄기가 길게 뻗어 목질을 이루며 자라는데, 원하는 모양이 나올 수 있도록 수형을 잡아 주면 멋진 수형의 용월로 키워 낼 수 있다.

제주도 고향집의 용월 키우기

1. 잎 준비하기
제주도의 돌담에 심겨진 용월의 모습이다. 바닥에 용월의 잎이 떨어져 있어서 상태가 좋은 것을 추려서 들고 왔다.

2. 잎꽂이에 성공한 용월
잎꽂이 성공률이 거의 100%라는 용월답게 잎꽂이에 성공하여 고향집에서 잘 자라고 있다. 제주도에서는 월동도 가능하기 때문에 밖에 그대로 방치되어 있다. 자세한 잎꽂이 방법은 72쪽을 참고한다.

3. 자구 확인하기
용월은 꺾꽂이로만 번식이 가능한 것이 아니라 모체 부근에 조그마한 자구가 자라나면서도 번식한다.

4. 꽃 감상하기
별 모양의 작고 귀여운 용월의 꽃이다. 잎 모양과 비슷하게 생겼다.

아침이면 새 꽃을 피우는
카멜레온 포체리카

카멜레온 포체리카는 무늬채송화, 오색쇠비름채송화 등 다양한 이름으로 불린다. 그중 쇠비름, 채송화의 이름이 들어간 이유는 쇠비름과 채송화를 이용하여 중국에서 개량시켜 만든 품종이기 때문이다. 따라서 쇠비름과 채송화의 장점만 쏙 빼닮아 쇠비름을 닮은 타원형 잎과 채송화를 닮은 귀여운 꽃이 핀다. 단, 쇠비름과 채송화에는 없는 핑크색 무늬가 잎 가장자리에 있어 카멜레온 포체리카만의 매력을 선보인다. 꽃을 피우는 성질은 채송화를 닮아서 하루 만에 꽃이 시들지만 다음날 아침이면 새 꽃을 가득 피운다.

식물 정보
- 학명 Portulaca oleracea
- 분류 쇠비름과 1년생, 화초&다육 식물
- 원산지 중국
- 별칭 오색포체리카, 무늬채송화, 카멜레온, 오색쇠비름채송화, 무늬태양화 등
- 특징 및 효능 잎과 꽃을 관상한다.

기르기 정보
- 난이도 ●●○○○
- 번식 꺾꽂이, 포기 나누기, 씨앗
- 물 주기 속흙을 파 보고 말랐으면 듬뿍 준다.
- 개화 시기 여름~가을
- 생육 적온 16~30℃, 최저 15℃
- 햇볕 양 양지, 직광
- 추천 공간 베란다, 창가, 야외 공간 등

TIP
1. 다육질의 잎을 지니고 있어 물을 많이 주면 웃자라고 줄기가 무르기 쉬워진다. 일반 다육 식물보다는 물을 더 먹는 편이기 때문에 속흙이 바짝 마른 것을 확인한 후에 물을 주고, 햇볕이 조금 부족한 곳에서는 물 주는 양을 더욱 줄이는 것이 좋다. 분갈이할 때 마사토를 30~40% 이상 섞어 물 빠짐을 좋게 하면 도움이 된다.

2. 꽃과 잎을 관상하는 관상용 화초이자 다육 식물이다. 햇볕이 부족하면 잎 가장자리의 핑크색 무늬가 사라지고 웃자라며 심지어 꽃을 피우지 않기도 한다. 때문에 베란다, 창가, 야외 공간에서 키우도록 하자. 겨울에 잘만 관리하면 다년생으로 자라기도 한다.

3. 일반 화분에 심어도 좋지만 줄기가 낮게 자라면서 밖으로 뻗어 나가기 때문에 걸이화분에 심어서 매달아 키우면 예쁘다.

포체리카의 종류 알기

카멜레온 포체리카
꽃은 하루 만에 시들어 버리지만 매일 아침 자주색 꽃을 가득 피운다. 잎 가장자리에 예쁜 핑크색 무늬가 있는데, 햇볕이 부족하면 이 무늬가 없어질 수 있다.

일반 포체리카
잎에 무늬가 없어 쇠비름의 잎과 흡사하게 생겼다. 자주색 꽃만 피우는 카멜레온 포체리카와 달리 분홍, 노랑, 빨강 등 다양한 꽃 색을 가지고 있다.

겹포체리카
겹꽃을 피우며 보통 노란색이 많이 보이고 하얀색도 있다. 잎은 일반 포체리카처럼 무늬 없이 연두색을 띠고 있다.

채송화
채송화는 포체리카 꽃과 흡사하게 생긴 꽃을 피운다. 포체리카는 채송화와 쇠비름을 개량하여 만든 화초이기 때문에 잎은 쇠비름을, 꽃은 채송화를 많이 닮았다.

향긋한 초록색 장미
장미허브

장미허브는 잎을 쓰다듬으면 장미 혹은 레몬 비슷한 향이 상큼하게 풍기고, 위에서 보면 초록색 장미를 떠올리게 하는 예쁜 모양새를 하고 있다. 예전에 시들어 가던 장미허브를 살린 적이 있는데 원래 키우던 사람이 물을 자주 주어 아래쪽 줄기가 갈색으로 물러 있었다. 물러 버린 부분은 포기하고 위쪽의 초록색 줄기 부분을 잘라 흙에 꺾꽂이하자 무사히 살아났다. 이렇듯 장미허브는 꺾꽂이가 잘되고 병충해가 잘 생기지 않으며 물을 적게 먹기 때문에 어렵지 않게 키울 수 있다.

식물 정보
- **학명** Plectranthus tomentosa
- **분류** 꿀풀과 다년생, 허브&관엽 식물
- **원산지** 지중해 연안
- **별칭** 빅스플렌트, 플렉트란투스 토멘토사
- **특징 및 효능** 해외에서 약용으로 쓰이고 가습 효과가 뛰어나다.

기르기 정보
- **난이도** ●●○○○
- **번식** 꺾꽂이
- **물 주기** 속흙을 파 보고 말랐으면 며칠 더 있다가 듬뿍 준다.
- **생육 적온** 17~25℃, 최저 10℃
- **햇볕 양** 양지, 직광, 반양지
- **추천 공간** 베란다, 창가, 야외 공간 등

TIP

1. 햇볕이 잘 드는 곳에서 키울수록 웃자라지 않고 튼튼하게 자라지만 밝은 반그늘에서도 어느 정도 견디는 편이다. 아랫부분이 조금 웃자랐다면 목질화된 줄기를 살려 독특한 수형으로 만들 수도 있다. 물을 뜨문뜨문 주어도 잘 버틸 정도로 건조함에 매우 강하고 과습에 약하기 때문에 마사토를 30~40% 이상 섞어 물 빠짐을 좋게 해 주는 것이 좋다. 장미허브는 연갈색으로 변하며 점점 아래쪽 줄기가 목질화가 되는 편이지만 물을 너무 과하게 주면 진한 갈색으로 변하며 물러 버리기도 한다.

2. 잎을 관상하는 관엽 식물로, 농촌진흥청이 추천한 가습 식물 1위를 차지할 정도로 가습 효과가 뛰어나고, 공기 정화 능력도 지녔다.

3. 해외에서는 메디컬 허브로서 의료용, 찜질용으로 활용하고 허브차로 이용하는 나라도 있지만 우리나라에서는 식용으로 사용하지 않고 주로 관상용으로 키운다. 때문에 장미허브를 허브가 아닌 관엽 식물로 취급해야 하지 않느냐고 주장하기도 한다. 장미허브를 뜨거운 물에 띄워 증기를 흡입하면 감기를 완화시키는 데 도움이 된다.

번식시키기

1. 새순 확인하기
잎 쪽을 유심히 보면 줄기와 잎 사이에 작은 새순이 돋아난 것이 보인다. 이 새순 위로 줄기를 잘라 풍성하게 자라도록 유도하고, 자른 줄기로 꺾꽂이를 한다.

2. 가지치기하기
유난히 길게 자란 줄기 혹은 조금 웃자란 줄기를 다른 줄기와 길이를 맞춰 잘라 내 꺾꽂이할 줄기를 준비한다. 줄기가 약해서 쉽게 부러지기 때문에 조심히 다룬다.

3. 아랫 잎 정리하기
줄기의 아랫 잎을 일부 정리하여 흙에 꽂기 쉽도록 한다. 떼어 낸 잎도 흙에 꽂으면 뿌리가 나오지만 새순이 나올 가능성은 매우 적다.

4. 흙에 꽂기
줄기를 물 빠짐이 좋은 흙에 꽂고 물을 준다. 장미허브는 흙에 바로 꽂아도 꺾꽂이가 잘되는 편이다.

촛불을 닮은 이파리
캔들플랜트

캔들플랜트는 이름 그대로 잎에 촛불의 불꽃 모양을 연상케 하는 무늬를 지니고 있다. 조금 통통한 편인 잎을 만져 보면 털 같은 것이 부드럽게 만져지는데, 햇볕을 많이 받으면 하얀색 가장자리가 보랏빛으로 물들기도 한다. 캔들플랜트와 장미허브는 같은 '플렉트란투스' 종류로, 알고 보면 매우 가까운 사이이다. 캔들플랜트의 잎도 손으로 문질러 보면 향이 나는데 모기 향과 비슷하게 느껴진다. 그래서인지 해충이 캔들플랜트의 향을 싫어하여 천연 방충제로서의 역할도 한다. 플렉트란투스에는 캔들플랜트의 무늬가 없는 종류인 '스웨디시 아이비', 보라색 꽃이 매력적인 '모나라벤더' 등도 있는데 이 중 장미허브, 캔들플랜트, 모나라벤더는 허브 농장에서 쉽게 볼 수 있다. 햇볕만 잘 쬐어 주면 관리가 쉬운 편이다.

식물 정보
학명 Plectranthus coleoides
분류 꿀풀과 다년생, 관엽 식물
원산지 인도
별칭 연백초, 플렉트란투스 콜레오이데스
특징 및 효능 살균, 살충에 도움이 되고 잎을 관상한다.

기르기 정보
난이도 ●●○○○
번식 꺾꽂이
물 주기 속흙을 파 보고 말랐으면 듬뿍 준다.
생육 적온 17~25℃, 최저 10℃
햇볕 양 양지, 직광, 반양지
추천 공간 베란다, 창가, 야외 공간 등

TIP
1. 장미허브와 같은 플렉트란투스의 종류에 속하기 때문에 비슷한 방법으로 관리한다. 햇볕이 잘 드는 곳에서 키울수록 웃자라지 않고 풍성하게 자라지만 밝은 반그늘에서도 어느 정도 견디는 편이다. 건조함에 매우 강하고 과습에 약하기 때문에 속흙이 바짝 말랐으면 물을 주거나 잎이 살짝 물렁거릴 때 준다. 분갈이를 할 때 흙에 30~40% 이상의 마사토를 섞으면 물 빠짐에 도움이 된다.
2. 잎에서 나는 향기는 살균, 방충 효과가 매우 뛰어나 병충해가 잘 생기지 않을 뿐 아니라 주변의 해충과 모기, 파리 등을 쫓는 데 도움이 된다. 잎이 화려하여 관상용으로 좋다.
3. 식용이나 의약용으로는 별로 사용되지 않아 관상용 관엽 식물이라고 봐야 되지 않느냐고 주장하기도 하지만 우리나라에서는 잎에서 향기가 나고 해충을 퇴치하는 효과가 있어 허브로 대우해 주는 편이다.
4. 일반 화분에 심어도 좋지만 덩굴처럼 줄기가 길게 늘어져 자라기 때문에 걸이화분에 심어서 매달아 키우면 더욱 잘 어울린다.

번식시키기

1. 줄기 잘라 준비하기
캔들플랜트는 꺾꽂이가 잘되는 편이다. 길게 늘어진 줄기를 가위로 잘라 준비한다.

2. 물에 꽂기
줄기의 아랫 잎을 일부 정리하여 흙에 꽂기 쉽게 만든 후 물에 담가 물을 머금도록 한다. 이대로 뿌리가 날 때까지 기다려도 되고, 물 빠짐이 좋은 흙에 바로 꽂아도 된다.

모나라벤더
보라색 꽃을 피워 라벤더라는 이름이 들어갔지만 알고 보면 라벤더가 아닌 플렉트란투스 종류에 속한다. 잎 앞면은 짙은 녹색, 잎 뒷면은 보라색으로 되어 있다. 플렉트란투스 종류는 서로 꽃 모양이 흡사하다.

스웨디시 아이비
잎과 꽃 모양이 같은 플렉트란투스 종류인 캔들플랜트와 거의 흡사하게 생겼지만 잎 가장자리에 하얀 무늬가 없고, 잎에서 향기가 나지 않는 것이 다르다.

꽃 색이 일곱 번 변하는
란타나

란타나를 처음 키웠던 창틀 공간은 남향에 처마까지 있어서 여름 햇볕이 많이 부족했다. 그래서 란타나의 줄기가 웃자라거나 하지는 않았지만 꽃이 금방 떨어지고 온실가루이가 마구 생겨났다. 아마 야외보다 통풍이 잘되지 않은 탓도 있었을 것이다. 란타나를 다시 건강하게 만들고 싶어서 우선 통풍과 위생을 위해 상태가 좋지 않은 잎을 제거했고, 햇볕이 잘 드는 야외로 내보냈다. 다행히도 야외에서 키운 뒤로 온실가루이가 거의 보이지 않았고, 창틀에 있을 때는 새 꽃대를 올리지 않던 란타나가 다시 새 꽃을 피울 정도로 건강해졌다. '칠변화'라는 별명답게 꽃잎의 색이 서서히 변하며 꽃을 피우는 모습이 신기했고, 란타나의 원산지에서는 잡초 취급한다는 것이 믿기지 않을 정도로 꽃도 무척 예뻤다.

식물 정보
학명 Lantana camara
분류 마편초과 다년생, 허브&화초
원산지 열대아메리카
별칭 칠변화, 팔색조, 칠보화, 오색매
특징 및 효능 주로 꽃을 관상한다.

기르기 정보
난이도 ●●●○○
번식 꺾꽂이, 씨앗, 포기 나누기
물 주기 겉흙이 마르면 듬뿍 준다.
개화 시기 환경만 맞으면 언제든지 핀다.
생육 적온 16~30℃, 최저 5℃
햇볕 양 양지, 직광, 반양지
추천 공간 베란다, 창가, 야외 공간 등

TIP
1. 온실가루이 등의 병충해가 잘 생기는 편이므로 늦봄부터 미리 살충제를 뿌려 해충을 예방하는 것이 좋다. 햇볕이 부족하고 통풍이 잘되지 않는 곳에 두면 병충해가 생기기가 더욱 쉽다. 햇볕이 강한 여름에는 잎이 쉽게 처지기 때문에 꼼꼼히 체크하여 물을 주는 것이 좋다. 예쁜 모양으로 자라게 하기 위해서는 가지치기를 하여 수형을 잡아 준다.
2. 나무로 자라기 때문에 요즘에는 꽃시장 등에서 우산 모양의 토피어리 수형으로 자란 란타나를 쉽게 만날 수 있다. 더운 여름을 무난히 이겨 내고 꽃이 오래가는 편이어서 공원 등에서도 많이 심는다.
3. 진통, 해독, 해열, 위통 등에 좋은 효능이 있어 약용으로도 활용할 수 있지만 독성을 가지고 있어 가정에서는 함부로 먹지 않는다. 만약 만지게 되었을 때는 손을 입에 대지 않도록 하고, 꼭 깨끗이 씻는다. 특히 아이, 반려동물이 건들지 않도록 주의한다.

번식시키기

1. 꺾꽂이하기
길게 자란 줄기를 가위로 잘라 아랫 잎을 일부 정리하고 물이 담긴 유리병에 꽂아 준다. 물이 아닌 물 빠짐이 좋은 흙에 꽂은 후 물을 주어도 상관없다.

2. 새 뿌리 확인하기
2주 정도 지나면 물에 꽂아 놓았던 란타나 줄기에서 뿌리가 나온다. 이대로 바로 흙에 옮겨 심어도 되고, 뿌리가 더 자랄 때까지 기다렸다가 옮겨 심어도 된다.

3. 꽃 감상하기
수국 꽃처럼 작은 꽃이 여러 송이 모여 둥근 형태를 지니는 란타나의 꽃은 색이 바뀌면서 피는 것이 특징이다. 그래서 '칠변화'라고도 불린다.

4. 열매 확인하기
꽃이 시들고 수정이 되면 동그란 연두색 열매가 여러 개 달린다. 까만색으로 변한 것을 확인한 후 채종하여 말리면 된다.

만지면 잎을 오므리는
미모사

집에 아이가 있다면 손으로 툭 치면 당장 잎을 접는 신기한 미모사를 키워 볼 것을 꼭 추천하고 싶다. 마치 신경이 있기라도 하듯 잎을 접는 미모사의 모습을 아이들이 좋아할 뿐 아니라 아이들의 과학 공부에도 도움이 되기 때문이다. 또, 밤이 되면 손으로 건드리지 않아도 마치 잠을 자듯 잎이 저절로 닫히는데 이를 '취면 운동'이라고 한다. 이러한 미모사에 관심이 생겨 모종을 사려고 결심했다면 늦가을~초봄까지는 구입이 힘들고 4~5월쯤 모종이 많이 나온다는 사실을 기억하자. 원산지에서는 다년생이지만 우리나라의 추위에 약해 보통 일년생으로 키우기 때문에 온도가 서늘한 시기에는 구하기 쉽지 않다. 만약 서늘한 계절에도 미모사를 키우고 싶다면 씨앗을 구하여 심어야 한다.

식물 정보
학명 Mimosa pudica
분류 콩과 일년생, 허브
원산지 브라질
별칭 신경초, 잠풀, 함수초
특징 및 효능 함수초라고 하는 약재로 쓰인다.

기르기 정보
난이도 ●●●○○
번식 씨앗, 꺾꽂이
물 주기 겉흙이 마르면 듬뿍 준다.
파종 시기 3월 중순~6월 초(20℃ 안팎)
생육 적온 25~30℃, 최저 10℃
햇볕 양 양지, 직광, 반양지
추천 공간 베란다, 창가, 야외 공간 등

TIP
1. 햇볕을 많이 쬐어야 튼튼하게 자라지만 햇볕이 오전에만 들어오는 동향 베란다에서도 꽤 잘 자랐다. 물을 좋아하는 편이기 때문에 겉흙이 마른 것을 확인하면 바로 물을 주고, 공중 습도를 높이기 위해 주변에 분무를 해 주는 것이 좋다. 흙의 물이 금방 마르는 여름에는 더욱 신경 쓰도록 한다. 미모사가 너무 커지면 줄기의 가시에 찔리기 쉽기 때문에 많이 커지기 전에 분갈이를 하는 것이 좋다.
2. 잎을 건드리면 오므라드는 성질 때문에 아이와 함께 키우면 아이가 참 좋아한다. 단, 신기하다고 너무 자주 만지면 미모사가 스트레스를 받는다는 사실을 아이에게 알려 주는 것이 좋다.
3. 장염, 위염, 불면증 등에 좋은 효능을 가지고 있어 '함수초'라고 하여 한약재로 사용하기도 하지만 가정에서는 식용하지 않고 관상용으로 키우는 편이다.

씨앗 심기

1. 파종하기
빠른 발아를 위해 물에 적신 솜 위에 다른 식물의 씨앗과 함께 미모사 씨앗을 얹는다. 며칠 후에 뿌리가 조금 나온 것을 확인하면 바로 상토에 심어 떡잎이 나올 때까지 촉촉하게 유지시킨다.

3. 본잎 확인하기
떡잎이 나오고 일주일 정도 지나면 본잎이 나온다. 처음에는 본잎이 한 줄로 돋아나다가 두 번째 본잎부터는 잎자루가 두 갈래로 나뉘어 돋아나며 풍성해진다.

2. 새싹 확인하기
상토에 심은 후 이틀 정도면 연두색 떡잎이 올라온다. 햇볕 아래로 옮겨 튼튼하게 자랄 수 있도록 한다. 물은 겉흙이 마르면 준다.

4. 꽃 감상하기
줄기와 잎이 무성하게 자라면 여름쯤에 분홍색 공 모양의 꽃을 피운다. 베란다, 창가 등에서 키울 경우 씨앗을 채종하고 싶다면 붓이나 면봉으로 꽃술을 문지른다.

하트 모양 잎과 귀여운 꽃
사랑초

사랑초 종류는 햇볕이 들어오지 않는 시간대가 되면 꽃과 잎을 완전히 접어 버릴 정도로 햇볕에 매우 민감하다는 특징이 있다. 햇볕에 더욱 민감한 종류는 햇볕이 부족하면 전혀 꽃을 피우지 않기도 하는데 보라 사랑초는 동향 베란다에서도 꽃을 잘 피웠지만, 바람개비 사랑초는 꽃봉오리 상태만 유지하고 꽃을 피울 생각을 하지 않았다. 파종할 때마다 쬐어 주던 스탠드 조명이라면 꽃을 피울 때도 도움이 되지 않을까 싶어 가장 밝은 공간에 삼파장 스탠드 조명 2개를 설치하여 쬐어 보았다. 그 결과, 둘둘 말려 있던 바람개비 사랑초의 꽃잎이 실이 풀리듯 서서히 펼쳐졌다.

식물 정보
학명 Oxalis triangularis
분류 괭이밥과 다년생, 화초&관엽 식물
원산지 남아프리카, 남아메리카
별칭 옥살리스
특징 및 효능 주로 잎과 꽃을 관상한다.

기르기 정보
난이도 ●●○○○
번식 구근, 씨앗
물 주기 겉흙이 마르면 듬뿍 준다.
구근 심기 9~10월
개화 시기 환경만 맞으면 언제든지 핀다.(휴면하는 종류는 가을~봄)
생육 적온 15~20℃, 최저 5℃
햇볕 양 양지, 직광, 반양지
추천 공간 베란다, 창가, 야외 공간, 밝은 거실, 사무실 등

TIP

1. 생명력이 강해 잎을 통째로 잘라 내도 구근에서 계속 새잎이 올라오고, 병충해에도 매우 강한 편이다. 간혹 청사랑초 등의 잡초처럼 잘 자라는 사랑초 종류는 씨앗이 다른 화분에 떨어져 자라기도 한다. 여름에 휴면하는 사랑초 종류는 잎이 완전히 시들면 구근을 캐낸 후 양파망, 신문지 등에 넣어 그늘지고 통풍이 잘되는 곳에 보관해 두었다가 가을에 다시 심도록 한다. 따로 캐어 보관하기 번거롭다면 화분에 심어진 상태로 물을 주지 말고 그대로 방치해 두었다가 가을부터 다시 물을 주면 된다.

2. 청사랑초, 보라 사랑초 등 잎이 크고 휴면하지 않는 종류는 주로 잎을 감상하고, 휴면하는 종류는 주로 꽃을 감상한다. 햇볕이 부족하면 웃자라기 쉽기 때문에 예쁜 모습을 유지하려면 햇볕이 잘 드는 베란다, 창가, 야외 공간 등에 두고 키우는 것이 좋다.

3. 구근을 듬성듬성 심어 잎이 조금 나오게 하기보다는 잎이 화분을 가득 채울 정도로 많이 심어 주는 것이 더욱 풍성하고 예뻐 보인다.

사랑초의 종류 알기

청사랑초
보라 사랑초와 흡사한 모양의 꽃을 피우고, 초록색 잎은 클로버(토끼풀)와 비슷하게 생겼다. 보라 사랑초처럼 여름 동안 휴면에 들어가지 않기 때문에 거의 1년 내내 감상할 수 있다. 분홍색 꽃 말고도 하얀색 꽃을 피우는 청사랑초도 있다.

바람개비 사랑초
'옥살리스 버시칼라'라고도 불린다. 앞면은 하얗고 뒷면에 빨간색 바람개비 모양의 무늬가 있다. 여름에는 잎이 시들어 휴면에 들어가기 때문에 구근을 캐어 가을에 다시 심어야 한다.

옥살리스 카노사
여름에 휴면하며 다육질의 잎과 유리알처럼 반짝이는 잎의 뒷면이 매력적이다. 꽃잎이 조금 뒤로 젖혀진 노란색의 꽃은 다른 사랑초에 비해 비교적 흐린 날씨에도 활짝 피운다.

애기사랑초
'옥살리스 글라브라'라고도 불리는데 가을이면 꽃시장에서 흔히 볼 수 있다. 바람개비 사랑초와 잎과 꽃 모양이 흡사하고, 여름에 휴면에 들어가는 것도 같다. 하지만 흰꽃을 피우는 바람개비 사랑초와 달리 자주색 꽃을 피우는 것이 다르다.

보라 사랑초 분갈이하기

1. 모종 분리하기
분갈이를 하기 위해 보라 사랑초의 모종을 갈색 포트에서 분리한다. 잎 상태가 전체적으로 튼튼하다면 분리한 모종을 그대로 더 큰 사이즈의 화분에 옮겨 심는다.

2. 구근 추려 내기
잎의 상태가 전체적으로 좋지 않거나 더 큰 화분으로 분갈이할 수 없는 상태라면 모종의 흙을 탁탁 털어 꽈배기 모양의 주황색 구근만 분리해 낸다.

3. 구근 다시 심기
보라 사랑초의 구근을 30~40% 이상의 마사토를 섞은 흙에 심는다. 일주일 정도 지나면 작은 보라색 잎이 올라오기 시작한다.

4. 꽃 감상하기
보라 사랑초의 작은 연보라색 꽃이다. 큼직한 보라색 잎에 비해서는 눈에 확 띄지 않는 꽃이지만 제법 귀엽게 생겼다.

바람개비 사랑초의 구근 심기

1. 구근 확인하기
물방울 모양의 작은 바람개비 사랑초 구근이다. 여름이 되어 잎이 완전히 시들면 따로 캐어 양파망, 신문지 등에 보관한 후에 가을에 다시 심는다.

2. 구근 심기
구근이 몇 개 되지 않기 때문에 테이크아웃 컵의 바닥에 송곳으로 구멍을 뚫고 30~40% 이상의 마사토를 섞은 흙을 채워 구근을 심는다.

3. 새잎 확인하기
구근을 심고 2주일 정도 지나면 작은 잎이 올라온다. 햇볕이 부족하면 쉽게 웃자라기 때문에 바로 햇볕이 잘 드는 곳으로 옮겨 준다.

4. 꽃 감상하기
11~12월쯤부터 바람개비를 연상케 하는 뒷모습을 가진 꽃을 피우기 시작한다. 햇볕이 드는 낮에 꽃잎을 활짝 펼쳤다가 저녁에 꽃잎을 오므리기 때문에 햇볕이 부족하면 꽃이 피지 않기도 한다.

화사한 꽃의 구근 식물 알기

구근 식물은 주로 흙 속의 양파처럼 생긴 구근에서 자구가 생기면서 번식하지만 씨앗 번식도 가능하다. 하지만 구근으로 키우는 것보다 훨씬 오래 걸리고 오히려 씨앗이 맺는 동안 구근으로 가야 할 영양분이 씨앗으로 갈 수 있어 추천하지 않는다. 단, 영양분을 보유하고 있는 구근이 썩거나 곰팡이가 생기면 더 이상 자랄 수 없기 때문에 구근이 썩지 않게 햇볕과 통풍이 잘 드는 곳에서 키우고, 흙이 마른 후에 물을 주는 것이 중요하다. 구근에 생기는 곰팡이를 예방하기 위해 미리 베노밀 혹은 락스를 500~1,000배 희석한 물에 소독하여 심기도 하는데 만약 곰팡이가 생겼다면 소독한 칼로 도려내어 심는다.

대부분의 구근 식물은 쌀쌀한 가을(10~12월)에 구근을 심어 봄에 꽃을 피우는 '추식 구근'으로 더위에 약하여 여름에는 잎이 시들며 휴면, 즉 휴식에 들어간다. 꼭 캐어서 양파망이나 신문지 등에 싸서 보관해야 되느냐고 묻는 사람들이 있는데, 공간을 활용하고 새 흙으로 갈기 편하게 하려고 캐는 것이니 흙에 묻힌 상태로 그늘진 곳에 두어도 상관은 없다. 대신 물을 주지 말고 방치하다가 가을부터 물을 준다. 보통 야외 정원에서 심을 때는 구근이 얼지 않도록 깊게 묻는 편이지만 화분에 심어 베란다, 창고 등 저온의 공간에서 키울 때는 살짝 묻힐 정도로 심어도 된다. 단, 온도가 높으면 웃자라고 추후에 꽃이 피지 않을 수 있으니 서늘한 공간에서 키운다. 봄에 구근을 심는 '춘식 구근'은 추위에 약해 겨울에 시들어 휴면하지만 대신 더위에는 강하여 여름~가을 동안 화려한 꽃으로 전성기를 맞이한다.

가을에 심어 봄에 꽃을 피우는 추식 구근　수선화, 튤립, 프리지어, 크로커스, 라넌큘러스, 아네모네, 향기별꽃, 사랑초, 무스카리, 히아신스, 알리움, 백합 등
봄에 심어 여름~가을에 꽃을 피우는 춘식 구근　다알리아, 글라디올러스, 칸나, 칼라, 아마릴리스, 글록시니아 등

포도 알이 대롱대롱
무스카리

정원에 묻어 방치해도 매해 꽃을 피울 정도로 관리가 쉬운 편인 무스카리를 전에는 꽃이 작은 '야생화'라고만 생각하고 관심을 가지지 않았다. 실제로는 야생화가 아니었지만 수수해 보이는 꽃의 생김새 때문에 그렇게 오해했다. 아마 포도알같이 생긴 무스카리의 꽃이 탑을 쌓듯이 다닥다닥 붙어 있는 모습을 유심히 보지 않았다면 그 귀여운 매력을 평생 알지 못했을 것이다. 보통 포도를 떠올리게 하는 보라색 꽃이 가장 흔하지만 흰색, 하늘색, 연분홍색 등의 꽃을 피우는 무스카리도 있다. 무스카리는 히아신스의 근연종이어서 '그레이프 히아신스'라고도 불리기 때문에 꽃을 피우는 형태와 잎의 모양이 서로 닮아 있다.

식물 정보
학명 Muscari armeniacum
분류 백합과 다년생, 화초
원산지 유럽, 북아프리카, 서남아시아
별칭 그레이프 히아신스
특징 및 효능 꽃을 관상하는 봄 대표 구근 화초이다.

기르기 정보
난이도 ●○○○○
번식 구근, 씨앗
물 주기 속흙을 파 보고 말랐으면 듬뿍 준다.
구근 심기 10~12월, 봄 개화
생육 적온 10~15℃, 구근으로 야외 월동 가능
햇볕 양 양지, 반양지, 직광
추천 공간 베란다, 창가, 야외 공간 등

TIP

1. 구근을 심은 후에는 9℃ 이하의 저온에서 45일 이상 관리해야 봄에 꽃을 피운다. 추위에 강해 잎이 자란 상태로 겨울을 난다. 꽃이 활짝 핀 후에 온도가 올라가면 꽃이 금방 시들고 웃자라기 쉬우니 밝은 반그늘의 시원한 공간으로 옮긴다. 정원에 심을 때 다른 구근 식물에 비해 비교적 얕게 심는 편이다. 소독을 하면 좋지만 구근에 곰팡이가 덜 생기는 편이어서 생략해도 되고, 만약 구근에 곰팡이가 생겼다면 소독한 칼로 그 부분을 도려낸 후 구근을 소독하여 심도록 하자. 구근 식물은 씨앗 번식도 가능하지만 훨씬 오래 걸리고 구근에 가야 할 영양분이 분산될 수 있어 추천하지 않는다.

2. 가습, 음이온 방출 등에도 도움이 되는 관상용 화초이다. 꽃은 부케나 꽃다발 등의 절화로 활용하기도 하는데 향긋한 향기가 풍겨 방향제 역할을 하기도 한다.

3. 우리나라에서는 꽃을 주로 관상하고 식용으로 사용하지는 않지만 그리스에서는 무스카리 구근을 식용으로 활용하기도 했다. 단, 약한 독성을 가지고 있기 때문에 함부로 많이 먹지 않아야 한다.

1. 구근 심기
모체 구근에서 번식된 구근의 자구이다. 원래 구근 사이즈보다 작기 때문에 자구를 살찌워야 한다. 마사토를 30~40% 정도 섞은 흙에 구근을 심고 흙을 덮은 후에 저온의 베란다, 복도 등에 둔다.

2. 잎 확인하기
일주일 정도 지나면 아주 작은 연두색 잎이 흙 위로 삐죽 올라온다. 처음에는 눈에 겨우 보일 정도로 작다.

3. 잎 성장 관리하기
잎이 자라는 동안 햇볕이 들고 서늘한 곳에서 관리한다. 온도가 높고 그늘지면 잎이 힘없이 웃자랄 수 있다. 구근 크기에 따라 잎의 두께와 개수가 달라진다.

4. 꽃 감상하기
자구가 아닌 정상 크기의 구근을 심으면 봄에 예쁜 꽃을 활짝 피운다. 잎과 꽃이 전부 시든 후에는 구근을 캐어 여름 동안 양파망이나 신문지 등에 보관했다가 가을에 다시 심으면 된다.

강렬한 향기의 귀품 있는 꽃
히아신스

어릴 때는 히아신스가 책 속에서나 등장하는 구하기 힘든 존재인 줄로만 알았는데 어른이 되고 보니 봄이면 꽃시장, 꽃집 등에서 쉽게 만날 수 있는 봄꽃이었다. 그래도 나에게는 지금도 신비로움이 가득한 화초로 기억되고 있다. 히아신스는 분홍색, 하얀색, 파란색 등의 다양한 꽃 색을 지니고 있는데 잎만 나와 있어 꽃 색을 알 수 없는 경우, 구근의 색을 유심히 살펴보자. 히아신스 구근의 색 또한 꽃 색에 따라 조금씩 달라서 구분할 때 도움이 될 것이다. 히아신스는 주로 모종으로 키우는데, 만약 구근부터 시작할 경우 다른 추식 구근 화초처럼 가을에 심어 저온에서 관리한다.

식물 정보
- 학명 Hyacinthus orientalis
- 분류 백합과 다년생, 화초
- 원산지 지중해 연안, 서아시아
- 별칭 히야신스
- 특징 및 효능 꽃을 관상하는 봄 대표 구근 화초이다.

기르기 정보
- 난이도 ●●○○○
- 번식 구근, 씨앗
- 물 주기 겉흙이 마르면 듬뿍 준다.
- 구근 심기 10~12월, 봄 개화
- 생육 적온 10~23℃, 구근으로 야외 월동도 가능
- 햇볕 양 양지, 직광, 반양지, 반그늘
- 추천 공간 베란다, 창가, 야외 공간, 밝은 거실, 사무실 등

TIP

1. 히아신스는 우리나라 환경에서 구근을 살찌우기가 힘들어 매해 구근 크기가 작아지는 소모성 구근이다. 꽃 크기도 매해 작아지기 때문에 원래 크기의 꽃을 피우려면 매해 새 구근을 구입하는 것이 좋다. 꽃이 작아지더라도 다음 해에 다시 꽃을 피우고 싶다면 구근을 캐어 영양분이 많은 흙에 심는 것이 좋다. 꽃이 활짝 핀 후에 온도가 올라가면 꽃이 금방 시들고 웃자라기 쉬우니 밝은 반그늘의 시원한 공간으로 옮긴다. 흙에 심을 때 물 빠짐을 위해 마사토를 30~40% 이상 섞어 주면 좋고, 잎만 있을 때에는 속흙이 마르고 나서 물을 주다가 꽃이 필 시기가 되면 물을 더 챙겨 준다.

2. 주로 꽃을 관상하는 히아신스는 향긋한 향기가 강하게 뿜어져 나오기 때문에 향수의 원료로 활용되기도 한다. 꽃 색에 따라 향기가 조금씩 다르다.

3. 히아신스를 흙에 심어 키울 수 있으며 유리병, 테이크아웃 컵 등을 이용하여 수경 재배할 수 있다. 수경 재배를 하면 실내 습도를 올리는 데에도 도움이 된다. 부케, 꽃다발 등의 절화 소재로 사용되기도 한다.

수경 재배하기

1. 구근 색으로 구분하기
히아신스는 구근의 색을 보면 꽃 색을 알 수 있다. 진보라색의 구근은 보라색 꽃을, 하얀색의 구근은 하얀색 꽃을, 자주색 구근은 자주색 혹은 분홍색 꽃을 피운다.

2. 흙 씻어 내기
히아신스는 수경 재배로도 많이 키우는 편이다. 수경 재배를 하기 위해 우선 뿌리의 흙을 털어 내고 남은 흙은 물에 깨끗이 씻어 낸다.

3. 테이크아웃 컵 준비하기
테이크아웃 컵 뚜껑의 구멍을 히아신스 구근이 끼이도록 가위로 잘라 빈 테이크아웃 컵과 함께 세트로 준비한다.

4. 구근 넣기
구멍을 넓힌 테이크아웃 컵 뚜껑 안에 히아신스 구근의 뿌리를 집어넣고 테이크아웃 컵 혹은 일반 컵, 유리병 등의 위에 얹는다. 테이크아웃 컵 안에 뿌리만 닿을 정도로 물을 채우고 2~3일에 한 번 깨끗한 물로 갈아 준다.

봄의 기운이 가득한
수선화

히아신스가 범접할 수 없는 비범함을 느낀 봄꽃이라면 수선화는 어디서나 볼 수 있는 흔한 느낌의 봄꽃이다. 그 이유는 이른 봄인 2월쯤부터 제주도 곳곳에서 수선화 꽃이 만개한 모습을 볼 수 있었기 때문이다. 제주도에서 흔히 보았던 수선화는 주로 가운데 컵 부분은 노란색이고 뒤쪽의 꽃잎이 흰색인 '금잔옥대'와 겹꽃으로 되어 있는 '제주수선화(몰마농)'였다. 이 수선화들은 제주도를 비롯한 일부 남부 지역에만 자생하는데, 추사 김정희 선생은 이 꽃이 제주에 흔히 자라는 것에 놀랐고 이를 잡초 취급하던 당시 제주 사람들을 대신하여 매우 사랑했다고 한다.

식물 정보
- **학명** Narcissus tazetta
- **분류** 수선화과 다년생, 화초
- **원산지** 지중해 연안, 제주도, 중국, 일본
- **별칭** 수선, 설중화
- **특징 및 효능** 꽃을 관상하는 봄 대표 구근 화초이다.

기르기 정보
- **난이도** ●●○○○
- **번식** 구근, 씨앗
- **물 주기** 속흙을 파 보고 말랐으면 듬뿍 준다.
- **구근 심기** 10~12월, 봄 개화
- **생육 적온** 13~20℃, 노지 월동도 가능
- **햇볕 양** 양지, 직광, 반양지, 반그늘
- **추천 공간** 베란다, 창가, 조금 차광된 야외 공간

TIP
1. 구근을 정원에 심을 때에는 구근의 2배 이상으로 깊게 심는 것이 좋지만 화분에 심어 베란다 등에서 키울 때에는 얕게 심어도 괜찮다. 또한 10℃ 이하의 저온을 45일 이상 유지할 수 있는 공간에 두어야 봄에 예쁜 꽃을 피울 수 있다. 잎이 나고부터는 웃자라지 않도록 최대한 서늘하고 햇볕이 드는 자리에 둔다. 꽃이 활짝 핀 후에 온도가 올라가면 꽃이 금방 시들고 웃자라기 쉬우니 밝은 반그늘의 시원한 공간으로 옮긴다. 구근의 싹이 자라는 겨울 동안에는 속흙이 마르면 물을 주되, 개화를 준비할 봄부터는 물을 더 챙겨 주어야 한다. 만약 구근에 곰팡이가 생겼다면 소독한 칼로 그 부분을 도려낸 후에 구근을 소독하여 심도록 하자.
2. 주로 꽃을 관상하는 수선화는 강한 향기가 뿜어져 나오기 때문에 향수의 원료로 활용되기도 한다.
3. 수선화의 구근은 종기, 관절염 등에 효과적인 약재로 활용되기도 하는데, 독성이 있어 가정에서는 함부로 식용하지 않는 것이 좋다. 꽃은 덖어서 수선화차로 만들기도 하지만 꽃에도 약간의 독성이 있기 때문에 많이 먹지 않도록 주의한다.
4. 수선화는 흙에 심어 키울 수 있으며 유리병, 테이크아웃 컵 등을 이용하여 수경 재배도 할 수 있다. 수경 재배를 하면 실내 습도를 올리는 데 도움이 된다. 단, 구근을 캐어 다음 해에도 심을 예정이라면 흙에 심어 구근을 키우는 것이 좋다. 부케, 꽃다발 등의 소재로 사용되기도 한다.

1. 시든 꽃 자르기
가장 흔하게 모종으로 구입할 수 있는 미니 수선화 '떼떼아떼떼'이다. 노란색 꽃이 시들면 가위로 바로 잘라 주어야 다른 꽃대에서 꽃이 피기 수월하다.

2. 꽃대 잘라 내기
꽃이 완전히 시들면 전체적으로 꽃대를 잘라 내어 잎만 남긴다. 잎만 남았다고 버리지 말고 저절로 잎이 시들 때까지 관리해 준다.

3. 시들 때까지 기다리기
점점 기온이 올라가면 누렇게 말라 가는 잎이 생긴다. 완전이 잎이 마를
때까지 물을 주지 말고 기다린다.

4. 구근 캐기
완전히 시들면 흙에서 처음보다 수가 늘어난 구근들을 캐낸다. 구근의 흙을
깨끗이 털어 낸 후 양파망이나 신문지에 싸서 다시 심을 가을까지 그늘지고
통풍이 잘되는 곳에 보관한다.

엄지공주가 살고 있을 것 같은
튤립

오래전 튤립은 버블 경제의 대표 예시가 될 정도로 무척 비쌌지만, 지금은 가장 저렴하게 구근을 구입할 수 있다. 튤립의 구근을 구입한 후 6개를 먼저 10월 말쯤에 화분에 심어 베란다에 두었다. 나머지 구근은 저온 처리에 실패할 때를 대비하여 냉장고에서 45일 이상 따로 저온 처리한 후에 12월 초에 심기로 하였다. 싹은 비슷한 시기에 올라왔지만 따로 저온 처리를 한 후에 더 늦게 심은 구근이 먼저 꽃을 피웠다. 하지만 급하게 자라느라 뿌리가 많이 자라지 못해 부실했고, 잎과 줄기도 튼튼하지 못했다. 계속 베란다에 두었던 튤립 구근은 웃자람이 훨씬 적었고, 저온 처리도 무사히 되어 4월 초쯤에 예쁜 꽃을 피워 주었다.

식물 정보
학명 Tulipa gesneriana
분류 백합과 다년생, 화초
원산지 터키, 중앙아시아
특징 및 효능 공기 정화에 도움이 되고, 꽃을 관상하는 봄 대표 화초이다.

기르기 정보
난이도 ●●●○○
번식 구근, 씨앗
물 주기 겉흙이 마르면 듬뿍 준다.
구근 심기 10~12월, 봄 개화
생육 적온 15~20℃, 구근으로 야외 월동 가능
햇볕 양 양지, 직광, 반양지, 반그늘
추천 공간 베란다, 창가, 야외 공간 등

TIP
1. 튤립은 우리나라 환경에서 구근을 살찌우기가 힘들어 매해 구근 크기가 작아지는 소모성 구근이다. 꽃 크기도 작아지기 때문에 원래 크기의 꽃을 피우려면 매해 새 구근을 구입하는 것이 좋다. 꽃이 작아지더라도 다음 해에 다시 꽃을 피우고 싶다면 영양분이 많은 흙에 심는 것이 좋다. 정원에 심을 때에는 구근의 2배 이상 깊이로 심지만 화분에 심어 베란다 등에서 키울 때는 흙을 얕게 덮어도 된다. 보통 5℃ 이하에서 저온 처리한다고 알려져 있지만 10℃ 이하의 베란다에서도 가능했다. 싹이 자라는 동안은 속흙까지 마르면 물을 주되, 개화 시기부터는 겉흙이 마르면 준다. 만약 곰팡이가 생겼다면 소독한 칼로 그 부분을 도려낸 후에 구근을 소독하여 심는다.

2. NASA가 선정한 공기 정화 식물 48위에 꼽힐 정도로 포름알데히드, 암모니아 제거 등의 뛰어난 공기 정화 능력을 가진 관상용 화초이다. 튤립은 조생종, 중생종, 만생종으로 꽃이 피는 시기에 따라 나뉘기 때문에 동시에 풍성하게 피길 바란다면 같은 종의 튤립 종류로 구입해 심는다.

3. 오랜 옛날에는 튤립 구근을 가루로 만들어 밀가루 등에 섞어 식용하기도 했지만 피부염에 걸릴 수 있고 맛이 없어 현재는 거의 사용하지 않는다.

4. 튤립은 구근 식물 중에서도 구근에 곰팡이가 잘 생기는 편이어서 키우기에 가장 수월하게 만드는 화분은 바로 물이 빨리 마르고 통풍에 유리한 토분이다. 수경 재배도 할 수 있지만 곰팡이가 생길 수 있어 더 많은 관심이 필요하다. 튤립은 부케, 꽃다발 등의 절화 소재로 사용되기도 한다.

2. 싹 확인하기
화분에 물을 준 후에 10℃ 이하의 통풍이 잘되고 서늘한 베란다 공간에 둔다. 싹이 나오기 전까지는 그늘져도 상관없지만 싹이 나오고부터는 햇볕 아래로 옮긴다. 1월 말쯤 되니 작은 싹이 올라왔다.

1. 구근 심기
곰팡이 예방을 위해 구근 껍질을 벗겨 락스나 베노밀을 500~1,000배 희석한 물에 소독해서 씻어 말린다. 토분에 마사토 30~40% 이상 섞은 흙을 넣고, 간격을 두어 구근을 심는다.

3. 저온 유지하며 키우기
튤립의 싹은 저온에서 천천히 자라고 온도가 올라가면 성장이 빨라진다. 고온에서는 웃자라기 쉽기 때문에 2~3월 동안은 저온을 유지하며 천천히 키운다.

4. 꽃 감상하기

3월 중순부터 성장이 빨라지더니 4월에 예쁜 튤립 꽃을 피웠다. 튤립 꽃은 온도가 올라가면 금방 시들기 때문에 반그늘의 서늘한 곳으로 옮겨야 꽃을 오래 감상할 수 있다.

보라색 미니 종이 가득한
캄파눌라

캄파눌라는 보통 작은 사이즈의 보라색 종 모양을 연상케 하는 꽃이 바닥에 깔리듯 피어 있는 모습을 상상하게 된다. 하지만 알고 보면 우리나라 토종 야생화인 초롱꽃을 포함하여 꽃 크기와 종류가 다양하다. 내가 선물 받아 키웠던 종류는 흔히 상상하는 그 캄파눌라였는데 초여름에 받았던 탓에 얼마 지나지 않아 꽃잎이 축 처지기 시작했다. 조금이라도 살려 보려고 반그늘로 옮겨 물을 듬뿍 주었는데 다행히 다시금 생기를 찾은 꽃을 볼 수 있었다. 하지만 분갈이를 위해 화분을 엎었다가 흙 부근의 줄기와 잎이 갈색으로 물러 있는 모습에 좌절했다. 아무리 관리를 잘 해 줘도 상태가 좋지 않은 모종을 구입하면 건강하게 키우기 힘들다는 사실을 실감하게 되었다.

식물 정보
- 학명 Campanula poscharskyana 외
- 분류 초롱꽃과 1~2년생 혹은 다년생, 화초
- 원산지 북부 온대, 지중해 연안
- 별칭 벨플라워, 종꽃
- 특징 및 효능 주로 꽃을 감상하는 봄 대표 화초이다.

기르기 정보
- 난이도 ●●○○○
- 번식 포기 나누기, 씨앗
- 물 주기 겉흙이 마르면 듬뿍 준다.
- 파종 시기 봄, 가을(20℃ 안팎)
- 개화 시기 봄~여름
- 생육 적온 15~25℃, 최저 0℃
- 햇볕 양 양지, 반양지
- 추천 공간 베란다, 창가, 야외 공간 등

TIP
1. 더위에 약한 편이어서 여름에 햇볕이 너무 강한 곳에 두면 꽃이 금방 시들해질 수 있다. 강한 햇볕을 피해 서늘하고 통풍이 잘되는 곳에 두어야 꽃을 오래 감상할 수 있으면서 병충해 피해가 줄어든다. 다른 계절에는 햇볕이 잘 드는 베란다, 창가 등에 두어야 웃자라지 않고 바닥에 깔리듯 풍성하게 자란다.

2. 캄파눌라를 듬성듬성 심어 놓기보다는 흙 위로 꽃이 가득 필 수 있도록 풍성하게 심어 주는 것이 보기에 좋다. 일반 화분에 심어도 좋지만 걸이화분에 심어서 매달아 놓으면 더욱 예쁜 모습을 연출할 수 있다.

1. 꽃 감상하기
흔히 판매되는 캄파눌라의 보라색 꽃은 작은 종 모양을 하고 있는 것이 특징이다. 도라지꽃을 축소해 놓은 것처럼 보이기도 한다.

2. 시든 꽃 자르기
보라색 꽃잎이 파란색 계통으로 변하며 시들어 가기 시작하면 손이나 가위를 이용하여 시든 꽃을 제거한다. 그래야 새 꽃을 피우기에 유리하다.

3. 가지치기하기
캄파눌라는 더위에 약하기 때문에 여름에 통풍이 잘되는 곳에 두는 것이 좋다. 꽃이 완전히 시들면 전체적으로 짧게 가지치기한다.

4. 꽃이 큰 품종 확인하기
보통 '캄파눌라'라고 하면 흙 위에 깔리듯 보라색 작은 꽃을 피우는 품종을 떠올리지만 실제로는 다양한 종류가 있다. 위로 꼿꼿히 자라며 더 큰 사이즈의 꽃을 피우는 품종도 있다.

꽃잎의 하얀색 링이 매력적인
시네라리아

2월 말, 종로 꽃시장에 갔을 때 홀리듯 시네라리아를 구입했다. 시네라리아는 원산지에서는 다년생으로 살지만 저온에 강하고 고온에 약해 우리나라의 여름을 이겨 내기 힘들기 때문에 쌀쌀한 이른 봄, 빠르면 늦겨울부터 판매된다. 만약 이른 봄부터 감상하기 좋은 봄꽃을 구입하고 싶다면, 혹은 집이 좀 추운 편이라면 꽃이 오래가면서 풍성하게 피는 시네라리아를 키워 보자. 꽃말은 '항상 즐거움, 항상 빛남'이다. 꽃잎 안쪽에 '엔젤링'을 떠올리게 하는 하얀색 무늬가 있어 더욱 빛나 보이기 때문이 아닐까 싶다.

식물 정보
학명　Senecio cruentus
분류　국화과 2년생, 화초
원산지　카나리아 제도
특징 및 효능　주로 꽃을 감상한다.

기르기 정보
난이도　●●○○○
번식　씨앗, 포기 나누기
물 주기　속흙을 파 보고 말랐으면 듬뿍 준다.
파종 시기　9~10월(20℃ 안팎)
개화 시기　봄
생육 적온　10~15℃, 최저 3℃
햇볕 양　양지, 반양지
추천 공간　베란다, 창가, 야외 공간 등

TIP

1. 더위에 매우 약한 편이기 때문에 더운 날에는 꼭 서늘한 곳으로 옮겨야 한다. 모종 구입 후에 물 빠짐이 좋아지도록 흙에 마사토를 30~40% 이상 섞어 분갈이해 주면 꽃을 더 오래 감상할 수 있다. 성장이 빠른 편이어서 가을에 미세한 씨앗을 흙 위에 살짝 뿌리면 싹이 나와 초봄쯤에 꽃을 볼 수 있다. 진딧물 등이 잘 생기는 편이기 때문에 줄기와 잎을 자주 체크하여 발견 즉시 손으로 잡거나 살충제를 뿌려 준다.

2. 햇볕이 부족하면 꽃이 오래가지 못하고, 온도가 올라가면 전체적으로 시들어 가기 때문에 햇볕과 통풍이 잘되는 베란다, 창가, 야외 공간 등에서 키우는 것이 좋다.

3. 우리나라에서는 주로 꽃을 감상하는 용도로 키우지만 꽃을 식용할 수도 있다. 단, 꽃집, 꽃시장 등에서 모종을 구입할 경우 농약과 성장 억제제 등을 사용했을 가능성이 있기 때문에 식용 시 주의한다.

1. 꽃 감상하기
꽃잎 안쪽이 하얀색으로 되어 있고, 바깥쪽은 다른 색을 띠고 있다. 물론 하얀색 부분 없이 꽃잎이 한 가지 색인 종류도 있는데 이러한 종류는 목마가렛과 상당히 비슷하게 생겼다. 씨앗을 채종하고 싶다면 붓이나 면봉으로 꽃술을 문지른다.

2. 잎 모양 확인하기
시네라리아의 잎은 국화와 달리 호박잎처럼 넓고 부드러운 것이 특징이다.

3. 시든 꽃 정리하기
꽃이 한 달 이상으로 오래가는 편이지만 햇볕이 부족하거나 날씨가 더워지면 시든 꽃이 생기는데, 바로 정리해 주는 것이 좋다. 꽃잎에 물이 닿으면 더 빨리 시들 수 있으므로 주의한다.

물 위에 동전 같은 잎이 가득한
워터코인

워터코인의 생김새는 그 이름을 보면 한눈에 알 수 있다. 워터, 즉 물에서 사는 수생 식물이고 잎의 모양이 코인, 즉 동전을 빼닮았다. 이 워터코인의 잎을 보는 순간 연잎처럼 동글동글하게 생긴 '한련화'가 떠올랐다. 멀리서 보면 정말 헷갈릴 정도로 빼닮았지만 워터코인의 잎은 한련화의 잎에서 볼 수 없는 윤기가 흐르고, 한련화의 잎보다 작다. 수생 식물인 워터코인은 수경 재배가 가능하며 물 구멍이 없는 용기에서도 잘 자라는 편이다. 또한 번식력이 매우 좋아 햇볕을 잘 받게 해 주면 흙이 보이지 않을 정도로 풍성하게 자란다. 그 반대로 햇볕이 부족한 곳에서는 잎이 점점 시들어 가며 휑한 모습으로 변할 수 있다.

식물 정보
학명 Hydrocotyle umbellata
분류 산형과 다년생, 관엽 식물
원산지 아메리카
별칭 달러위드, 물동전
특징 및 효능 실내 습도를 올리는 데 도움이 된다.

기르기 정보
난이도 ●●●○○
번식 포기 나누기, 씨앗
물 주기 겉흙이 마르기 전에 듬뿍 준다.
생육 적온 18~25℃, 최저 5℃
햇볕 양 양지, 반양지
추천 공간 베란다, 창가, 야외 공간 등

TIP
1. 흙에 심을 경우 흙이 촉촉하도록 관리하고, 잎 주변에 분무를 해 주면 좋다. 물 구멍이 있는 화분에 심었다면 밑에서 물을 공급하는 저면관수를 활용하면 물 공급이 수월하다. 번식력이 좋아 포기 나누기로 쉽게 번식시킬 수 있고 늦봄~여름에는 작은 꽃도 피운다. 물 구멍이 없는 용기에 심을 경우 흙에 마사토를 섞고, 위에도 마사토를 깔아 주면 훨씬 깔끔해 보이게 키울 수 있고, 흙이 물에 떠오르지 않는다.
2. 실내 습도를 올리는 데 도움이 되는 관상용 관엽 식물이다. 햇볕이 좋은 베란다, 창가 등에서 키우면 잘 자란다. 단, 여름철의 강한 직사광선은 피한다.
3. 우리나라에서는 주로 관상용으로 키우지만 어린잎은 식용 가능하다.
4. 수생 식물이기 때문에 마사토, 색돌 등을 이용하여 수경 재배로 키울 수 있을 뿐 아니라 어항에 심기도 한다.

수경 재배하기

1. 흙 씻어 내기
수경 재배를 하기 위해 우선 모종을 화분에서 분리하여 흙을 탁탁 털어 내고
잔여물은 물로 깨끗이 씻어 낸다.

2. 그릇에 아쿠아겔 넣기
그릇의 바닥에 아쿠아겔을 깔아 준다. 아쿠아겔은 젤리처럼 말랑말랑한 재질의 영양분과
수분을 함유한 대체 토양이다. 아쿠아겔 대신 젤리소일, 색돌, 마사토 등을 사용해도 된다.

3. 모종 넣기
아쿠아젤을 넣은 그릇에 흙을 씻어 낸 워터코인을 넣는다.

4. 마저 채우기
아쿠아젤을 워터코인 주변에 마저 채운다. 아쿠아젤이 워터코인의 뿌리에 수분을 공급해 준다.

벌레 잡는 통이 대롱대롱 달린
네펜데스

식충 식물은 일반적인 식물과 달리 곤충을 소화시켜 양분의 일부를 얻어 낸다. 이 독특한 식충 식물들을 아이들이 꽤 좋아하기 때문에 집에 갖다 놓는 순간, 식충 식물에 먹이겠다며 파리 등의 곤충을 잡으려는 아이들도 있다. 하지만 아이들이 잡은 곤충을 식충 식물에 몽땅 갖다 주면 절대 안 된다. 사람도 좋은 것을 너무 많이 먹으면 체하듯, 식충 식물도 너무 많은 곤충을 소화시키면 체해서 시름시름 앓는다. 이 식충 식물들 중에서도 가장 흔한 네펜데스는 잎 끝에 벌레를 소화시키기 위한 호리병 모양의 통이 달려 있는 것이 특징이다. 이 통에 곤충이 한 번 빠지면 빠져나갈 수 없고 통 안에 고여 있는 소화액에 의해 서서히 녹아 네펜데스의 양분이 된다. 네펜데스의 통 위에 달려 있는 뚜껑 같은 것은 빗물을 막기 위한 것으로 네펜데스의 통 안에 물이 들어가면 안 된다. 통 안의 소화액은 시간이 지나면 저절로 채워진다.

식물 정보
- **학명** Nepenthes alata
- **분류** 벌레잡이통풀과 다년생, 식충 식물
- **원산지** 열대 동남아시아
- **별칭** 벌레잡이통풀
- **특징 및 효능** 파리, 모기 등의 해충을 잡아 먹는 식충 식물이다.

기르기 정보
- **난이도** ●●●○○
- **번식** 꺾꽂이, 씨앗
- **물 주기** 겉흙이 마르려고 할 때 듬뿍 준다.
- **생육 적온** 25~30℃, 최저 10℃
- **햇볕 양** 양지, 직광
- **추천 공간** 베란다, 창가, 야외 공간 등. 여름의 강한 직광은 피한다.

TIP
1. 식충 식물들은 척박한 습지가 고향이기 때문에 다른 식물들과 달리 산성을 띠고 있는 피트모스에 심어 주는 것이 좋다. 보통 습하게 관리하기 때문에 피트모스에 이끼가 생기기도 한다. 다른 식충 식물은 흙에 물이 계속 공급되도록 저면관수만으로 키워도 괜찮지만 네펜데스는 다른 식충 식물보다 물을 덜 먹는 편이어서 오랫동안 저면관수로 키우면 뿌리가 상할 수 있다. 따라서 피트모스에 분갈이를 할 때 마사토를 섞어 물 빠짐을 좋게 해 주고, 위에서 물을 공급해 주는 것이 좋다. 만약 자꾸 물을 주는 것을 잊어버려 저면관수로 키울 생각이라면 어느 정도 물을 흡수했다 싶을 때 화분 받침의 물을 비우도록 하자. 가끔 잎 주변에 가볍게 분무하여 공중 습도를 높여 주는 것이 좋다.
2. 네펜데스와 같은 식충 식물은 다른 식물과 달리 파리, 모기 등의 해충을 잡아 먹어 없애 준다는 독특함 때문에 아이들이 좋아한다.
3. 벌레잡이 통이 화분 밖으로 늘어지며 자라기 때문에 걸이화분에 심어 매달아 키우면 잘 어울린다.

1. 네펜데스 잎 끝 확인하기
네펜데스는 잎 끝에 긴 대롱 같은 것을 뻗어 그 끝에 벌레잡이 통을 키워 낸다. 햇볕을 많이 받아야 통이 점점 성장할 수 있다.

2. 벌레잡이 통 확인하기
잎 끝에 달려 있는 것이 네펜데스의 벌레잡이 통이다. 통 안에서 소화액이 분비되어 통 안에 떨어진 벌레를 흡수한다.

3. 말라 버린 통 확인하기

네펜데스의 벌레잡이 통은 일정 수명이 있다. 그래서 제 수명이 다하면 윗부분부터 마르며 시들어 간다. 따라서 새로운 벌레잡이 통을 만들 수 있게 관리해 주어야 한다. 시든 벌레잡이 통은 긴 대롱 같은 부분을 가위로 잘라 정리한다.

4. 저면관수 하기

식충 식물 종류를 키울 때는 밑에서 물을 공급하는 저면 관수를 활용하면 편하다. 네펜데스의 경우, 흙에 물이 흡수되면 화분 받침의 물을 비운다.

한눈에 보는 12달 가드닝 캘린더

- 파종 ——
- 모종, 배지 구입 ——
- 개화 시기(꽃) ——
- 수확 ——
- 구근 심기, 뿌리 심기 ——
- 열매 ——

식물 이름	1월 초	1월 중	1월 말	2월 초	2월 중	2월 말	3월 초	3월 중	3월 말	4월 초	4월 중	4월 말	5월 초	5월 중	5월 말
새싹채소 & 캣그라스															
고구마 순(수경 재배)															
베이비채소															
대파(뿌리 심기 기준)															
느타리 버섯(검은색)															
쪽파															
래디시															
아프리칸 바이올렛															
시클라멘															
로즈제라늄(센티드제라늄)															
페라고늄															
바질															
세이지															
민트															
레몬밤															
오레가노															
로즈마리															
라벤더															
스테비아															
한련화															

책에 실려 있는 식물들을 가꾸는 방법을 한눈에 볼 수 있게 캘린더로 표시해 보았다. 일반적인 베란다와 실내를 생각하며 표시하였고, 베란다가 다른 곳보다 따스하거나 야외 공간인 경우에는 개화 시기, 파종 시기 등이 차이가 있을 수 있다. 모종 구입 시기 또한 가장 수월한 시기를 표시한 것이지 다른 시기에 구입할 수 없다는 것은 아니다.

6월			7월			8월			9월			10월			11월			12월		
초	중	말	초	중	말	초	중	말	초	중	말	초	중	말	초	중	말	초	중	말

한눈에 보는 12달 가드닝 캘린더

식물 이름	1월 초	1월 중	1월 말	2월 초	2월 중	2월 말	3월 초	3월 중	3월 말	4월 초	4월 중	4월 말	5월 초	5월 중	5월 말
국화															
장미허브									───	───	───	───	───	───	───
캔들플랜트															
란타나										───	───	───	───	───	───
미모사									───	───	───	───	───	───	───
보라 사랑초									───	───	───	───	───	───	───
바람개비 사랑초	───	───	───	───	───	───									
무스카리						───	───	───	───	───	───				
히아신스					───	───	───	───	───	───	───	───			
수선화					───	───	───	───	───	───	───	───			
튤립							───	───	───	───	───	───			
캄파눌라						───	───	───	───	───	───	───			
시네라리아						───	───	───	───	───	───	───	───	───	───
워터코인								───	───	───	───	───	───	───	───
네펜데스								───	───	───	───	───	───	───	───
장미베고니아							───	───	───	───	───	───	───	───	───
렉스베고니아								───	───	───	───	───	───	───	───
자금우	───	───	───	───	───	───	───	───	───	───	───	───	───	───	───
틸란드시아	───	───	───	───	───	───									
게발선인장										───	───	───	───	───	───
칼랑코에							───	───	───	───	───	───	───	───	───
꽃기린							───	───	───	───	───	───	───	───	───
카멜레온 포체리카										───	───	───	───	───	───
관엽 식물	───	───	───	───	───	───	───	───	───	───	───	───	───	───	───
다육 식물	───	───	───	───	───	───	───	───	───	───	───	───	───	───	───

385

	6월			7월			8월			9월			10월			11월			12월		
	초	중	말	초	중	말	초	중	말	초	중	말	초	중	말	초	중	말	초	중	말

- 파종
- 수확
- 모종, 배지 구입
- 구근 심기, 뿌리 심기
- 개화 시기(꽃)
- 열매

찾아보기

가드닝 캘린더 382
가든 소품 038
가든픽 038
가위 028
가재발선인장 163
가지치기 055, 056
갈변 현상 053
감국 291
개운죽 106
개화 074
거미줄바위솔 303
거북등 알로카시아 210
게 껍질 062
게발선인장 160
겹포체리카 323
계란 껍질 062
계량스푼 029
계량컵 029
고구마 순 090
고체 비료 061
과습 054
관엽 식물 014

관엽베고니아 202
구근 070
구근 식물 348
구문초 240
국화 288
굴파리 057
글록시니아 348
금잔화 286
금전수 182
금접 174
깍지벌레 058
꺾꽂이 071
꽃기린 312
꽃베고니아 292
꽃시장(화훼시장) 024
꽃집(화원) 024
끈끈이 트랩 060
나도샤프란 348
나도풍란 139
나무젓가락 트레이 037
나방 애벌레 058
나비 애벌레 058
난석 046
난황유 059
네펜데스 378
노루궁뎅이버섯 105
뉴질랜드 앵초 217
느타리버섯 102
다알리아 348
다육 식물 014, 304
다이소 027
단일 식물 074

대파 098
대형 마트 026
더피 130
덩굴성 018
동남향 & 서남향 023
동향 & 서향 023
떡갈고무나무 181
라넌큘라스 348
라벤더 274
라임제라늄 242
란타나 332
래디시 236
러브체인 170
레드스타 189
레몬밤 262
렉스베고니아 202
로즈마리 270
로즈제라늄 240
리갈계 제라늄 246
마끈으로 리폼한 화분 036
마사토 046
마삭줄 190, 192
마조람 266
만손초 174
메리골드 286
모나라벤더 331
모아 심기 040
모종 구입 042
목질화 054
목초액 060
묘이 고사리 129
무기질 비료 061

무스카리 350
물 주기 048~051
물약병 029
물조리개 028
미모사 336
민트 256
바구니 038
바다 망 028
바람개비 사랑초 342, 346
바질 248
바크 046
박하 260
배양토 046
백량금 143
베이비채소 094
벤자민고무나무 181
벵갈고무나무 180
병충해 057
보라 사랑초 344
보스턴 고사리 130
복륜 152
분갈이 044
분무기 028
블루세이지 255
비닐백 030
비료 061
비모란 선인장 156
사랑초 340
사철베고니아 294
사포나리아 296
산세베리아 152
산세베리아 스투키 155

산호수 143	실유카 225	웃자람 052	저온 처리 070
삽 028	싱고니움 118	워터코인 374	전자 온도계 028
삽목 071	쌀뜨물 063	원두커피 찌꺼기 063	점 뿌림 065
상토 046	쌀뜨물 EM 발효액 063	원산지 015	정남향 022
새싹채소 082	쌀포대 030	원예 도구 028	제라늄 244
세이지 252	쌈장통 화분 033	원예용 액체 비누 059	제충국 059
센티드 제라늄 240	씨앗 074	유기질 비료 061	젤리소일 120
솎아 내기 054	아네모네 348	유리병 038	조개껍질 062
솔방울 038	아이비 144	유산지 글씨 분유통 화분 034	조랄게 제라늄 244
솜 파종 069	아이스크림 막대 031	유카 222	좀마삭줄 193
송곳 029	아이스크림 막대 화분 035	육묘 트레이 066	종묘상 024
송악 144	아프리칸 바이올렛 214	응애 057	종이꽃(로단테) 286
수경 재배 039	안스리움 117	이오난사 루브라 208	주아 173, 295
수박필레아 197	알로에 296	인공 수정 074	줄리아페페 150
수선화 358	알로카시아 210	인도고무나무 180	줄 뿌림 065
수형 056	알로카시아 오도라 213	인산 061	지렁이 분변토(토룡토) 062
숯 060	알뿌리 070	인터넷 사이트 026	지퍼백 030
숯부작 136	애기사랑초(옥살리스 글라브라) 343	일회용 플라스틱 통 030	직립성 018
스웨디시 아이비 331	애플민트 261	임파첸스 & 산파첸스 286	직파 065
스킨답서스 122	애플사이다제라늄 243	잉글리시라벤더(트루라벤더) 277	진딧물 057
스테비아 278	애플제라늄 243	잎꽃이 072	질석 046
스텐실 분유통 화분 032	액체 비료 062	자구 073	질소 061
스트릭타 209	양파 망 031	자금우 140	쪽파 232
스티로폼 박스 031	연화바위솔 300	자닮오일 059	채소 016
스파티필름 114	오레가노 266	자연 수정 074	채송화 323
스피아민트 260	오렌지샤워베고니아 295	장갑 029	채종 074
시네라리아 370	오색마삭줄 193	장미베고니아 292	천사의 눈물 194
시클라멘 218	옥살리스 카노사 343	장미허브 324	천손초 174
식초칼슘액비(난각칼슘액비) 062	온실가루이 058	장일 식물 074	천연 비료 062
식충 식물 016	왕겨숯 060	재활용 용기 068	천일홍 286
신발 030	용월 316	재활용품 030	청사랑초 342
신아 208	우유통 삽 108	저면관수 069	체리세이지 254

초코민트 260
총채벌레 058
출아법 174
칠판네임픽 158
카멜레온 포체리카 320, 322
칼란디바 311
칼랑코에 308
칼륨 061
캄파눌라 366
캐트닙 089
캔들플랜트 328
캣그라스 086
커피나무 226
크로커스 348
타라 194
타이거베고니아 205
탄저병 057
테이블야자 110
테이크아웃 컵 030
토피어리 041
튤립 362
트레이 038
트리안 198
티백 찌꺼기 063
틸란드시아 206
파인애플민트 261
파인애플세이지 255
파종(씨앗 심기) 065
팬지 286
펄라이트 046
페라고늄 244
페튜니아&사피니아 286
페트병 031
페트병 삽 108

페페로미아 148
포기 나누기(분주) 073
포복성 018
포인세티아 143
포체리카 322
푸밀라 178
풍란 136
프렌치 라벤더 276
프리뮬러 286
프린지드 라벤더 277
프리지어 348
플라스틱 수저 031
플라스틱 우유통 031
피나타 라벤더 276
피렌트린 059
피토니아 186
피트모스 046
피트펠렛 067
피트포트 067
핑크샤워베고니아 295
핑크스타 189
하이드로볼 046
하트호야 169
한련화 282
합식 040
핫립세이지 254
행운목 109
향기별꽃 348
허브 015
호야 166
호접란(팔레놉시스) 139
홀리페페 150
홍페페 150
화분 029

화이트스타 189
화초 015
황금마삭줄 192
후마타 고사리 126
휘묻이 071
흙포대 030
흩어 뿌림 065
흰가루병(백분병) 058
히아신스 354